北京电子科技学院中央高校基本科研业务费项目"国家治理现代化背景下密码人才素质体系研究"（项目编号：328202002）、北京电子科技学院教改项目"我院思想政治理论课特色实践教学体系研究"（项目编号：jy201811）资助出版

"四位一体"思政课实践教学指南

——思想道德与法治

陈鑫 李亚兰 著

武汉大学出版社

图书在版编目(CIP)数据

"四位一体"思政课实践教学指南:思想道德与法治/陈鑫,李亚兰著.—武汉:武汉大学出版社,2022.10
ISBN 978-7-307-23250-1

Ⅰ.四… Ⅱ.①陈… ②李… Ⅲ.高等学校—思想政治教育—教学研究—中国 Ⅳ.G641

中国版本图书馆 CIP 数据核字(2022)第 141320 号

责任编辑:聂勇军   责任校对:汪欣怡   版式设计:马 佳

出版发行:**武汉大学出版社**   (430072 武昌 珞珈山)
　　　　　(电子邮箱:cbs22@whu.edu.cn 网址:www.wdp.com.cn)
印刷:武汉图物印刷有限公司
开本:720×1000 1/16 印张:15.25 字数:254 千字 插页:2
版次:2022 年 10 月第 1 版 2022 年 10 月第 1 次印刷
ISBN 978-7-307-23250-1 定价:50.00 元

前　言

2019 年 3 月 18 日，习近平总书记在学校思想政治理论课教师座谈会上指出：
"要坚持理论性和实践性相统一，用科学理论培养人，重视思政课的实践性，把
思政小课堂同社会大课堂结合起来，教育引导学生立鸿鹄志、做奋斗者。"坚持思
政课理论性和实践性相统一的要求，为深化思政课实践教学改革指明了方向。当
前，针对高校思政课实践教学中存在的问题，应通过构建"四位一体"实践教学模
式予以回应和解决。高校思政课"四位一体"实践教学模式强调对各种实践教学场
所和资源的充分利用和系统整合，致力于实现实践教学的体系化设计、系统化实
施、整体性评价。该模式有利于推动学生通过参与实践增强对思想政治理论的认
同，对于促进思政课理论性与实践性相统一，提升思政课的亲和力和针对性，真
正实现把思政小课堂同社会大课堂结合起来，具有积极意义。

所谓高校思政课"四位一体"实践教学模式，是指整合运用课堂、校园、社
会、网络等场域下的思政育人资源，以学生亲身参与、深度体验的方式提升思政
课育人效果，增强学生理论知识感悟和认同的教学模式。其目的是实现思政课的
育人目标，其特点是对各种实践教学方式进行一体化设计和系统化应用。具体可
从以下维度进行把握：

其一，关于实践教学。理论上关于思政课实践教学的内涵有广义和狭义之
说，二者区分的关键就在于界定概念的依据不同。狭义说认为，实践教学是相对
于课堂教学而言的，凡是离开传统课堂或走出校园开展的实践活动都属于实践教
学的范畴，最典型的便是寒暑假开展的社会实践活动，其主要的判断依据是教学
活动发生的场所是在课堂内还是课堂外。广义说则认为，实践教学是指教授社会
实践性内容的教学，其判断标准不是教学场所是否"在社会"，而是教学内容是否
"在社会"，即凡是讲授与社会息息相关的实践性内容的教学均为实践教学。事实

上，在特定语境下，狭义说和广义说均有其使用的空间，前者主要指思政课中的实践环节，后者主要指思政课教学应体现出实践性。然而，二者均不能使实践教学的内涵和外延得以周延，作为一个内涵丰富的概念，单一标准难以做出科学判断，因此采用综合标准为宜。从空间上来看，实践教学既可以在课堂内进行，也可以在课堂外进行；既可以在校园内进行，也可以在社会中进行。特别是在互联网信息技术广泛应用的今天，互联网业已成为实践教学的广阔舞台。从内容上看，实践教学的内容应是思想政治理论，其目的是促进思政课育人目标的实现。专业实践教学、专业实习等虽以社会实践形式进行但内容与思政课无关的活动不属于思政课实践教学的范畴。从形式上看，实践教学与传统单纯的理论讲授不同，主要采取讨论、辩论、演讲、观摩、调研、体验等学生亲身参与的方式进行，更能够突出学生的主体地位和教学形式的实践性、丰富性。综上，思政课实践教学的内涵可概括为：为强化学生对思想政治理论的理解和认同，以学生亲身参与、深度体验的方式开展的思政课教学活动。

其二，关于"四位一体"。客观上讲，在课堂内外采取各种各样的实践教学活动已成为目前思政课教学的普遍做法。与此同时不可忽略的是，作为一种提升思政课教学目标的有效手段，当前完整的实践教学体系尚未真正形成。一方面，为落实有关文件要求，狭义上的实践教学即社会实践活动，已逐渐纳入学校的整体教学安排，赋予了相应的学时、学分；另一方面，时间空间更为广泛的、形式更为丰富的实践教学则仍基本处于偶发、分散的状态，因不同学校、不同教研室甚至不同任课教师而异。对于在课堂、校园、社会、网络这四个与学生学习生活息息相关、与思政课教学内容紧密相连的空间场域进行实践教学，基本没有形成系统性的实践教学理念和方案。实践中采用较多的是课堂和社会层面的实践教学，但仍是比较传统的形式，缺乏深入挖掘和全方位创新。而理论和实践上对于另外两个维度实践教学的理解仍十分片面，甚至将校园实践教学等同于学生校园文体活动和社团活动，将网络实践教学等同于网络教学或建立微信群等运用互联网平台进行的教学管理活动。这些情况在客观上均影响了思政课实践教学的效果。所谓"四位一体"，强调课堂、校园、社会、网络四个空间场所实践教学的综合运用，形成由相同指向的目标、各具特色的形式、衔接顺畅的机制、丰富多样的资源组成的协同作用的教学体系。在这个体系中，实践教学与理论教学不是脱节的，各种实践教学之间不是割裂的，而是以一体化的形式形成强大的育人合力。

其三，关于教学模式。所谓教学模式，是指在教学实践基础上总结出来的，由教学安排、教学形式、教学内容、教学流程、教学效果检验方法等组成的体系化标准样式。其具有三个特点：一是体系化，即不同场域空间中的实践教学活动各环节之间紧密联系，形成一个有机融合的整体，而不是零敲碎打、彼此割裂的。二是可复制、可推广，作为一种经验的总结提炼，该教学模式对于提升思政课教学效果能够产生广泛的促进作用。三是具有稳定性，教学模式一经形成，虽然会经过不断的迭代完善，但是整体上趋于稳定，从而使思政课的育人效果得以不断强化。

"四位一体"实践教学模式所包含的四个场域，并不是简单叠加，而是有机地融合在一起。因此，在不同场域下必须深入挖掘其特点，有针对性地解决可能在实践教学中出现的问题，才能设计出最优的方案。总的来讲，应遵循"方向正确、内容贴切、形式新颖、效果可检"的原则。

课堂实践教学是当下思政课教学中普遍采用的教学方式，主要形式包括课堂讨论、成果展示、案例宣讲、情景表演、演讲、辩论、知识竞赛等。作为对课堂上直接讲授理论的有益补充，其特点包括：一是相对于其他场域的实践教学，课堂实践与理论讲授的内容更容易贴合。二是在课堂上直接开展，有利于突出学生学习的主体作用，能够直接调动学生参与的积极性，学生获得感更直接。三是便于组织，成本较低。实践中容易出现的问题有：一是使用频率过多或形式过于老旧导致实践教学失去吸引力，特别是像演讲、辩论等传统形式在多门思政课中如果反复使用的话，会导致学生兴趣不高，甚至产生厌倦感。二是过多占用课堂时间，特别是全员参与的课堂实践很容易导致理论教学时间不够。三是容易出现与理论讲解内容结合不紧密，甚至为了吸引学生而导致娱乐化倾向的问题。

校园实践教学的主要形式是各类适合在校园内开展的文体活动和学习交流活动，主要特点包括：一是发生在学生最熟悉的环境下，往往容易与学生的日常学习生活相结合。二是活动形式丰富多彩、生动有趣，容易吸引学生参加。三是在校园内组织，相对安全和便捷。四是可以同各类团学活动、社团活动相结合，使思政课与学生管理工作、共青团工作等学生思政工作形成协同效应。然而现实中不可否认的是，思政课教学中对于校园实践教学的运用和挖掘相对来说都不足，主要原因在于对思政课校园实践教学的内涵和定位把握不准，主要体现在：一是简单将团学活动、社团活动当做实践教学本身，使其丧失作为思政课教学环节、教学方式的功能。二是校园实践教学与思政课教学内容或高校特色结合不紧密，缺少对于行业、专业、学校历史传承等内容的深入挖掘。三是对校园内的资源利用不充分，没有形成有关部门齐抓共管的工作格局。

社会实践教学目前在高校中开展得可谓如火如荼，无论是授课期间，或是利用寒暑假，组织学生利用社会资源开展实践教学都是颇受青睐的方式。这种情况与社会实践教学本身的特点息息相关：第一，社会实践教学组织学生深入第一现场，直观感受社会现实，会带来更强的体验感，产生更大的说服力。第二，除了帮助学生理解思政课理论以外，社会实践教学还能产生其他育人效果，如开拓视野、进行劳动锻炼、培养公益精神等，实现多种教育锻炼目的。第三，社会实践资源比较丰富，且形式多样，能够满足思政课实践教学的需要。第四，社会实践的场所一般都比较成熟定型，方便直接用于实践教学，甚至可以建立稳定的社会实践基地，常态化进行实践教学。第五，教育主管部门明确要求，高校在思政课程设计上应该拿出相应的学分和学时进行社会实践，这为社会实践教学提供了制度保障。同时，社会实践教学也存在一些问题：一是由于需要到校外进行，组织难度相对较大，特别是学生安全保障方面存在压力。如因组织社会实践教学导致学生发生安全事故，作为教学活动组织者的教师以及学校的责任都不甚明确，目前缺乏这方面的明确规定。二是经济成本较高，学生交通、食宿、门票等均会产生一定费用。三是时间不好安排，课内时间比较有限，难以经常组织社会实践教学，利用周末或寒暑假进行又会占用学生休息时间。四是与思政课教学内容有机融合难度较大，因社会实践资源往往具有自身的独立性，并不是专为思政课而设计的，因此在利用其资源进行实践教学时，必须精挑细选、仔细斟酌，选取可用于思政课教学的素材加以利用，同时相关解读阐释的工作必须跟上，确保社会实践与理论学习不要脱节，防止社会实践完全脱离思政课教学而成为纯粹的参观、体验，与普通的社会实践相混淆。

网络实践教学基于互联网对现代人生活的深度影响，是思政课实践教学在互联网时代的新趋势。网络是青年学生聚集之所，这决定了思政课必须主动占领这块高地。网络实践教学的特点包括：一是形式多样，创新性强，更容易吸引学生参加。二是经济便捷、成本较低。三是组织难度较小，不受时间空间制约。四是社会热点和舆情事件层出不穷，为思政课提供了丰富的教学资源。存在的问题主要有：一是海量信息带来内容的复杂性，各种观点激烈交锋，错误言论容易对学生造成负面影响，这就对思政课教师提出了更高要求。二是网络事件从发生到发酵都极为迅速，如不具有较强敏锐性，做到密切跟踪，容易在运用相关资源时产生偏差，影响到思政课效果。三是相对其他实践场所，互联网是虚拟平台，教学活动的设计、组织和效果检验如果不符合互联网规律和学生实际，容易出现学生敷衍糊弄的情况。需要强调的是，网络实践教学需要与网络教学实践和网络教学管理活动相区别。通过慕课、在线直播等方式讲授思政课属于网络教学实践，而不是网络实践教学，因其本质上仍然是理论讲解而非实践体验；通过微信群、QQ 群、微信公众号、微博等平台进行的日常教学管理活动也不是网络实践教学，因其只是为教学服务的管理工作，并不是教学本身。

正因为上述四个场域下的实践教学各有特点和不足，因此对其进行整体设计和系统整合，通过"四位一体"的方式发挥各自的优势长处，弥补彼此的短板不足，乃是实践教学之所需。

教师是思政课教学的关键，而由于思政课实践教学无论从形式还是内容上都涉及方方面面，因此对思政课教师提出了很高的要求。如果实践教学能力不足，"四位一体"的教学模式自然难以形成，零散式、随意化的实践教学现象仍然难以改变。提升实践教学能力，首先要强化教师对实践教学的认识，真正理解实践教学的目的是实现思政课育人目标，而不是迎合、取悦学生甚至哄学生开心。要重视实践教学对于提升思政课亲和力、吸引力的重要作用，彻底摒弃那种纯粹理论灌输式的教学方法。其次要熟练掌握各种实践教学形式。正如上文所论，不同场域的实践教学有各自的特点和不足，每一个场域下又有多种实践教学形式，每一种形式又有其自身的要求。这就要求教师必须做到心中有数、了然于胸，才能在教学实践中游刃有余、运用自如。要注意的是，熟练运用不只是技术层面的要求，更是思想理念上的要求。运用哪种形式、在哪里开展、如何具体设计更能够促进学生对于教学内容的理解，都不能拍脑袋决定，必须经过深入思考、不断总结。最后要树立担当尽责的使命情怀。一方面，思政课教学时间十分有限，而课堂上的实践教学往往需要占用不少时间，如果占用了时间又达不到效果，实践教学就会造成巨大的时间浪费。努力把时间用在刀刃上，而不是一边把课堂弄得热热闹闹，一边减少自己课上讲授的时间以实现减少工作量的目的，这是对思政课教师敬业精神的检验。另一方面，组织学生进行校园、社会和网络实践往往需要投入极大精力，占用大量休息时间，同时还要承担很大的责任，实践中往往得不到任何报酬。这一方面需要学校层面不断完善制度，更需要思政课教师具有强烈的责任心与深厚的育人情怀。

"思想道德与法治"课程是对大学生系统进行思想政治教育的主渠道和主阵地，承担着培养学生做人（如具备理想信念、创新精神、敬业精神等素质）的任务，是思想政治理论课的核心课程。课程主要目标是：综合运用马克思主义的基本观点和方法，从当代大学生面临和关心的实际问题出发，对大学生进行思想品德和社会主义法治教育，帮助学生确立科学的人生观、价值观、道德观和法治观，树立高尚的理想情操，养成良好的道德品质，成为合格的新时代大学生，成为德智体美劳全面发展的社会主义建设者和接班人。该课程具有如下特点：

一是理论性与实践性相统一。课程具有完整知识体系，兼具极强现实指导性，因此良好的授课效果不仅能让学生收获知识，还能指导学生实践，使学生终身受益。

二是与学生成长和大学生活息息相关。课程开课时间为大学伊始，此时正是学生面临学习生活种种困惑，对未来发展迷茫的时候，课程可以帮助学生明确方向，做好大学乃至人生的规划。

三是课程内容时代性强，学生关注度高。课程中许多内容都与社会热点问题相关，因此较容易受到学生关注，学生迫切渴望从课程中得到对争议问题的正确认识，这为提高课程吸引力创造了条件。

基于上述特点，为更好实现"思想道德与法治"课程的教学目标，切实解决学习兴趣不高、说教明显、学用脱节等教学中存在的问题，本书以让学生真心喜欢为基础、真正参与为保障，通过理论教学与案例教学相结合优化教学内容，线上教学与实践教学相结合丰富教学形式，课上讲授与课下咨询相结合强化育人效果，构建了"四位一体"实践教学模式在"思想道德与法治"课程中的应用体系，实现体系化设计、系统化实施、整体性评价，以此促进思政课理论性与实践性相统一，提升思政课的亲和力和针对性，真正实现把思政小课堂同社会大课堂结合起来，让学生真有收获和真诚践行的思政课育人目标。

首先，实践设计体现全面性。一方面，严格按照《思想道德与法治》教材章节进行设计，使六章中每一章内容都得到关照，确保教学内容的全面覆盖、不留死角；另一方面，四个场域下的实践环节均做出安排，实现了全方位实践的目的，确保实践效果的实现。

其次，实践设计体现针对性。在实践环节设计中，充分考虑课程教学需要和特定实践场域的优势和不足，注重扬长避短，达到实践教学的效果。注重充分利用课内外、校内外、网上下的多元化资源，挖掘其与本课程的关联并切实加以利用，使实践形式丰富多彩、实践内容饱满充实。比如利用校史、校训资源，帮助学生明确人生发展方向；利用互联网线上红色展览资源，引导学生了解红色历史，传承红色基因，坚定理想信念等。

最后，实践设计体现可操作性。每一个环节均从实践教学目标、实践步骤设计（包括实践任务如何布置、实践过程如何跟进、实践成果如何展示）、实践评价标准、实践注意事项、实践成果展示等方面进行系统设计，可直接应用于课程教学，实现了从理论到实践的逻辑贯通。

希望本书能够为广大思政课教师和青年学子讲授和学习"思想道德与法治"课程提供帮助，使这门课在"四位一体"实践教学模式的促进下，成为让学生真心喜欢、真正参与、真有收获、真诚践行的课程，帮助学生把思想、理论内化于心，以正确的立场、观点、方法认识问题、分析问题和解决问题，以此为引领走好一辈子的人生路。

在本书的写作过程中，高尚协助完成了统稿和校对工作，林洪乐、黄梓楠、李泽文、李昱霖、罗春晓参加了资料收集整理和校对工作，张经略、林子圣、郎黎、韩欣瑜、段家辉、李永辉参加了部分实践成果的整理工作。

书中内容如有不当之处，敬请批评指正。

陈鑫　李亚兰

2022 年 10 月

目　　录

第一章　领悟人生真谛　把握人生方向

"现在，青春是用来奋斗的。将来，青春是用来回忆的。"习近平总书记多次和青年朋友提起自己的青年经历，以亲身经历激励青年。他曾在不同场合多次语重心长地对青年提出殷切期望，鼓励青年奋斗逐梦。对于人生价值追求，他告诫青年大学生："青年要立志做大事，不要立志做大官。""无数人生成功的事实表明，青年时代，选择吃苦也就选择了收获，选择奉献也就选择了高尚。"作为"思想道德与法治"课程的第一章，本章引导学生领悟人生真谛，把握人生方向，让学生发自内心认同青春奋斗观，对于过好大学生活、走好人生之路，具有至关重要的意义。

本章通过"撰写'我和我的大学'规划文章""学习校史，践行校训""感悟伟人的青春岁月""制作'错误价值观批判'系列微课"等实践教学的设计，辅助教师更好地实现本章教学目的，帮助刚刚步入大学生活的学生从实践任务中加深对理论知识的理解，深化学生对人生真谛、人生方向的认知，为树立正确的人生观提供指引。

一、课内实践

(一)课内实践目标

对于大学生来说，大学既是自己此前努力奋斗的目标，也是成人后未来人生之路的全新起点。对于大学来说，引导学生在大学中思考自己的人生，做出成熟理性的道路选择，是完成立德树人使命的题中应有之义。能否度过一段充实精彩的大学生活，能否在大学这个人生的关键时期为将来的发展奠定基础，是影响大学生人生价值实现的关键因素。因此，在大学之初就让学生在正确人生观的指引下认真谋划自己的大学生活应如何度过，是一项极具意义的任务。本实践教学环节通过要求学生阅读和观看反映伟人青年时期学习的相关文献和影视作品并撰写文章，引导学生从伟人经典著作中汲取精神力量，围绕人生目标、人生价值、职业选择展开思考，将初入大学的所思所想成果化为文字，作为大学生涯起点处的记录，并由此思考正确的大学生活度过方式和人生发展方向，进而追求更有意义、更有价值的人生。

（二）课内实践设计

1. 实践任务安排

安排学生阅读马克思的文章《青年在选择职业时的考虑》，观看电视剧《恰同学少年》《我们的法兰西岁月》片段，结合课堂所学的人生价值、人生观有关知识，以"我和我的大学"为主题撰写文章，字数不限。文章重点围绕自己对大学生活的认识，在大学的奋斗目标和愿景，应如何在大学期间为将来创造有意义、有价值的人生打下基础等问题进行论述。实践成果提交形式为手写纸质版文稿，于第一章所有课程内容结束后上交。

2. 实践步骤设计

（1）实践任务布置

根据课程内容，将阅读《青年在选择职业时的考虑》或观看《恰同学少年》《我们的法兰西岁月》片段作为第二节"正确的人生观"或第三节"创造有意义的人生"的部分授课内容，可提前将相关资料发送至课程群或线上学习平台，要求学生课前了解相关背景，教师于课上进行重点解读，课后学生继续进行阅读、观看和思考。在此基础上安排学生根据实践任务要求，结合所学和实践资料撰写文章，并明确提交方式和具体提交时间。

（2）实践过程跟进

由于该项任务涉及学生对于大学生活的规划和未来人生道路的思考，因此需要给学生留下充足的思考和完成时间，不宜过急过紧，建议至少给学生留出半个月时间。为避免学生前期拖延、截止日期前突击的情况，建议教师在布置任务后每次上课前后都对此任务进行强调，告诉学生完成好此项任务需要认真思考，不可临时突击，以督促学生及时推进，保质保量按时完成。

（3）实践成果验收

于第一章授课内容结束后收回纸质版文章作为实践成果，根据评价标准进行赋分，考查学生完成作业的态度和质量。若存在明显雷同或抄袭等情况的实践成果，须打回要求学生重做并视情况对学生进行约谈和批评。

（4）实践成果展示

完成实践成果验收后，可在征得学生允许的情况下对文章质量高、思考深入有启发性、字迹整洁美观、具有示范意义的实践成果进行集中展示，以激励和引导学生。

（三）课内实践评价标准

1. 对大学生活的理解是否清晰透彻（25 分）

文章是否体现了对大学生活较为全面深刻的认识，对如何过好大学生活的理解是否清晰到位，对大学生活在人生中的地位作用是否能够正确把握。

2. 对大学生活的规划是否周密翔实（25 分）

文章内容是否树立了明确的大学学习目标并制订了比较系统完备的计划，是否对大学生活的不同阶段有较为清楚的定位和认识，所提出的目标和任务是否具有可行性。

3. 对大学生活的态度是否积极向上（25 分）

文章是否体现了积极进取的人生态度，是否体现了高尚的人生追求，是否体现了正确的世界观、人生观和价值观。

4. 完成实践任务的态度是否严肃认真（25 分）

文章是否认真撰写、态度严肃，是否存在内容雷同、抄袭仿效的情况，是否存在不按时上交、字数过少的情况。

(四)课内实践注意事项

①实践任务的布置上。首先,要在课堂上详细讲解此项任务的初衷,比如给学生强调:"在大家将近20载的人生中,是否曾经认真地规划过自己的人生?""一个年满18岁的成人,最具仪式感的成人礼莫过于认真思考自己的未来并把它记录下来。""认真对待这项任务,不仅仅是认真对待这门课的体现,更是认真对待自己的人生的体现。"通过讲解,使学生认识到此项任务对于自身成长发展的重要意义,打消心中敷衍、应付的错误认识,进而以充满仪式感的态度认真思考未来和撰写文章。其次,要针对学生在大学前可能存在的错误认识进行正向引导,使学生在撰写文章的过程中自觉廓清思想迷雾,找到正确方向,如:"高考之前已经付出了那么多,到了大学就该休息休息了,不必再努力奋斗了。""大学的学习不需要追求成绩高低,60分万岁,61分白费!""上大学就是为了找个好工作,凡是对找工作没好处的事一律排斥。"最后,要给学生讲明之所以文章要求手写,是为了体现一种仪式感,因为只有自己一字一字写出来的大学规划才能体现自己内心的真实情感,从而使学生发自内心地理解初衷,消除学生因习惯电脑打字产生的对大量手写文字的抗拒心理。另外之所以不作字数要求,是因为是长是短取决于每个人自己对于人生的思考,不可一概而论,这体现了对学生自主性的尊重。文章好坏不以长短而论,有话则长,无话则短,每个字、每句话都要发自内心,不要为了凑够字数而滥竽充数。此外,手写完成还有一个意图,便是可增加学生抄袭的成本,有利于防止学生直接从网络上摘录、搬运相关内容。当然,此点考虑无须向学生说明,教师自行把握即可。

②实践材料的选取上。可根据课时安排、授课内容和学生实际课业负担情况对文章和影片内容进行适当摘取,利于学生在了解时代背景的基础上较快把握与人生价值相关的核心内容。教师要注意进行适当解读,也可以让学生利用课下时间完整了解相关素材,避免占用过多课上时间。

③实践成果的验收上。须按照评价标准进行客观量化,适当做出灵活调整,评价重点放在考查学生通过课程学习和实践资料形成的对大学生活、大学规划、人生价值、人生方向的思考深度上,不可仅凭印象给分。

④实践成果的展示上。可对具有启发性、创新性和借鉴意义的成果进行展示，展示方式可采取线上或线下的方式进行。展示成果前必须征得学生同意并对学生个人信息进行处理，不得擅自透露学生个人信息。

⑤实践成果的反馈上。可将所有学生的实践成果收集保存至学生毕业时归还，让学生了解自己在大学生活的变化，通过对照感受自身成长，检验自己上大学的初心。

(五) 课内实践成果展示

【成果一】

我和我的大学生活

2020 年 9 月 17 日晚，一列火车从河南周口驶向首都北京，一张车票把我带到了千里之外，从此为期四年的求学之路开始了。在此之前，我生活在华北平原上的一个小城中，热爱文学和写作，喜好国画与游泳，对大学生活充满着无限憧憬与向往。

北京，是一座让我心向往之的城市，在北京度过四年的大学生活是让我内心感到无比愉悦的一件事。2020 年 9 月 18 日上午，我第一次来到了这所大学。小，是它给我的第一印象，十分钟不到，校园便已经用脚步丈量完毕。然而在经历了一周的入学教育后，我对学校的印象有了极大的转变。从学校领导的讲话中，我对学校的感受是"又红又专"。"红"，是因为这是一所在党的怀抱中出生、成长的学校，始终得到党中央的高度重视与亲切关怀。"专"，是因为这所学校为党和国家培养了大量卓越人才，推动了我国社会主义伟大事业的发展进步。

大学，是学习的殿堂，是人生的充电站。转入正常上课后，我第一次感受到了大学老师的讲课风范。高数课上，老师的睿智让我佩服至极；英语课上，老师在我们自我介绍的时候为每一位同学都拍了照片，这种行为让人感到温暖；大学语文课上，老师对古文古诗的讲解，让本就对文学感兴趣的我意犹未尽；心理健康课上，老师新奇的课堂任务让我们在快乐中学到了知识；计算机基础课上，老师一次又一次不厌其烦地讲解我们没听懂的内容，让我这位文科生当初学计算机的恐惧消失殆尽；思想道德与法治课上，让我看到了不一样的思政老师——以往，无论是初中还是高中，思政类课程总是让人瞌睡，但是老师上课时不照本宣科，并运用大量切合实际的例子，吸引着我听课，让困意一扫而空；体育课上，幽默十足的老师让体育充满着欢声笑语……大学之大，不在于校园之大，在于大师之大，在于有一群负责任、有水平的老师。这句话，在我来到北京电子科技学院后，有了更深刻的理解。小小的校园，有着一群优秀的老师，让校园变得不再小——因为求知的天地，广阔无边。

大学，是小型社会，在这里，我遇见了来自天南地北五湖四海的同学——无论是来自贵州、西藏、甘肃的舍友，还是来自北京、山东、山西、云南等地的同学，地域上的差异无法阻挡我们成为要好的朋友。是学校让我们相聚在一起，给了我们成为挚友的机会。与九州共交友是我来到学校的感受之一。在与他们的交谈中，我得以了解全国各个省份的风土人情，尤其是各地的特色美食。大学，让我得以与他们相聚，让我得以开拓视野、了解新知。眼中有世界，心中方有天地。

学校给我的第三个印象就是团学活动的丰富多彩。入校后，我了解到了院团学和系团学的精彩之处，加入团学的初心，就是磨练自己，并为同学们服务。在阅读完院团学的招生广告后，我对院办公室和院宣传部产生了浓厚的兴趣，当即填写报名表。在经过层层筛选后，终于得偿所愿。加入院团学，让我更好地融入了这个大家庭。几天前，我参加了抗疫精神报告会，听了12位学长的报告，感触很深，这种感受，不仅有对学长优秀品质的赞美，更有对学院举办如此精彩丰富活动的喜悦。这让我感到，大学四年一定会是充实而又快乐的。

时间川流不息，高中三年转瞬即逝。大学虽有四年，但每一天都弥足珍贵，不容浪费，每一天都要充实自己的头脑。在此，我以大一新生的身份定下自己的大学四年规划：第一，我认为阅读应当贯穿大学四年的生活。培根曾说："读史使人明智，读诗使人灵秀，数学使人周密，科学使人深刻，伦理学使人庄重，逻辑修辞之学使人善辩；凡有所学，皆成性格。"阅读是提升自己的最好方式，唯有阅读，才能使我们神游九州，与古人对话，与智者交谈。而且，在人生百年之中，很少有哪个时间可以像大学一样，拥有安静且漫长的阅读时光——如此珍贵的时光，不放在阅读上，岂不亏了自己？再者，阅读拥有着强大的力量。多少漂泊者从路遥的《平凡的世界》中获得为明天而奋斗的力量，多少落魄者从雨果的《巴黎圣母院》中看到了生活下去的希望，多少文艺青年从曹雪芹的《红楼梦》中产生了对中国古典文学的向往……这所有的一切，都是阅读带给人类的精神力量，一种无形，但拥有着强大威力的力量。第二，学习永远是学生的天职。在上大学之前，早就听闻"60分万岁"的说法，然而，若以这种态度去学习，恐怕是完全被动的。无论是高数、英语还是计算机、语文，抑或心理健康和体育，没有一个是可以"水"过去的。我认为，既然用了自己的时间去听课，那就要认真仔细，否则，不仅没有学到知识，又白白浪费了自己的时间，有弊无利。高三虽然离我远去，但是在高三这一年中所培养出来的"高三精神"应该持续伴随我们走过人生，在大学四年也应如此。在这四年中，将"高三精神"贯穿于学习生活，才能最大限度地利用好大学的学习资源，不断提升自己。第三，在院团学及院内其他活动中锻炼自己。入学后，我报名参加了辩论队，通过初试后，我在复试的时候被淘汰了。但是，我并没有因无法进入辩论队而懊悔，因为，重要的不仅是结局的完美，更是过程的精彩。在准备复试的那一段时间，我学会了辩论稿的格式、辩论的流程、辩论的技巧、破解辩题的方式、反驳对方的方法……所有的这些都是我在这个过程中收获到的，且不说这些东西会为我带来多大的效益，最起码以后我在看辩论比赛的时候，可以看懂其中的奥秘了，收获了这些，我便感到高兴与慰藉。在这个过程中我自己得到了锻炼，今后学校的活动，我也会积极参加，不求名次与奖励，只为得到过程上的愉悦与收获。我加入院团委办公室后，深入体会到了何谓"秉轴持钧"，在文稿工作中，通过微信公众号文章的撰写，不断提升自己的文字水平和写作功底；在其他日常工作中，不断锻炼自己的沟通理解能力与协调能力，最终成为办公室的一员。加入院宣传部下设的绘画专业队后，自身的国画技艺有了发挥之处，并且结识了许多热爱绘画的小伙伴，有学习版画的，有学习素描彩铅的，有练习书法的。在这里，我会积极为学院的宣传工作做出自己的贡献，发挥自己的才艺。加入院团学，还有一点让我受益匪浅，那就是结识了优秀的学长和优秀的同届同学。孔子有言：三人行必有我师焉。与他们共事，可以学习到他们身上的闪光点，因此，加入院团学，就是与更加优秀的人在一起，并且让自己变得更优秀。

正如每条船都有自己航行的目标一样，每个人也应有自己的目标，也许是宏观的人生目标，也许是微观的阶段目标。大学四年，我的目标就是成为一个全面发展的人，将来以让自己、让家长、让学校满意的状态投身到工作岗位上，为党和国家事业做一份贡献。这个目标的实现，需要长期的努力，需要不忘初心的坚持，需要保持长期的求知热情。我坚信，我可以做到！

（撰写：张开颜）

【成果二】

我和我的大学生活

很高兴，也很荣幸，我能来到这样一所学校，与如此优秀、专业的老师相遇，与如此优秀、出色的同学相识，能在这里为了成长为党和国家事业的合格接班人而接受电科院又红又专的培养与教育。

学校虽小，但真的"五脏俱全"，不管是硬件设施，还是"软件支撑"。比如我很喜欢的寝室环境和很喜欢的图书馆，比如我很喜欢的老师们和很优秀的各级同学们……不来北京，不来学校，真的不知道我与别人有多少差距要追赶；只待在寝室学习，不去图书馆感受，真的不明白环境也可以很大程度上影响学习和工作效率。学校里的同龄人压力逼着我拼命向上向前，优良学习工作生活氛围督促着我做一个高效、自律、严谨的人。但我希望，我能慢慢在大学四年的学习工作中，不是被动成长，不是仅仅受外部因素影响而成长，而是越来越主动、自觉地成长。

一直以来都在网上看见过太多活生生的例子，他们高中优秀而大学堕落，我认为归根到底是他们忘了初心，迷失了自我。我的初心便是考到北京，我的初心就是做栋梁之材为人民服务，既然有幸成为学校的一份子，我必定要牢记初心，不忘来时路。不能忘记寒窗苦读的这么多年，不能忘记高三冲刺的起起落落，不能忘记一直培养和支持我的爸爸妈妈，不能忘记恩师的谆谆教诲，也不能忘记朋友的鼓励和陪伴……在时刻回头提醒保持自我初心的同时，我也不能止步不前，视线要向远处望，格局要向高处展。大学是人生中充实自己的良好时期，因此一定要为这黄金时段做好合理而紧密的安排，否则四年时光白白虚度便再也无法追回。先定一个长远的目标：成为自己喜欢的人，变成自己想要变成的样子。具体来说，就是拓展自己的读书量，提升个人思想境界，提高思考分析问题的能力，沉淀急躁的性格，培养大局意识和团队意识……总之，要向着合格的国家伟大事业接班人的身份靠拢。细化成每一级来说，我很赞同院党委书记对新生度过四年大学生活的建议：大一尽快融入大学生活，完成由高中生向大学生的身份转变；大二持续精进，平衡学习、工作、生活各方面的关系，过好最充实的一年；大三明确方向，不断充实；大四全力冲刺，抓住机会。同时对于自己的人格品质，我也愿锤炼出绝对忠诚的政治品格，肩负起担当大任的使命情怀，培养出全面发展的能力素质，养成好遵规守纪的优良作风。再具体一些，第一，我要做一个自律的人，养成良好的学习、生活、工作习惯，改掉自己严重拖延的毛病；第二，要与老师、辅导员、同学相处好，合理妥善解决小矛盾、小摩擦；第三，不仅要从老师这里获取知识，还要学会自我管理学习，利用丰富的图书馆资源和校外文化资源不断完善自己，增强自己的文化修养；第四，学会走向社会，抓住机会做校内校外的志愿者，增长见识与阅历，学会和人打交道的技巧。总之，不忘初心之外，还要大步前行不留遗憾。

我希望我的大学生活，会是难忘的、精彩的、有意义的，是回想之时让我露出笑容的。

愿满怀热情与希望，向上肆意生长。

（撰写：周润华）

【附：实践参考材料】

1.《青年在选择职业时的考虑》内容介绍

1835年秋天，即将中学毕业的马克思写了这篇名为《青年在选择职业时的考虑》的作文，抒发了他为人类服务的崇高理想。

马克思认为，在选择职业时必须考虑的最重要的原则，是生活和工作的目标。一个人如果仅仅从利己主义的原则出发，只考虑如何满足个人的欲望，虽然也有可能成为出色的诗人、聪明的学者、显赫一时的哲学家，可是，他绝对不能成为伟大的人物，也不能得到真正的幸福。他的事业是渺小的，他的幸福是自私的。一个人只有选择为人类服务的职业，只有为人类最大多数人的幸福而工作，才是高尚的人，才能得到真正的幸福，才有不可摧毁的精神力量。马克思说："历史承认那些为共同目标劳动因而自己变得高尚的人是伟大人物；经常赞美那些为大多数人带来幸福的人是最幸福的人。"

为人类服务，这是少年马克思的崇高理想，也是马克思在中学毕业作文中所阐述的主要思想。在漫长的斗争岁月中，他始终不渝地忠实于少年时代的誓言。他的一生，就是为人类服务的最光辉的榜样。

2.《恰同学少年》剧情简介

1913 年，湖南长沙，具有现代民主教育思想的教育家孔昭绶出任省第一师范校长，在他的主持下，第一师范大力开展新式教育改革，聘请了以杨昌济为代表的一批优秀中外教师，学校面貌焕然一新。崭新的第一师范吸引了蔡和森、萧子升等众多青年才俊前来报考，在招生考试中，19 岁的毛泽东脱颖而出，以第一名的成绩考入了这所湖湘高等学府。

毛泽东的勤奋好学与不凡天赋，深深打动了学贯中西的导师杨昌济，毛泽东如饥似渴地学习着自己感兴趣的社会学知识，并成为一个教育救国论的非暴力改良主义的信仰者。然而，过于峥嵘的个性与严重的偏科现象也使他一再触犯校规，在对待如何处理毛泽东的偏科行为引发的教师争执中，惜才如命的孔校长最终选择了尊重其个性，放手让其发展，毛泽东成了校长特许的"特殊学生"。共同的学习生活中，毛泽东与蔡和森、萧子升等优秀青年结下了友谊，周南女子中学的陶斯咏、向警予、杨开慧等女学生也和他们因共同的志趣走到了一起，一个由先进青年学生组成的读书会组织成了他们学习、交流与情感发展的纽带。

然而，动荡的时局却不断打破学生们纯净的校园生活——在反对袁世凯签订 21 条与复辟称帝的斗争中，湖南军阀汤芗铭以武力逼走了孔校长，毛泽东也险遭逮捕——残酷的现实使毛泽东对教育救国与改良主义信仰产生了动摇。新任校长张干僵化的教育理念和禁止学生参与社会活动的规章更激发了毛泽东与他之间的矛盾，张干下令将在"驱张运动"中为首的毛泽东开除出校，幸得杨昌济等教师据理力争，张干被迫收回了成命。徒步游湖南、组建学生军、开办工人夜校，一系列社会实践极大地丰富了毛泽东书本以外的知识，锻炼了他的社会活动能力，也使他更深刻地认识到，靠教育、靠改良救不了中国。与此同时，情感的波澜也悄悄在男女青年间泛起，陶斯咏暗恋上了毛泽东，向警予与蔡和森心心相印，而毛泽东却发现自己对一直视为小妹妹的杨开慧却有着不同于兄妹之情的一份牵挂，爱情给这群风华正茂的青年们带来了一份份剪不断、理还乱的喜悦、痛苦。

就在此时，长沙城突遇一场大祸——1917年底，在护法战争中被击溃的三千北洋兵败往长沙。危急时刻，毛泽东以惊人的胆略，率领二百名赤手空拳的一师学生军，上演了一场精彩绝伦的"空城记"，一举将三千溃兵全部缴枪。1918年，毛泽东、蔡和森等从一师毕业了，杨昌济也受聘于北大任教，他告诉孔昭绥，自己已完成了在一师的使命，为中国的未来培养了蔡、毛二位"海内人才"。随着杨昌济北动的列车启动，师生依依挥别……

视频链接：

https：//www.mgtv.com/b/6528/266357.html？cxid＝95kqkw8n6。

3.《我们的法兰西岁月》剧情简介

20世纪20年代初的中国，列强入侵，军阀混战，民不聊生。为了寻求救国之道，16岁的邓希贤(邓小平学名)满怀一腔热忱，同邓绍圣和纪德铭等青年不远万里踏上了赴法勤工俭学之旅。但法兰西并非他们所想象的天堂，三人的钱很快花完了，不仅不能上学，连生存都困难。邓希贤以自己的毅力和执著，维系住他和伙伴们的生存希望。就在进退维谷之际，邓希贤意外地结识了巴黎一小区清扫工米歇尔。米歇尔把自己的一半工资分给他，但米歇尔自己的生活也很拮据。邓希贤把自己的工钱悄然留给学友，黯然而去。此时，广大留法中国学生思想又活跃又混乱。中华先进青年张申府、赵世炎、周恩来引领时代的潮头，在巴黎创建了共产主义小组。邓希贤最早结识的革命青年是聂荣臻，接着又在巴黎结识了开小书店的陈延年和陈乔年——他们是陈独秀的儿子。随后又在工厂打工时结识了赵世炎和王若飞。不久，周恩来和赵世炎等人发起组织反对北洋政府向法国政府借外债打内战的"拒款斗争"。在这场斗争中，邓希贤结识了周恩来等人，他们的出现，改变了邓希贤的人生命运。自此他完成了求学求生存的人生阶段，开始了九死不悔的追随共产主义理想的人生之旅和精神之旅。

视频链接：

https：//v.qq.com/x/cover/wh5a54vmk71aqem.html。

二、校 内 实 践

(一)校内实践目标

校训是一个学校的名片、一个学校的灵魂，是学校人文精神的集中代表、文化建设的内核体现，更是学校办学的永恒追求和培育人才的精神传承。校训虽然言简意赅，其含义却往往质朴深邃，彰显了一所学校的历史和特色，会伴随并影响学子们的一生。学习校训，能为打开学校的历史文化之门提供一把金钥匙，为眺望其精神家园打开一扇窗户。本实践教学环节通过组织学生认真学习所在学校的校训，引导学生加深对大学和大学精神的了解，进一步领悟校训所承载的精神实质、历史底蕴和实践要求，明确自身前进方向和奋斗目标，回答好人生的青春之问。

(二)校内实践设计

1. 实践任务安排

本实践教学任务安排两个环节：一是组织学生参观校史馆、校训碑或其他承载校训文化和精神的场所、地点。二是组织开展"做一名合格××大学人"主题微分享活动，旨在通过实践教学环节，引导学生充分认识到校训所集中反映的学校办学宗旨和历史传统，激发学生读校史、知校情、爱学校的自觉性和坚定性，将学校的文化追求和精神风貌内化于心、外化于行。在此基础上，从学生内心深处激发"做一名合格××大学人"的信心决心，进而在大学期间乃至未来人生中争当校训的坚定传承者和践行者。

2. 实践步骤设计

(1)实践任务布置

根据课程进度和教学安排，将学生划分为若干小组，每个小组确定相应的主题。主题可分为校训精神解读、校训由来讲述、校训故事阐释、优秀校友事迹分享等。组织学生以小组为单位，围绕校训精神、校史沿革收集资料，参观学校校史馆、校训碑或其他承载校训文化和精神的场所、地点，并在参观结束后以"做一名合格××大学人"为主题进行微分享汇报。要求学生在微分享活动前，自行在小组内部推选出一名代表，作为分享人。

(2)实践过程跟进

教师根据进度、教学安排和学生课业压力，及时督促学生进行相应实践活动。可根据实际情况，组织全班集体参观，也可分组进行，教师选择部分小组参加。教师要引导学生广泛收集资料，以便在参观过程中有更多直观感受。在学生实践期间，教师可进行适当讲解，加深学生对校训精神的理解。在微分享期间，可对学生的分享稿进行把关，防止内容脱离主题、不符合要求。要密切观察学生参与实践活动的情况，对在实践活动中表现优异且积极主动的学生予以记录，对消极对待实践活动且应付了事的学生要及时予以批评。

(3)实践成果验收

综合学生分享主题、内容和各方面表现，结合教师日常观察学生参与实践活动情况，按照实践评价标准给每个组相应赋分，也可以采取教师赋分和学生打分相结合的方式。对分享活动的主讲人要适当加分，但加分幅度不宜过大，具体幅度由任课教师根据实际教学情况综合判定。小组内其他成员原则上采取相同赋分。

(4)实践成果展示

在开展微分享活动中，可录制学生分享全过程。在征得学生同意的前提下，将优秀的分享视频和参观校史馆、校训碑的图片及相关文字稿在课程公众号上发布。对学生的分享文稿可收集留存，并在学生毕业离校前返还，作为大学期间的纪念。

(三)校内实践评价标准

通过组织学生学习本校校训，领悟校训所承载的精神实质和历史底蕴，激发学生对学校的自豪感和认同感，营造尊崇校训、践行校训的浓厚氛围，回答好青春之问，做出正确的人生选择。这一实践环节的考核评价，可以围绕学生对校训理解程度，对自身在大学和今后人生道路上践行校训精神的思考，对待实践活动的态度、感情，分享主题是否突出、分享内容是否详实等方面进行评判。

1. 文稿撰写方面(40分)

主题是否突出，对校训的理解是否准确、深刻，内容是否充实，材料是否丰富，分享文稿结构是否具备较强逻辑性，语言是否优美，用词是否准确，提出的实践要求是否具有可行性等。

2. 汇报表现方面(30分)

感情是否充沛、饱满，语言是否流畅、有力度，台风是否稳健，分享技巧是否娴熟，是否具备较强的感召力等。

3. 实践态度方面(30分)

是否严肃认真，参观活动是否顺畅到位，分享的各方面准备如音乐、PPT 等是否充分。

(四)校内实践注意事项

1. 实事求是，避免虚无

教师在讲解校训或者指导学生讲解时，要充分依靠校史和相关史料，讲明白校训的出处、渊源和沿革；讲明白校训的精神实质和丰富内涵；讲明白校训对于大学以及社会、国家的重要价值。注重发挥校训的评价作用、引导作用和激励作用，通过讲解校训，激发学生的爱校之情、报国之志、力行之心。要切实防止拘泥于校训词汇本身，缺少材料支撑、过于空洞的情况。

2. 激情分享，锻炼口才

为保证效果，应在分享前安排学生进行认真练习和彩排，串场、打分、播放音乐和 PPT 等环节均需要做出妥善安排，确保流程顺畅。分享最终呈现的效果直接影响到实践教学目标能否实现，为此教师可以对分享者进行直接指导，也可以邀请校内相关领域专业老师对学生进行指导，切实提高分享水平。

3. 综合考量，公平公正

本次实践形式为个人实践或小组实践，授课教师在确定实践形式时，要充分考虑学生的时间和学业压力，充分听取学生意见建议。小组实践的实践成果评价可由教师逐一评定或由学生、教师共同评定，按一定比例计算出小组实践最终成绩。要特别注意，原则上小组中各成员赋分应一致，以体现团队共同进退精神。但需要在布置任务时提醒小组做好分工，防止出现个别人不出力的情况，造成不公平。如确有学生在实践中发挥了较为突出的作用，可酌情多给分，确保实践活动教学成绩公平公正。

(五) 校内实践成果展示

【成果一】

做一名合格的南开人

校训，作为一个学校广大师生共同遵守的基本行为准则与道德规范，既是一个学校办学理念、治校精神的精准反映，也是校园文化建设的重要内容，更是一所学校教风、学风、校风的集中展现，体现了学校文化精神的核心内容。每当我走进迎水道校区，就能远远望见教学楼前八个金光闪闪的大字——"允公允能，日新月异。"凝视眼前的校训，细细咀嚼，不禁感慨万千。

允公允能，心系民族复兴伟业

"惟'公'故能化私、化散，爱护团体，有为公牺牲之精神。"创办于中华民族"最危险的时候"的南开大学，在民族危难之际，走出来无数革命前辈，为了迎接新中国胜利的曙光，他们大声疾呼、四处奔走；在国家一穷二白之时，又有无数杰出校友，为了让社会主义中国以崭新姿态屹立于世界东方，他们甘于奉献、不辞辛劳，只为让"可爱的中国"更加绚丽夺目，让"熟睡的雄狮"能够发出令世界为之一震的呐喊：中国人民从此站起来了！在他们中间，有约定"愿相会于中华腾飞世界时"的人民总理周恩来同志，有在最后时刻依旧守护党和国家机密的"'两弹一星'功勋奖章"获得者郭永怀……他们以自己的崇高精神、高尚品德、伟大风范，生动展现了南开人立志为公、振兴中华的社会理想和价值追求，是我们新一代南开人为实现中华民族伟大复兴中国梦而矢志奋斗的光辉榜样。

2019年1月17日，习近平总书记亲切寄语南开大学师生，勉励我们"要把学习的具体目标同民族复兴的宏大目标结合起来，为之而奋斗。只有把小我融入大我，才会有海一样的胸怀，山一样的崇高"。今天，新时代中国特色社会主义的航线已经明确，中华民族伟大复兴的巨轮正在乘风破浪前行。作为新时代南开人，我们要把个人理想融入民族复兴伟业之中，以"为天地立心，为生民立命，为往圣继绝学，为万世开太平"为己任，为实现中国梦、强国梦做出新的更大贡献！

日新月异，永立当今时代潮头

苟日新，日日新，又日新。科技是国家强盛之基，创新是民族进步之魂。创新决胜未来，改革关乎国运。当前，我国发展进入新发展阶段，更应该把创新摆在突出位置，不断加强高水平自主创新能力建设，让创新成为国家发展、民族进步的力量之源。

党的十九大确立了到2035年跻身创新型国家前列的战略目标，党的十九届五中全会明确提出了坚持创新在我国现代化建设全局中的核心地位，强调把科技自立自强作为国家发展的战略支撑。立足新发展阶段、贯彻新发展理念、构建新发展格局、推动高质量发展，必须深入实施科教兴国战略、人才强国战略、创新驱动发展战略，完善国家创新体系，加快建设科技强国，实现高水平科技自立自强。

作为一名新时代南开学子,我要始终勇于创新、敢于创新、善于创新,切实做到登高望远、居安思危,勇于变革、勇于创新,永不僵化、永不停滞,做一名锐意进取、敢为人先的南开人,不断推动国家发展日新月异、中华民族与时俱进。经过岁月的浸润,日新月异已内化为南开人追求卓越的精神气质,激励着莘莘学子为实现中国梦、强国梦贡献源源不断、生生不息的南开动力。

同学们,百年风华,大浪淘沙,今年是中国共产党成立100周年。从石库门到天安门,从兴业路到复兴路,从小小红船到巍巍巨轮,中国共产党走过苦难辉煌的过去,走在日新月异的现在,走向光明宏大的未来。我们何其有幸能够在新的强国伟业中贡献青春力量,我们又何其幸运能够与党共同续写人民共和国新的荣光。前进征程上,我们要牢记并践行"允公允能,日新月异"的校训,大踏步地向着充满希望的光明未来进发,向着中华民族伟大复兴的光明前景进军!

(撰写:李泽文)

【附:实践参考资料】

大学校训精神撷英

1. 清华大学:自强不息 厚德载物

清华大学始建于1911年,由一所留美预备学校成为中国著名高等学府。百余年来,从清华学堂、清华学校到国立清华大学、西南联合大学,从探索社会主义办学道路到建设世界一流大学,清华大学历经世纪风云变幻、办学

之路起伏，清华师生始终以"自强不息，厚德载物"为校训，自励、自勉、自觉、自立。

清华校训源于中华民族优秀传统文化。"自强不息，厚德载物"是中华民族精神的核心内涵，是在漫长的历史中逐渐锤炼而成的民族共同性格、优秀素质和理想境界，对中华民族的发展与前行产生了积极而深远的影响。中华民族的发展在5000年的历史长河中跌宕起伏，尽管曾几多波澜，曾几经曲折，却始终激流勇进、气贯长虹。尤其是近代以来，中华民族到了生死存亡的最危险时刻，然而始终能临危不惧、艰苦奋斗，战胜重重灾难，不断奋勇前进。我们的国家、民族之所以有今日，自有其深厚的文化基因，其中"自强不息，厚德载物"就是中华民族赖以生存、延续、昌盛、发展的精神支柱，是中华民族精神自强、自尊、自信、自立的精华之所在，是中华民族之魂。

2. 上海交通大学：饮水思源 爱国荣校

1926年10月，交大30周年校庆之际，校友为母校捐建了一口自流井，取义"饮水思源"。7年后，又有学生念及母校培育之恩，在校内建造了一座以校徽为中心的喷水池，并立石碑，上刻"饮水思源"。交大"思源校训"自此而来。交大先贤对母校平凡而质朴的感恩之举，为后继而起的交大人种下

上海交通大学原校长、中国工程院院士翁史烈题写的校训

18

了"雏既壮而能飞兮，乃衔食而反哺"的善根。任凭岁月年轮的冲洗，"思源校训"却永驻交大人心中，绵延不坠。1995年"饮水思源，爱国荣校"八个字被确定为上海交通大学的校训。

前路漫漫，但交大人已经写出了坚守、奋斗和成功的历史，更在书写逐梦、责任和担当的现实。百余年来，感恩、报国始终澎湃在交大人的血脉中，成就着这所著名学府的精神。如果说，"饮水思源"是"小我"层面的道德诠释，那么，"爱国荣校"则在"大我"意义上提升了交大人志存高远的人格境界。1929年秋，钱学森怀抱振兴祖国的雄心壮志，负笈上海，开始了与交通大学的一世情缘。后来，钱学森胸怀"航空救国"梦赴美深造。新中国成立后，他冲破重重阻力，回国投身航天科技事业，开辟了中国"两弹一星"历史新纪元。以国家为重，公而忘私；以科学为重，成就斐然——钱学森，这位人民的科学家，成为"饮水思源、爱国荣校"的精神典范。

3. 中国人民大学：实事求是

"实事求是"一词出于《汉书》，原文是"修学好古，实事求是"。后来唐代学者颜师古将"实事求是"一词解释为"务得事务，每求真是也"，即把它引申为一种值得提倡的务实求真的学风。毛泽东同志在《改造我们的学习》中指出："'实事'就是客观存在着的一些事物，'是'就是客观事物的内部联系，即规律性，'求'就是我们去研究。"

毛泽东同志在给陕北公学成立的题词中指出："要造就一大批人……这些人不是狂妄分子，也不是风头主义者，而是脚踏实地富于实际精神的人

19

们，中国要有一大群这样的先锋分子，中国革命的任务就能够顺利地解决。"时任校长成仿吾也指出："陕北公学的教学工作有三条原则：一是理论和实际相联系，二是教学内容少而精，三是教与学一致。"学校在不同发展时期，都将"实事求是""理论联系实际"作为重要办学原则。1950年10月3日，刘少奇同志在中国人民大学开学典礼上指出："要用马克思主义的基本观点，不要主观主义、教条主义、经验主义，要辩证唯物主义，以实事求是的精神学习、工作。"

1992年，在中国人民大学校庆55周年前夕，"实事求是"被正式确定为学校校训，同时，镌刻着"实事求是"四个大字的汉白玉巨石，也被矗立在学校东门正中。

4. 北京师范大学：学为人师 行为世范

启功题写的北京师范大学校训

"学为人师 行为世范"八字，显得平易通畅且深刻含蕴，它不但紧扣"师范"二字，而且包含了学与行、理论与实践、做学问与做人、做一般人和做老师等之间的辩证关系。

1902 年，北京师范大学前身京师大学堂重开即提出"办理学堂，首重师范"。在"办理学堂，首重师范"的理念指导下，他们承载着振兴教育、救亡图存的历史重任。1915 年，学校提出"诚实、勇敢、勤勉、亲爱"的校训，要求学生勤奋攻读、品行端正、为人表率。此后，学校校训虽几经改动，但以爱国、勤奋、为人师表为内核的办学精神始终如一。

在国运衰微的年代，师范教育首重培养国民精神，是国民教育的基础。身为"教育本源"的北京师范大学，强调"治学修身、兼济天下"。从这里走出的国之栋梁，道德与学问并重，理想与实践统一，堪为如晦时代文化知识的传薪播火者。师范科毕业生符定一，办校兴学，造福乡梓，成为青年毛泽东的导师；国语运动先驱黎锦熙，普及白话，注音汉字，推动民众文化扫盲……他们是启民救国的典范，影响了社会进步方向，为民族精神的绵延发展注入了人文光芒。

5. 武汉大学：自强 弘毅 求是 拓新

珞珈山麓，东湖之畔。百余年的风雨历程，铸就了武大"敢为天下先"

陶德麟题写的武汉大学校训

的独创精神。

武汉大学历经3个不同时期并形成有代表性的校训。从国立武昌高等师范学校的"朴诚勇",到国立武汉大学的"明诚弘毅",再到改革开放时期的"自强、弘毅、求是、拓新",其底蕴一脉相承,而又闪烁着时代光辉。

"自强"语出《周易》"天行健,君子以自强不息"。意为自尊自重,不断自力图强,奋发向上。自强是中华民族的传统美德,成就事业当以此为训。该校最早前身为"自强学堂",其名也取此意。"弘毅"出自《论语》"士不可以不弘毅,任重而道远"一语。意谓抱负远大,坚强刚毅。该校30年代校训"明诚弘毅"就含此一词。用"自强""弘毅",既概括了上述含义,又体现了该校的历史纵深与校风延续。"求是"即为博学求知,努力探索规律,追求真理,语出《汉书》"修学好古,实事求是"。"拓新",意为开拓创新,不断进取。

武汉大学校训的整体含义是继承和发扬伟大民族精神,树立为国家的繁荣昌盛刻苦学习、积极奉献的伟大志向,以坚毅刚强的品格和科学严谨的治学态度,努力探求事物发展的客观规律,开创新局面,取得新成绩,不断为国家作出新贡献。

三、社 会 实 践

(一)社会实践目标

人生观是人们关于人生目的、人生态度、人生价值等问题的总观点和总看法,青年时期是人生观形成的重要时期。在中国革命、建设、改革、发展的伟大征程上,产生了许多为国家富强、民族振兴、人民幸福顽强奋斗的伟大人物、革命先烈和仁人志士,他们为祖国和民族建立的丰功伟绩永载史册,他们的崇高精神永远被人民铭记。这些伟大人物人生观形成的过程对培育当代大学生正确人生观有着极为重要的意义。本实践教学环节通过组织学生参观反映伟大人物青年时期成长经历和事迹的博物馆、展览馆或人物故居,使学生感受他们人生观、价值观形成的环境条件，深化学生对青年如何树立正确人生观和实现人生价值的认知，加深对课本知识的理解，帮助学生领悟人生真谛，做出正确的人生选择。

(二)社会实践设计

1. 实践任务安排

本环节安排的实践方式是参观博物馆、展览馆或人物故居。教师可于课上对此任务进行布置，给学生提供可供选择的参观地点清单，由学生自行选择。教师应对学生提出明确具体的实践要求，包括实践过程中要在遵守参观场所规定的前提下对参观的物品、旧址等进行拍照以作为参观报告的素材；实践完成后将参观中了解到的故事、参观感受和课堂所学的有关世界观、人生观、价值观的知识相结合，撰写参观感想。

2. 实践步骤设计

(1)实践任务布置

在布置实践任务时，需要重点把握以下两点：一是确保学生通过课堂学习已经掌握人生观的内涵、何为正确的人生观以及青年时期如何在正确人生观的指引下做好人生选择，提升人生境界等基础性问题，使学生带着对这些问题的思考进行参观，在参观过程中深化认识。二是给学生讲清楚在参观感想中附上参观时所拍摄的图片，目的是增强参观的具象性、针对性，促进学生带着问题进行参观，防止走马观花、无的放矢。图片应附带学生对所拍摄图片内容的相关思考，即拍摄图片的内容同历史人物人生观之间的具体联系。

(2)实践过程跟进

教师可组织全班集体参观并在参观过程中进行深入讲解，也可分组进行，教师适当参加部分小组的参观活动。要提醒学生在规定时间内完成参观任务，避免拖延。

(3)实践成果验收

于第一章授课内容结束后收回纸质版文章作为实践成果，根据评价标准进行赋分，考查学生完成作业的态度和质量，除评价标准列明的内容外，若存在明显雷同或抄袭等的实践成果，应打回要求学生重做并视情况对学生进行约谈和批评。

（4）实践成果展示

完成实践成果验收后，可在征得学生允许的情况下对文章质量高、思考深入有启发性、字迹整洁美观、具有示范意义的实践成果进行集中展示，以激励和引导学生。

（三）社会实践评价标准

此实践环节最终的提交成果为参观后所撰写的感想或参观报告。在对学生的实践成果进行评价时可参考如下标准：

①参观感想中是否附带上参观时所拍摄的图片，所拍展品是否符合主题要求，对展品的思考是否深入。（20分）

②参观感想是否体现正确的人生观、价值观，是否抓住伟大人物青年时期"人生选择"的要害关键。（20分）

③参观感想能否体现学生基于参观获得深刻的人生启迪，是否能够结合自身实际反思自己的成长，是否对未来人生规划产生积极影响。（20分）

④参观感想是否同书本内容具有关联性，结合书中所学进行分析和阐释，对书中知识的理解是否到位、深刻。（20分）

⑤参观过程和撰写感想是否态度认真、是否符合实践要求。（20分）

（四）社会实践注意事项

1. 选好选准参观地点

选好选准参观地点是本实践环节的关键，教师可以按照以下原则制定参观地点清单：

①参观地点的选择应当以同伟大人物有关的场所为主。尽量选择同人物青年时期有关的故居、旧址进行参观。教师可在参观实践的过程中给予指导，要求学生重点参观伟大人物青年时期的有关内容。

②注重选择能够体现积极正确人生观或人生态度的参观地点。明确参观地点同人物成长发展和取得成就之间的关系，并从参观地点同人物取得成就之间的关

系入手向学生讲解正确的人生观同个人成就或个人价值实现之间的关系。

③突出"选择"元素。人生观决定着人生道路的方向，决定着人们行为选择的价值取向和面对生活的方式方法。参观地点的选取突出"选择"这一元素，是指参观地点和内容要能够体现人物是如何受人生观的影响进行选择的，使学生了解历史人物在面对困难、艰苦、斗争等情境下做出的人生选择，进而分析影响历史人物做出人生选择背后所展现的人生观。通过参观实践地点，学生能够将人生目的、人生态度及其与人生的联系进行有机结合，感受人生观选择的重要性，通过实践增强课堂教学内容的关联性。

2. 注意搭建教学内容与参观内容之间的桥梁

本实践教学的目的在于使学生在了解人生观定义的基础上，通过社会实践树立正确的人生观和良好的人生追求、人生态度。充分的课堂理论知识学习是完成本社会实践任务的前提与基础。学生在进行参观之前应当熟练掌握教材内容，带着关于人生观的思考进行参观，防止出现漫无目的、为了参观而参观的现象。学生提交的参观感想应当体现学生对人生观、价值观的思考，教师在对学生的实践成果进行评价时应当注重实践成果的深刻程度，特别是学生对人生观、价值观的思考深度，并据此进行适当打分，体现差异性。学生提交的参观感想能否体现正确的人生观、价值观是学生作业的及格线。教师应当警惕学生提交的参观感想中存在的贪图安逸、及时行乐等错误的价值观，对存在消极思想的学生进行谈话教育，指出其作业中存在错误人生观和价值观的内容，并指导学生加以改正。

3. 选准选好重要历史事件

选择展现历史事件的实践地点时应当引导学生思考历史事件对个人人生观的影响，而不是只关注历史事件本身。以天津觉悟社为例，1919 年 9 月 16 日，天津学生联合会和天津女界爱国同志会的 20 名男女进步青年组成了革命团体觉悟社。觉悟社团结进步青年，积极传播马克思主义，成为"引导社会的先锋"和"作战的大本营"，也因此成为中国共产党成立前的重要革命组织之一。周恩来年轻时作为进步青年是觉悟社的骨干成员，觉悟社时期的经历对周恩来人生观的形成具有重大的影响。在觉悟社时期，周恩来认为最重要的是"实行精神"，强调

"'奋斗'、'勇敢'、'牺牲'三种精神缺一种，实行便做不到真处"。他抓工作深入细致，一丝不苟，号召大家都要"说真话，鼓真劲，做实事，收实效"。教师在学生参观天津觉悟社纪念馆的过程中可循序渐进引导学生将青年周恩来在天津觉悟社时期的经历同他为人民奉献的人生观相联系，使学生了解历史事件对个人人生观的影响。

4. 其他

提醒学生参观时应注意言行得体，遵守博物馆、展览馆或人物故居等实践地点的相关规定，如不进入人物故居不允许进入的地点，不在博物馆、展览馆内不允许拍照的地方拍照等。教师应当对学生不遵守相关规定的行为进行制止，并告知学生参观中的不当行为会导致实践环节的扣分。

(五) 社会实践成果展示

雷锋精神，永恒不变的心灵呼唤

——写在参观雷锋纪念馆之后

2021 年 3 月 5 日，在老师的指导之下，我和同学们一道参观了雷锋纪念馆。雷锋，一个名字，更是一种精神。他的行为让我们每时每刻都在缅怀他，他的奉献更让我们每时每刻都在学习他。他说的每一句话、做的每一件事都被我们记住，因为那是每一个中国人的实践准则，是每一个中国人所崇尚的。

其实雷锋精神对我而言并不陌生，从小学时候起，《学习雷锋好榜样》这首歌就广为传唱，雷锋的精神就在我幼小的心中扎根。从小到大，每年的 3 月 5 日，学校都会组织老师和同学们到一些街道做一些力所能及的事，让我们亲身体会雷锋精神。那个时候我对雷锋的认识是一位一辈子都在做好事，心地善良的解放军叔叔。而这次参观了纪念馆后，我对于雷锋精神，又有了更多更深刻的了解。

雷锋，中国人民解放军沈阳部队工程兵某部汽车运输连四班班长，1940年 12 月 18 日生，1962 年 8 月 18 日走完了短暂的一生。1963 年毛主席为雷锋同志题词，号召全国人民"向雷锋同志学习"。参观完雷锋纪念馆后，我深深感到：雷锋的一生虽然没有创造惊天动地的英雄伟绩，但他把自己生命的每一分光热都无私地奉献给了社会和人民，以把有限的生命投入到无限的为人民服务之中去的实际行动，在平凡的小事中谱写了他不平凡的人生乐章。"多帮助人民做点好事，就是我最大的快乐和幸福。""我活着，只有一个目的，就是做一个对人民有用的人。"这些质朴的字句，道出了雷锋人生的真谛。一个人做点好事并不难，难的是一辈子做好事。雷锋做好事，为人民服务，绝不是靠一时的热血和激动，而是坚持不懈，始终如一。全心全意为人民服务的无私奉献精神，是贯穿在雷锋一生中最美的旋律，也是雷锋精神的精髓所在，它反映的更是一个共产党员坚定的共产主义信念和崇高的共产主义品格。雷锋的人生信条是："在伟大的革命事业中做个永不生锈的螺丝钉"，把自己当做一颗螺丝钉，拧在哪里，就在哪里发挥作用。这种甘当革命螺丝钉的精神，正是我们新一代共产主义接班人所要树立的人生追求。

雷锋是一个从旧社会走过来的解放军战士，孤苦伶仃的幼年生活磨炼了他的意志和爱憎分明的立场。他对许多事情都有自己的独立思考和看法，形成了自己的人生观、价值观。雷锋同志在正确的人生观、价值观的引导之下做出了一个又一个正确的人生选择，选择每时每刻的奉献，选择成为一颗永不生锈的"螺丝钉"。雷锋一生始终坚持人民利益至上，以服务人民为最大幸福，以帮助他人为最大快乐。这种服务人民、助人为乐的奉献精神是他高尚人格的重要体现。雷锋在日记中写道："人的生命是有限的，可是，为人民服务是无限的，我要把有限的生命，投入到无限的为人民服务之中去。"雷锋正是用一件件平凡的小事成就了不平凡的人生，用矢志不渝的坚守筑起了中华民族的道德坐标，至今温暖着我们的社会，感动着我们的时代。

我深刻地体会到：雷锋同志的一生虽然短暂，但他的光辉形象永远留在世人的心中。雷锋虽然牺牲了，但千千万万个雷锋涌现了出来！三月是学雷锋月，但真正做好事，绝不仅在三月，而是日复一日，年复一年。其实所谓的"雷锋事迹"，并不只是几张泛黄的照片和一些传扬的故事，实际上雷锋做过的好事还有许多不为人知。这启示我们，做好事不一定都要惊天动地，平凡的事一样蕴藏着伟大的精神。

从纪念馆出来的时候，我感到自己的精神得到了洗礼和升华，雷锋平凡而伟大的人生、永恒的精神净化了我们的心灵。习近平总书记指出："雷锋精神，人人可学；奉献爱心，处处可为。"我们要做雷锋精神的忠实传承者和社会主义核心价值观的模范践行者，以实际行动弘扬雷锋精神，让学习雷锋精神在祖国大地蔚然成风，为实现中华民族伟大复兴的中国梦发光发热。

（撰写：黄梓楠）

【附：实践参考资料】

部分符合本实践主题的参观地点

1. 北京李大钊故居

李大钊故居位于北京市西城区文华胡同 24 号，第七批全国重点文物保护单位，西城区爱国主义教育基地。2019 年 9 月，其被中宣部命名为"全国爱国主义教育示范基地"。2021 年 6 月 1 日，北京李大钊故居作为中国共产党早期北京革命活动旧址正式面向社会公众开放。

从 1916 年夏至 1927 年春，李大钊在北京工作、生活十年，先后居住过八个地方。1920 年春至 1924 年 1 月，李大钊一家在石驸马大街后宅 35 号（今西城区文华胡同 24 号）北院居住将近四年，这是他在故乡之外与家人生活时间最长的一处居所。

故居为一小三合院，占地面积约 550 平方米，有北房 3 间，东、西耳房各 2 间，东、西厢房各 3 间。房屋均为硬山顶合瓦屋面。其中北房东屋为李大钊夫妇的卧室，东耳房为李大钊的长女李星华的卧室，东厢房北间为李大钊长子李葆华的卧室，东厢房南间为李炳华的卧室。西厢房为李大钊的书房。

李大钊故居在中国共产党的历史上有着特殊的价值。在后宅胡同居住时期，是李大钊人生事业的第一个黄金时期，也是他异常忙碌的时期。他为传播马克思主义、创建中国共产党、建立国民革命统一战线及巩固和发展国共合作、领导北方革命运动做出了巨大贡献。他也是名重当世的具有高尚道德品质的学者和思想家。在此期间，李大钊发表各种文章 140 余篇，文字总量超过 33 万余字，平均每 9 天一篇；参加各种会议 120 次，包括共产党三大、国民党一大等，平均每 10 天一次会；陪同会见、拜访各界人士 30 次，讲课外的讲演 30 次，到广州、上海、武汉、洛阳、天津等地从事教学和革命活动。当年，许多青年都曾在李大钊家借住，感受过李大钊师长般的关爱和教诲。中共北方党组织的一些重要会议曾在李大钊的书房内召开。

党史专家一致认为，北京李大钊故居是李大钊传播马克思主义、创办中国共产党、领导北方工人运动、促成第一次国共合作等一系列革命实践活动最具代表性的历史见证。

2. 天津周恩来邓颖超纪念馆

周恩来邓颖超纪念馆位于天津市南开区水上公园西路，占地面积 7 万平方米，建筑面积 12850 平方米，是全国唯一一座夫妻合一的伟人纪念馆。馆区由主展厅、西花厅专题陈列厅、周恩来专机陈列厅、纪念广场等组成。

纪念馆内有《警厅拘留记》这一展品，记载了 1920 年 1 月 29 日至 4 月 7 日周恩来和所有为抵制日货而被捕的各界联合会代表 20 余人在狱中的生活情况。《警厅拘留记》采用实录手法，用周恩来的话说是"纯客观的写法"，反映了周恩来和难友们的抗争。该书从 1920 年 12 月起，在天津《新民意报》上连载，署名"飞飞"，后由新民意报社刊印成单行本发行。这字里行间，让我们感受到周恩来等"五四"时期的青年学生爱国、牺牲、奋斗的革命精神，展示了周恩来在正确人生观的影响下做出正确人生选择的心路历程。

3. 北京新文化运动纪念馆

新文化运动纪念馆于 2002 年 5 月正式对外开放，馆址即北大红楼，位于沙滩北街，即五四大街 29 号，是一座具有光荣革命传统的近代建筑，原为北京大学第一院。全楼以红砖红瓦建成，故称红楼。楼面呈工字形，砖木结构，连地下室共五层，东西宽 100 米，主楼进深 14 米，东西翼楼南北长各 34 米×34 米，总面积 10000 平方米。作为新文化运动、五四运动的发源地，1961 年 3 月其被公布为第一批全国重点文物保护单位。

红楼是五四运动的策源地。在俄国"十月革命"的影响下，北大先进的知识分子开始学习和研究马克思主义，并创办了中国最早的、宣传马克思主义的刊物。标志着中国新民主主义革命开端的五四运动，就萌发于这里。1919 年 5 月 4 日的反帝大游行，就是在红楼的民主广场集合，向天安门进发的。这场运动声势浩大、席卷全国，为两年以后中国共产党的成立作了思想和组织上的准备。1919 年，李大钊、邓中夏等在红楼成立马克思主义研究会，后来成立共产主义小组。马克思主义研究会的牌子一直挂到 1927 年。

4. 湖南雷锋纪念馆

湖南雷锋纪念馆位于湖南省长沙市望城区雷锋街道正兴路 42 号，是全国爱国主义教育示范基地、国家 AAAA 级旅游景区、全国学雷锋活动示范点。纪念馆分为雷锋生平事迹陈列馆、雷锋塑像、雷锋故居三个部分。湖南雷锋纪念馆藏品以雷锋在家乡望城生活、工作和学习时留下的珍贵遗物为主，如 1962 年 6 月雷锋写给三叔雷明光的书信(一级文物)、1956 年雷锋在望城县委任通讯员时使用过的真皮公文包(二级文物)等。

1963 年 3 月 5 日，毛主席题词"向雷锋同志学习"，3 月 5 日也因此成为"学雷锋日"，3 月成为"学习雷锋月"。学生参观雷锋纪念馆的过程也是一个"向雷锋同志学习"的过程。"向雷锋同志学习"，就是要学习他为人民服务的人生观、价值观，要"走雷锋同志走过的路"，走他为人民服务的奉献之路；就是要发扬雷锋精神中的无私奉献精神，自觉投身于奉献社会的伟大事业之中；就是要实践"螺丝钉"精神，塑造敬业、乐业的职业观。

四、网 络 实 践

(一) 网络实践目标

近年来，伴随着互联网技术的迅猛发展和我国对外开放不断扩大，一些错误的价值观特别是西方意识形态下的价值观受到一些人的推崇，青少年在成长过程中不可避免地会受到侵蚀。当代大学生是伴随网络和网络文化成长起来的一代，他们对于网络新事物的兴趣度高、适应能力强，获取网络信息的速度也快，但其对于错误思潮和错误观点的辨识能力较弱，容易被网络上的各种错误思潮和错误观点所误导，从而形成错误的价值观。本章的网络实践环节为让学生直面社会上流行的各种错误思潮和错误思想，分析指出其中的谬误之处，消除其对大学生人生观、价值观的不良影响，为大学生成长成才奠定思想基础，以达到立德树人、凝心铸魂的目的。

(二)网络实践设计

1. 实践任务安排

教师在每班随机组建若干个小组，每个小组以制作微课的方式选取一种常见错误价值观进行批判。错误价值观包括：拜金主义、享乐主义、悲观主义、权力意志主义、功利主义、极端个人主义、"佛系"思想等。要求学生从网络中查找相关资料，进行深入讨论，根据讨论内容制作视频。视频内容应当包括：错误观念的表现和危害、错误观念产生的原因、一个体现这种观念的警示故事、一个与此观念有关的电影片段、日常生活中不经意间受此观念影响的举动等。本章课程结束前组织学生集中观看各组微课并进行打分，确定各组得分情况。

2. 实践步骤设计

(1)实践任务布置

教师对实践任务进行布置，重点是对典型的错误价值观念进行初步解读，使学生明白错误价值观的危害，激发学生思考和讨论的兴趣。告知学生微课制作的具体方法，明确微课包括的内容、格式、展示形式等，使学生知晓完成任务的努力方向。明确微课上交和展示的最终时间，要求学生按时上交，不要拖延。要求学生进行组内分工，防止出现忙闲不均、"搭便车"的情况。

(2)实践过程跟进

由于制作微课环节较多，步骤复杂，教师可给学生多留出一些时间用于完成任务。可适当参加各组收集资料和讨论的环节，给予必要的指导。微课录制前可对讲稿、PPT 和相关素材进行把关，确保微课效果。

（3）实践成果验收

于第一章授课内容结束后汇总各组的微课，组织全班学生集体观看并根据评分标准进行赋分。微课主题、时间、内容、格式需符合要求，如发现明显不符的情况需要求学生进行修改完善，直至符合要求为止。

（4）实践成果展示

本章课程结束后将各组制作的微课集中发布于课程公众号内，供学生交流学习。

(三) 网络实践评价标准

教师与学生可共同打分，教师评分占70%，学生评分占30%。学生可全部参与打分也可选取代表进行打分。

1. 立场方面（20分）

主题鲜明，立场坚定，对错误观念有旗帜鲜明的反对态度，展现正确的人生观、价值观，无模糊认识和错误表述。

2. 逻辑方面（20分）

逻辑清晰连贯，剖析深刻透彻，对错误观念有深刻的认识和理解，体现思辨性和逻辑性。

3. 内容方面（20分）

论述到位，比例恰当，紧密结合课程所学知识，体现对人生价值、人生追求、个人社会关系等方面的思考，具有启发意义。

4. 形式方面（20分）

视频制作精美，播放流畅，有创意，无简单堆砌。讲述者语言流畅，大方得体，能较好完成讲述任务。

5. 态度方面（20分）

实践态度端正，小组分工合理，按时上交视频等。

(四) 网络实践注意事项

①小组成员要合理分工、团结协作。视频制作是集体项目，需要小组成员团结合作，共同探讨和交流总结。大学生自我意识较强，在主题选择、内容整理和制作过程中难免会出现意见不一的现象，在实践任务完成过程中要注意加强对学生的引导，使他们协调配合，共同完成好实践任务。要特别注意防止个别学生在小组中消极应付、不参与实践的情况，应安排小组负责人对其做好动员和督促工作。

②学生要自主完成微课，不得寻求外界不恰当的援助。制作微课要求小组成员进行故事设计、框架构思、内容编写，这不仅是能力的考验，更是展示自我才华和提升综合能力的机会。要在布置任务时明确告知学生不得寻求外界不恰当的援助，比如不得找专业人士帮助制作或付费寻求帮助等。学生制作的视频不得大量使用网络上已有的素材进行简单拼接重组，原则上直接使用的网络素材比例不能超过视频总时长的20%。

③可对学生适当进行视频剪辑、拍摄等方面的指导。教师可以通过邀请相关专业人士或推荐上网络课程等形式，帮助学生掌握视频剪辑、拍摄技术，以提高微课制作的效率和质量。

④布置任务时要对微课像素和音质做出要求，以保证微课效果。提醒学生校外录制要进行降噪处理。

(五) 网络实践成果展示

青年常见错误价值观主题微视频
之极端个人主义文案

老师、各位同学们：

大家好！下面是我们小组关于极端个人主义错误价值观的展示。

我们的展示分为五个部分：极端个人主义的表现和危害、极端个人主义产生的原因、一个与此观念有关的电影片段、一组体现这种观念的警示故事情景剧和日常生活中不经意间受此观念影响的举动。

一、极端个人主义的表现和危害

首先，我们来了解一下什么是极端个人主义。极端个人主义是一种极其浓厚、强烈的个人主义，它把个人主义的种种特点扩展到了极致。其本质特点表现在以下几个方面：一是事无巨细，在一切方面都把个人的私利、目的摆在第一位。二是只顾自己私利，不管他人的、社会的利益。三是为了实现个人私利可以不择手段，无视人的天良和社会最起码的道德准则。

极端个人主义的主要特征是个人本位、自我中心、利己主义，为了满足个人私欲而不惜损害社会和他人利益。

极端个人主义反映在权力运用上，突出表现为用权不公、以权谋私；感情高于原则，关系代替政策，甚至出现不给好处不办事、给了好处乱办事的现象。

极端个人主义反映在职务提升上，突出表现为在个人名利问题上"盯着干、等着干、比着干"。"盯着干"就是盯着位子干，有的是职务有盼头，工作才有劲头；反之职务到了头，就觉得再干没奔头。有的是一看到有个"位子"，就觉得该是自己的；如果没有得到这个"位子"，就埋怨领导不公。"等着干"就是消极等调职，熬年头、混日子，安心不尽心，在职不尽责。"比着干"就是在职务上盲目攀比，比高不比低，比快不比慢。

极端个人主义反映在利益关系上，突出表现为过分计较个人得失，有利的事就干，无利的事不干；得到表扬沾沾自喜，听到批评乱喊乱叫，甚至争功诿过，追名逐利。

极端个人主义反映在人际关系上，突出表现为自高自大，始终觉得高人一等；强词夺理，压制他人，不承认个人错误；一意孤行，否定他人意见，一味地强调个人观点，将个人观点强加于他人等。

极端个人主义作为一种错误的人生观，危害极大：

在物质层面，总想着个人或自身小团体的利益，过分迷恋权力，滥用权力，充分肯定个人利益至上原则，这样既损害集体利益，又损害个人利益；在精神层面，一味追求享乐、奢靡的生活，滋长了落后思想，淡化了进取意识，责任意识薄弱，懒惰思想泛滥；在纪律层面，受极端个人主义影响而纪律松弛，对各种规章制度都有自己的小算盘，有利于自己的就遵守执行，不利于自己的就逃避对抗，从而导致有令不行，有禁不止。

总而言之，极端个人主义害人害己，如若泛滥便将影响社会持续发展，必须及时纠正杜绝。

二、极端个人主义产生的原因

极端个人主义的产生，除去先天性因素，很大程度上是受家庭环境、成长经历的影响。每个人生来就是一张白纸，形成怎样的性格，离不开成长过程中家庭的引导。极端个人主义性格的人也是如此。从小到大，家里对他万般宠溺，他只需要考虑他自己，不会去和别人分享自己的东西，久而久之，眼里便只有自己，行事只以满足自己的需要为标准，不会考虑他人的感受，变得自以为是，目中无人。其极度自私的思维习惯逐步定型，形成极端个人主义的人格。

再者，极端个人主义的形成也与父母的不重视有很大关联。有时候父母并没有一味娇惯孩子，但是在孩子有了这样的苗头时，父母却没能及时指出，给他们讲道理，这种家庭教育的缺位也容易导致不良性格的形成。

还有就是社会环境的因素，随着社会经济的高速发展、全球市场的进一步融合、西方资本逐利思想的冲击，人们难免被卷入高速、高效的社会运行之中，对利益的重视也达到了空前的高度。由于缺乏足够的思想道德教育，很多人便容易陷入极端个人主义的漩涡，过分片面地强调自己的利益，只考虑自己的得失，不惜以牺牲他人、集体的利益为代价。

三、电影《釜山行》片段赏析

下面我们一起来看一个与此价值观有关的电影片段，这个片段来自电影《釜山行》。

（播放电影片段）

刚刚我们看到，金常务在一路逃命的过程中，视别人生命如草芥，好几次将身边的人推向感染体，以寻机逃跑，哪怕这些人甚至刚刚救过他的命，他也毫不手软。在知道自己被感染后，临死之前，他还痛下血口狠狠地咬了救过多人的男主角，可谓卑鄙龌龊到极点。除此之外，电影中，他还拼命催促列车长早点开车，不顾火车下还有被感染体追逐的人；谎称男主角等人可能感染病毒，联合其他人逼男主角离开车厢……我们常说"人之将死其言也善"，可是在金常务人生字典里根本没有"善"这个字，他极端个人主义的丑恶嘴脸，在灾难面前暴露无遗。

反观当下，我们不会忘记，新冠肺炎疫情袭来之时，国内无数的医务工作者、警察、军人……抱定"不计报酬，无论生死"的信念团结一致，无畏逆行；不会忘记坚守在平凡岗位上的每个人，为了抗击疫情，自觉落实防疫要求，遵守隔离政策，守望相助。正是有了这样的凝聚力和行动力，中国才能如此迅速、高效地控制疫情，实现国内经济的快速恢复、社会秩序的稳定发展。而一些西方国家，大肆宣传"集体免疫""优胜劣汰"，视民众生命为草芥，导致国内秩序混乱、疫情进一步扩散，让《釜山行》的一幕幕在现实中不断上演……两相对比，我们不难体会到这是集体主义压倒极端个人主义的巨大胜利，是我国"团结一致办大事"的政治优势和民族精神的巨大优越性所在。

四、原创情景剧表演

下面再让我们通过情景剧来直观感受一下极端个人主义的危害。

【情景剧：小 A 的故事】

时间：2 分 30 秒左右

剧情梗概：大学生小 A 面临就业难题，可面试多次都被拒绝，原因竟是他自大自负、自以为是，但自己却没有意识到自己的问题，终于有一家公司接受了小 A。可在工作中，小 A 觉得自己的方案都很正确，不接受同事意见，不求学习进步，没有深入思考，最后在老板 B 的提点下，恍然大悟，最终改正，靠踏实工作赢得领导认可。

【场景一】

面试官：小张、小赵；大学生：小 A

赵：你好，请介绍一下你自己。

A：大家好，我是小 A，毕业于××大学。

张：你如何看待你的工作呢？

A：(傲娇)只要给我的工作，我肯定能做到最好，我曾经一个人做的方案，就卖了一个大价钱！

张：你能力很强，但不是我们想要的，谢谢。

【场景二】

面试官：小韩、小卢；大学生：小 A

韩：自我评价一下自己的工作能力。

A：我样样都行。

卢：你觉得自己最大的缺点是什么？

A：呃，我最大的缺点应该就是没什么缺点吧！

卢：那么如果在公司犯了错，你会怎么办呢？

A：犯错？(皱眉，不屑)我不会犯错的，我的选择都很正确！(点头)

(所有人一起说："抱歉，你不是我想要的。""再努力吧。"声音要多、乱，体现小 A 参加过多场面试都被拒绝的场景。)

小 A 拿着简历仰望天空，内心独白(叹气)：为什么连续六个单位都拒绝我？我明明这么优秀，他们为什么如此缺少慧眼？唉，天不佑我！(低头)

【场景三】

面试官：小王；大学生小 A

(小王要经常注意小 A 的举止言行，快速省略前面重复的面试环节，尽量保留小王和小 A 交流的镜头。)

王：(握手)欢迎你加入我们公司！

A：(激动握手，鞠躬感谢)

【场景四】小王、小 A

王：小 A，这个方案好像不太妥，风险很大，可以修改一下吗？我们在这里可以加一些……

　　A：（打断）不改，这就是最好的方案！你放心，没问题！你要对新员工有信心！（拍一拍小王）（小王苦笑）

【场景五】小A、小王

　　A：（表情凝重）经理，抱歉，这次让公司亏了这么多。（内疚）

　　王：小A啊，当时招你进公司是出于很多考虑的，这次公司亏损虽然不都是你的原因，但也和你的固执有很大关系。你是不是应该有所反思呢？吃一堑长一智，你还很年轻，自信是好事，但是千万不要自负。自负是一种极端个人主义的体现，不仅会影响到工作，还不利于你的成长。平时一定要多反思自己，有错误要虚心改正，使自己不断学习进步，只有这样才能收获职场成长。

　　小A：（严肃）王总，我明白了，我一直都太自以为是了，之前之所以一直被单位拒绝，也与此有关。感谢您给我工作和改正的机会，我一定努力纠正错误，脚踏实地做一名好员工。

　　B：相信你！（欣慰地点头）

　　（全剧终）

情景剧小结：

　　从刚才同学们自编自导自演的小情景剧《小A的故事》中，我们不难发现，有名牌大学光环加持的小A面试时屡次碰壁的根源在于他狂妄自大、自以为是，缺少自我反思。当今社会人才济济，不缺能力，缺的是态度。谦虚谨慎、彬彬有礼、乐于接受不足、善于团队合作是新时代新青年必备的品质。相反，固步自封、自以为是，缺少反思则是很致命的缺点。当我们拥有一双洞察自身不足的眼，一颗谦虚好学上进的心，一双求真务实奋斗的脚，一个仰望未来星空的梦时，才能真正行稳致远，成长成才。

　　事实上，极端个人主义在我们的生活中比比皆是，校园生活中也能时时看到极端个人主义的行为，比如有的同学晚上玩游戏动静很大，影响到舍友休息，被提醒后却仍然不改，还以"个人自由"为名我行我素，给同学造成困扰；比如使用公共洗衣机洗个人的内衣、袜子，虽说是方便了自己，却让其他同学感到不适；再比如上自习的时候明明自己走了，却还是用书或者各种物品占座，不仅造成了资源的浪费，更是影响到其他同学的学习。这些行为都是极端个人主义的体现，我们要自觉予以摒弃。

同学们，刚刚我们给大家讲述了极端个人主义的相关内容，我们在深深思考的同时，应该自觉引以为戒，不仅要关注个人的发展，更要重视集体的利益。集体主义是共产主义道德的基本原则，马克思和恩格斯说：只有在集体中，个人才能获得全面发展其才能的手段，也就是说，只有在集体中才可能有个人的自由。我们每一个人都生活在社会中，生活在集体中，没有人能够独立于世。如果每个人都把极端个人主义作为人生信条，那么世界将会变得充满冷漠、自私和互相伤害。只有心中装着他人，心中装着集体，他人才能报以善待，集体才能更好地满足个人的发展。让我们都远离极端个人主义，做集体主义精神的推崇者、传播者、践行者。

我们的微视频展示到此结束，感谢老师和同学们的观看！

（撰写：王昕萌、韩欣瑜、赵国忠、张子艺、赵丹、姬学健、卢正永）

【附：实践参考资料】

部分青年典型错误价值观列举

1. 拜金主义

拜金主义，就是盲目崇拜金钱，把金钱价值看做最高价值，一切价值都要服从于金钱价值的思想观念和行为。拜金主义者太过强调金钱的重要性，对许多事物经常只看得到表面，看不到其中的内涵，精神层面也极为空虚。

如今，随着经济社会的快速发展，社会物质财富不断增加，在这一大背景下，拜金主义有所抬头，对当代青年的就业观产生了负面影响。一些青年在就业选择上过度地、盲目地追求工资福利待遇，甚至希望自己能获得工资高、福利好、不辛苦、无压力的"好工作"，更有甚者还将物质待遇作为就业选择的唯一考虑因素，并不在乎和考虑个人职业发展和社会发展需求。

2. 享乐主义

享乐主义者主张人生目的在于追求快乐，人生的最高目的和全部意义就是追求和满足个人的生活享受。

享乐主义表现为部分大学生对人生目标没有远大的追求，只注重自身享受和放纵的物质生活，缺乏吃苦、勤劳的精神。他们在学业上慵懒懈怠、不肯努力；在择业方面不注重工作性质和意义，只注重薪资报酬和工作环境；在工作上好逸恶劳、敷衍了事、避重就轻、逃避责任等。在"享乐主义"的影响下，这些大学生不再以无私奉献、报效祖国为目标，而是以追求自我、贪图享乐为目标；不再以成绩优秀、品德出众为荣，而是以相互攀比、超前消费为荣；不再以组织利益为重、个人利益为轻作为个体行为的标准，而是以个人利益为重、组织利益为轻作为个体行为的标准。

3. 悲观主义

悲观主义泛指对宇宙、社会、人生悲观失望的态度、观点和理论。悲观主义者既不相信自己有足够的行为能力来承受和减弱负向价值对自己所产生的不良影响，也不相信自己能够使正向价值发挥更大的积极效应。他们认为负向价值对于自己的不良影响将是巨大的，而正向价值对于自己的积极效应却是非常有限的，因此他们只关心事物的负向价值，而不关心事物的正向价值。

悲观主义这一非理性人生观对当代大学生产生的负面影响体现在恋爱、学业和择业等问题上。在大学校园里，一些大学生对未来没有规划，浑浑噩噩地过日子，没有追求也没有目标。当遇到一些不顺心的事，如失恋、考试不及格等会情绪低落甚至抑郁。当代大学生如果受到这种价值观的影响，就会接受命运的安排，相信宿命论，认为憧憬美好未来只会徒增痛苦，并将逐步被引向消沉、颓废和歧途。

4. 权力意志主义

权力意志主义者为了达到个人目的，理所当然且不择手段地去对付别人，人生的原则就是使用暴力，掠夺、侵占和践踏异己者及弱者，把异己者、弱者当做自己获得优越地位的工具。他们想处于统治地位，支配弱者。

当今越来越多的大学生想要"当官""做领导"的意愿表明大学生的人生价值取向受到了权力意志主义的影响。因为"当官"可以满足他们对权力的渴望，可以赋予他们支配弱者的权力，同时还不乏物质方面的诱惑。与此同时，唯权意识导致一些高校毕业生宁可在社会上闲漂成为无业游民，也不愿到农村和边远的山区就业，他们认为在那里无法发挥自己的潜能和个人价值。

5. 功利主义

功利主义者的观点为"对我有用、对当下有用，有用就够"，而有用、没用的评判标准则在于能否获取更多的物质财富。

部分大学生存在功利主义的倾向。第一，多数学生对学习怀有功利主义或急功近利的心态，缺乏长远的、全局性眼光。对他们而言，学习目的性强，现实性强，实用性强，而这种心态造成的严重后果便是学生不重视专业课的学习，认为学了也没有什么意义，对自己未来的发展和生活没有立竿见影的效用。进而，很多学生在离毕业还有一年甚至两年的时间，就把必修的专业课程放在一边，而是一门心思地攻读硕士招生考试的课程。因此，学生上课迟到早退，缺勤状况日趋严重，严重影响了正常教学秩序。与此同时，他们对学校开展的一些科研活动或学术讲座比较冷漠，并未表现出极强的兴趣。第二，很多大学生盲目追求利益最大化，缺乏诚信品质。为了分数和奖学金，一些学生考试作弊，全然忽视了"诚信"二字。同时，一些学生为了通过兼职赚取更多的收入而忽视了学业。他们急功近利，追求短期效益，总是急于追求自身的利益，渴望找到获取成功的捷径。显然，当代中国大学生的这种功利化价值取向一方面使他们冷落了大学期间基础理论课的学习而变得浮躁肤浅，另一方面使得他们过分注重物质、金钱，产生拜金主义倾向，从而变得世俗化和功利化。

6. 极端个人主义

极端个人主义的主要特征，是个人本位、自我中心、利己主义，为了满足个人私欲而不惜损害社会和他人利益。极端个人主义反映在当代大学生身上，突出表现为集体意识减弱、功利主义化、生活世俗化，过分计较个人得失，有利的事就干，无利的事不干；得到表扬沾沾自喜，听到批评消极抵触，甚至争功诿过，追名逐利。

部分大学生过分强调自我意识、自我利益，甚至将个人利益看得重于集体利益，以致为了追求个人利益而不惜牺牲集体利益。一些大学生认为生命的意义在于享受、索取，逐渐以自己功利最大化来取代传统的集体利益至上的观念。极端个人主义还导致部分大学生认为生命的存在就是享受，学校周边的娱乐场所成了大学生个性生活享受的温床。部分大学生无暇顾及学习，娱乐的吸引力不断膨胀，各类请客聚餐、名牌效应、攀比心理等比比皆是。

7. "佛系"思想

时下，大学生群体中涌现出了"佛系"现象，他们以佛教中的"修行""修为"来表达自身一种疲于竞争、不求输赢的淡然心态甚至消极厌世的悲观心态。许多大学生以"佛系"一词概括自己的生存态度、生存体验、生活态度、精神世界甚至人生观。"佛系"观念折射出了大学生不思进取甚至悲观、颓废等负面心态。

现在，因现实生活与理想的差距、专业与自我兴趣爱好的大相径庭、评奖推优的激烈竞争、在感情追求道路上的受挫和面对未来的迷茫，许多大学生产生了宿命感、无力感。他们本来处于充满朝气与拼搏精神的人生"拔节孕穗期"，却在负能量的影响下迷失了自我，陷入了混日子的机械循环之中。除了关乎自己切身利益的大事，他们对外界漠不关心，逐渐认为顺从现状比改造世界来得轻松惬意，于是常常放弃自己的意见、立场，以"都行""随便""无所谓"自我催眠。

8. 无视纪律和规矩

纪律和规矩是为维护集体利益并保证工作顺利开展而要求成员必须遵守的办事规程和行为准则。大学生的健康成长离不开纪律、规矩的约束。守纪律讲规矩是现代文明社会的基本要求，更是大学生的行为底线。当下，一部分大学生组织纪律性不够强，自我约束能力比较弱，甚至以低级、庸俗、负面为时尚。

当前，大学校园中各类违法违纪现象层出不穷，学生不文明行为随处可见。学生偷窃、打架时有发生，考试作弊严重，考场纪律问题已经成为学校的一个顽疾。违反宿舍管理规定的私接电线、使用违章电器、晚回不归等行为屡禁不止，逃课、上课吃东西和玩手机等成为普遍现象。毕业论文、学术论文抄袭之风盛行，引起社会广泛讨论。在图书馆及自习室大声喧哗、乱扔垃圾，在宿舍吸烟、乱扔烟头，在马路上随地吐痰，随意践踏草坪等不文明现象时有发生。学生人际交往中的不文明现象也比较突出，比如借钱不还、晚睡影响他人休息造成宿舍矛盾、人际交往缺乏诚信等。因此，对纪律和规矩缺少基本敬畏，是必须坚决予以纠正的错误价值观。

第二章　追求远大理想　坚定崇高信念

理想信念是人的精神世界的核心，是人精神上的"钙"。一个人精神上"缺钙"，就容易精神空虚甚至陷入精神荒漠，既不可能感受精神生活的丰满充实，也不可能承担时代所赋予的历史重任。追求远大理想、坚定崇高信念，是大学生健康成长、成就事业、开创未来的精神支柱和前进动力。理想信念教育关乎培养什么人、怎样培养人、为谁培养人这一教育的根本性问题。放眼古今中外，每个国家都是按照自己的政治要求来培养人。社会主义建设者和接班人，定语只能是"社会主义"。在全国教育大会上，习近平总书记以"六个下功夫"凝练概括出社会主义建设者和接班人应具备的基本素质和精神状态，把"在坚定理想信念上下功夫"摆在首要位置。这意味着，社会主义国家教育培养的人，必须是拥护中国共产党领导和我国社会主义制度、立志为中国特色社会主义奋斗终生的有用人才，必须是树立共产主义远大理想和中国特色社会主义共同理想的有志之才。引导学生树立远大理想和坚定信念，是"思想道德与法治"课程的核心任务。

本章通过课堂演讲、阅读分享、实地参观、网上观展实践教学内容的设计，引导学生用心感受体悟共产党人崇高的理想与坚定的信念，掌握理想信念的内涵及重要性，深刻理解实现个人理想同实现中国特色社会主义共同理想之间的关系，用初心砥砺信仰，用理论坚定信念，用实践增强信心，矢志在实现中国梦的实践中放飞青春梦想。

一、课 内 实 践

(一)课内实践目标

党的十八大以来，习近平总书记多次强调理想信念对于党和国家、对于青年的重要意义并做出一系列精辟论述。深入学习习近平总书记关于理想信念的重要论述，是青年树立远大理想、坚定崇高信念的关键。本章课内实践任务安排学生在学习教材内容的基础上，专题学习习近平总书记关于理想信念的重要论述，并将关于理想信念的所学所思所感所悟以演讲的形式展示出来，用青春的誓言表达对远大理想和崇高信念的不懈追求。

(二)课内实践设计

1. 实践任务安排

本章实践任务为课堂演讲，由学生从限定主题中自主挑选主题，结合课程所学知识和课下自主学习习近平总书记关于理想信念重要论述的心得体会撰写演讲稿。每名学生须提交电子版演讲稿作为本次实践环节基础分数的评价依据。课堂演讲环节安排在本章最后一节课时进行，采取自主报名、加分激励的形式，由7~8名学生进行演讲，参与演讲环节的同学可获得课程加分。演讲参考题目为：《理想点亮人生》《补足精神之"钙"，扬起前行之帆》《脚踏实地，仰望星空》《信念引领，行健不息》等。

2. 实践步骤设计

(1)实践任务布置

根据课程内容安排于第二节"崇高的理想信念"或第三节"在实现中国梦的实践中放飞青春梦想"授课结束前布置实践任务并留出一至二周准备时间和一个学时的展示时间，提前将实践资料发送至课程群或线上学习平台，要求学生自主阅读作好准备。每位学生需根据实践任务完成演讲稿一篇，通过自主报名按一定顺序由7~8名学生开展课堂演讲，每人不超过5分钟。在课上规定演讲稿提交方式和具体提交时间。

(2)实践过程跟进

学生自学和起草演讲稿期间，教师可适时进行指导和督促，防止学生截止日期前突击完成。学生演讲稿全部上交以后，可组织学生进行课堂演讲环节报名，选取7~8名学生于本章最后一个授课课时开展演讲。如报名人数较少，可进行适当动员，或采取随机抽签、小组推荐的方式确定演讲人选。

（3）实践成果验收

本章授课内容结束后收齐所有学生的演讲稿，根据评价标准进行赋分，验收学生完成作业的态度和质量，除评价标准列明的内容外，若存在明显雷同或抄袭的现象，应打回要求学生重做并视情况对学生进行约谈和批评。本章最后一节课时开展演讲，按照事先确定的顺序由学生依次进行演讲，由教师和学生共同打分，加权计算得出演讲学生的得分，教师可视情况进行点评。

（4）实践成果展示

完成实践成果验收后，在征得学生同意的情况下，可将全部演讲稿汇编成册发放给学生学习参考，交流彼此关于理想信念的心得和思考。

（三）课内实践评价标准

本实践环节从演讲稿质量和演讲表演质量两方面进行评价，各占 50 分，具体标准为：

1. 演讲稿质量

体例：符合演讲稿的文本体例要求，具备基本的演讲稿要素。（5 分）

内容：主题鲜明，观点正确，见解独到，紧扣"理想信念"这一核心；论据丰富、真实、典型、新颖，反映客观事实，具有积极意义；能够联系当代大学生实际，体现正能量。（20 分）

结构：完整合理、层次分明，论点、论据、论证具有逻辑性；构思巧妙，引人入胜。（15 分）

情感：语言具有感染力，平易近人，通俗易懂，感人至深。（10 分）

2. 演讲表演质量

语言：声音洪亮，流畅规范，表述得体，清晰自然。（15 分）

感染力：语速恰当、感情充沛，台风稳健，技巧娴熟，节奏张弛符合思想感情的起伏变化，具有感染力。（15 分）

熟练程度：无明显多次停顿，无忘词中断现象。（10 分）

姿态势语：自然得体，端庄大方。（10分）

(四)课内实践注意事项

①要对学生学习实践材料进行必要指导。教师将实践材料发给学生后，要结合教材内容对实践材料进行适当解读，使学生更好理解实践材料的相关内容，防止出现简单阅读、不深入思考的情况。

②对演讲稿的评价要重点考查学生对理想信念的理解认识是否准确、深刻，所表现的情感是否真诚、实在，而不是简单地表态、喊口号。过于高大上、过于空泛，缺少结合自身情况的深入思考是本演讲容易出现的不良倾向。教师可在布置任务的时候就同学生讲清楚相关要求，引导学生深入思考。

③演讲题目可以进行限定，也可不作限定，由学生围绕"理想信念"的主题自行确定题目。限定的好处是演讲稿相对聚焦，便于比较。不限定的好处是可以给予学生更多自主性，便于各显其能。实践中可根据实际情况确定。

④赋分过程中应在强调激励的同时注重公平性，即演讲学生的加分不应与其他学生的分数拉开过大差距，防止学生为了得分而参加演讲的不良倾向。关于演讲环节的赋分可视情况调整加权系数或采用排名打分制。

(五)课内实践成果展示

理想点亮人生

尊敬的老师、亲爱的同学们：

大家好！今天，我为大家带来的演讲题目是：《理想点亮人生》。

相信大家小时候都曾被问过这样的问题："你长大以后想干什么呀？"幼年的我们可能会回答："我想当警察，专门抓坏蛋！""我想当船长，带领大家穿越风暴！""我想当老师，当老师就不用考试啦！"殊不知，童言无忌的背后，是理想的种子在我们幼小的心灵里深深扎根。从那时起，我们便开始了对未来人生道路的思考和选择，从幼稚到成熟，从迷茫到坚定，在成长、成人、成才的过程中一次次调整、确定、坚守着自己的理想。

"人无精神不立。"理想看似虚无缥缈，但却是我们进步发展的必需品。

苏格拉底曾说："世界上最快乐的事，莫过于为理想而奋斗。"托尔斯泰也曾说："没有理想，就没有坚定的方向；而没有方向，就没有生活。"理想之所以如此重要，是因为它是照亮我们前路的启明星，当我们被现实的纷纷扰扰围困之时，时刻指引着我们前行的方向；它更是我们心灵的打气筒，当我们一次次迎战困难和挫折之时，为我们提供源源不断的精神动力和抚慰。周恩来总理以"为中华之崛起而读书"作为自己的理想，纵使历经千难万险也从不改变，奉献毕生的精力投身革命和新中国的建设，在历史上留下了辉煌的一页；马丁·路德·金以解放黑奴作为自己的理想，在与种族歧视的斗争中从未停下奔走的脚步，斗争到最后一刻，将民主平等的种子播撒人间。实现理想的征途必定不可能一帆风顺，这条路是荆棘遍布之路，是汗泪交织之路，更是成才发展之路、实现蜕变之路。与其成为丧失理想、堕落无为的人，不如为理想奋不顾身，用拼搏和坚持换来更加广阔的天地和更加明亮的人生。作为新时代青年，让我们做到以下几点：

第一，站在"大我"的高度树立理想。从马克思关于职业的选择思考到习近平总书记知青岁月里树立起为百姓做实事的信念，真正崇高的理想始终与家国天下紧密相连。我们这一代人，经历着祖国从富起来到强起来的伟大飞跃，享受着前辈负重前行为我们拼来的美好生活，更肩负着中华民族伟大复兴的历史重任。我们成长奋斗的黄金岁月与实现祖国"两个一百年"奋斗目标的伟大征程高度契合，我们的人生命运早已同祖国的前途命运紧密相连。我们应当把党和国家的远大理想同个人信念相结合，在奋勇搏击中实现人生价值；我们应当把党和国家的伟大事业同自己的成才道路相结合，在矢志奋斗中放飞青春理想。

第二，付出"忘我"的努力追逐理想。美好的生活从来不是轻轻松松"躺平"就能换回来的，高尚的人格品质、高远的眼界格局和高洁的人生志趣也不是光说不做就能拥有的。树立起远大的理想，更应该将其贯穿、融入、践行于学习生活中的点点滴滴。作为大学生，我们应该锤炼品德修为，在持续、深入、全面的理论学习中提升政治意识，塑造人格美德；我们应该勤学专业知识，提升专业素养和综合能力；我们应该矢志艰苦奋斗，主动到社区、乡村，到祖国需要的艰苦环境中锻炼自己，积极投身服务社会和人民的广阔实践当中，历练奋斗初心和坚强意志。

第三，追求"无我"的境界实现理想。既要仰望星空，更要脚踏实地。不计较得失，以自己的点滴进步为傲；不受缚于名利，全身心投入到筑梦的征途，才能顺利实现圆梦。驻村干部黄文秀，用自己的脚步丈量广袤的农村大地，用美好的青春换回父老乡亲的小康生活，纵使生命于风暴洪流中定格，她的精神光芒将永远照耀在这片热土之中。为理想奔赴臻于无我之境，在奉献和拼搏中有一份光发一份热，这才是真正的理想者应有的姿态。

把实现理想的道路建立在脚踏实地的奋斗上，立志当高远，立志须躬行。让理想点亮我们的人生，助我们实现自己的青春价值和人生目标！

（撰写：林洪乐）

【附：实践参考资料】

为什么要坚定理想信念，习近平这样回答：

胜利之"钥"

95 年来，共产主义远大理想激励了一代又一代共产党人英勇奋斗，成千上万的烈士为了这个理想献出了宝贵生命。"砍头不要紧，只要主义真"，"敌人只能砍下我们的头颅，决不能动摇我们的信仰"，这些视死如归、大义凛然的誓言生动表达了共产党人对远大理想的坚贞。理想之光不灭，信念之光不灭。

——2016 年 7 月 1 日，在庆祝中国共产党成立 95 周年大会上的讲话

长征胜利启示我们：心中有信仰，脚下有力量；没有牢不可破的理想信念，没有崇高理想信念的有力支撑，要取得长征胜利是不可想象的。

——2016 年 10 月 21 日，在纪念红军长征胜利 80 周年大会上的讲话

精神之"钙"

形象地说，理想信念就是共产党人精神上的"钙"，没有理想信念，理想信念不坚定，精神上就会"缺钙"，就会得"软骨病"。

——2012 年 11 月 17 日，在十八届中共中央政治局第一次集体学习时的讲话

理想信念是共产党人的精神之"钙"，必须加强思想政治建设，解决好世界观、人生观、价值观这个"总开关"问题。

——2014年1月20日，在党的群众路线教育实践活动第一批总结暨第二批部署会议上强调

对马克思主义、共产主义的信仰，对社会主义的信念，是共产党人精神上的"钙"。没有理想信念，理想信念不坚定，精神上就会得"软骨病"，就会在风雨面前东摇西摆。

——2015年6月12日，在纪念陈云同志诞辰110周年座谈会上的讲话

共产党人的根本

坚定理想信念，坚守共产党人精神追求，始终是共产党人安身立命的根本。对马克思主义的信仰，对社会主义和共产主义的信念，是共产党人的政治灵魂，是共产党人经受住任何考验的精神支柱。

——2012年11月17日，在十八届中共中央政治局第一次集体学习时的讲话

我们共产党人的根本，就是对马克思主义的信仰，对共产主义和社会主义的信念，对党和人民的忠诚。立根固本，就是要坚定这份信仰、坚定这份信念、坚定这份忠诚，只有在立根固本上下足了功夫，才会有强大的免疫力和抵抗力。

——2015年9月11日，在中央政治局第二十六次集体学习时强调

不忘初心，方得始终。对马克思主义的信仰，对社会主义和共产主义的信念，是共产党人的政治灵魂，是共产党人经受住各种考验的精神支柱。只有理想信念坚定的人，才能始终不渝、百折不挠，不论风吹雨打，不怕千难万险，坚定不移为实现既定目标而奋斗。

——2016年11月29日，在纪念朱德同志诞辰130周年座谈会上的讲话

思想的"总开关"

对党员、干部来说，思想上的滑坡是最严重的病变，"总开关"没拧紧，不能正确处理公私关系，缺乏正确的是非观、义利观、权力观、事业观，各

种出轨越界、跑冒滴漏就在所难免了。

——2014 年 10 月 8 日，在党的群众路线教育实践活动总结大会上的讲话

只有理想信念坚定，心中有党、对党忠诚才能有牢固思想基础。理想信念动摇了，那是不可能心中有党的。大家要把学习掌握马克思主义理论作为看家本领，深入学习马克思列宁主义、毛泽东思想，深入学习邓小平理论、"三个代表"重要思想、科学发展观，深入学习十八大以来党的理论创新成果，不断领悟，不断参透，做到学有所得、思有所悟，注重解决好世界观、人生观、价值观这个"总开关"问题，真正做到对马克思主义虔诚而执着、至信而深厚。

——2015 年 1 月 12 日，同中央党校县委书记研修班学员座谈时强调

"志不立，天下无可成之事。"理想信念动摇是最危险的动摇，理想信念滑坡是最危险的滑坡。一个政党的衰落，往往从理想信念的丧失或缺失开始。我们党是否坚强有力，既要看全党在理想信念上是否坚定不移，更要看每一位党员在理想信念上是否坚定不移。

——2016 年 7 月 1 日，在庆祝中国共产党成立 95 周年大会上的讲话

如何坚定理想信念，习近平这样指导：

向榜样学习

兰辉同志始终把党和人民的事业放在心中最高位置，是用生命践行党的群众路线的好干部，是新时期共产党人的楷模。广大党员干部要学习他信念坚定、对党忠诚的政治品质，心系群众、为民尽责的公仆情怀，忘我工作、务实进取的敬业精神，克己奉公、敢于担当的崇高品格，牢固树立宗旨意识，自觉做到为民务实清廉，更好发挥表率作用，不断做出经得起实践、人民、历史检验的实绩。

——2013 年 9 月 23 日，做出重要批示，号召广大党员干部向践行党的群众路线的好干部兰辉同志学习

广大党员干部特别是政法干部要以邹碧华同志为榜样，在全面深化改

革、全面依法治国的征程中，坚定理想信念，坚守法治精神，忠诚敬业、锐意进取、勇于创新、乐于奉献，努力作出无愧于时代、无愧于人民、无愧于历史的业绩。

——2015 年 3 月 2 日，对邹碧华同志先进事迹做出重要批示

我们纪念陈云同志，就要学习他坚守信仰的精神。无论处于顺境还是逆境，陈云同志始终坚守对马克思主义、共产主义的信仰不动摇。

——2015 年 6 月 12 日，在纪念陈云同志诞辰 110 周年座谈会上的讲话

希望大家对党绝对忠诚，始终同党中央在思想上政治上行动上保持高度一致，坚定理想信念，坚守共产党人的精神家园，自觉践行社会主义核心价值观，自觉执行党的纪律和规矩，真正做到头脑始终清醒、立场始终坚定。

——2015 年 6 月 30 日，在会见全国优秀县委书记时强调

我们纪念胡耀邦同志，就是要学习他坚守信仰、献身理想的高尚品格。胡耀邦同志从青少年时期起就立志高远，要做新制度的建设者。自从树立共产主义远大理想之后，不论是严酷的战争环境，还是和平建设年代、改革开放时期，他都坚持理想信念，坚韧不拔奋斗、探索、前进。

——2015 年 11 月 20 日，在纪念胡耀邦同志诞辰 100 周年座谈会上的讲话

我们纪念朱德同志，就是要学习他追求真理、不忘初心的坚定信念。朱德同志经历过旧民主主义革命的失败，从切身体验中认识到，旧的道路走不通了，只有马克思主义才是解决中国问题的真理。在确立马克思主义信仰、树立为共产主义事业奋斗的崇高理想后，无论面对什么样的艰难险阻和重大挫折，他始终没有动摇。

——2016 年 11 月 29 日，在纪念朱德同志诞辰 130 周年座谈会上的讲话

马克思的一生，是胸怀崇高理想、为人类解放不懈奋斗的一生。1835 年，17 岁的马克思在他的高中毕业作文《青年在选择职业时的考虑》中这样写道："如果我们选择了最能为人类而工作的职业，那么，重担就不能把我们压倒，因为这是为大家做出的牺牲；那时我们所享受的就不是可怜的、有限的、自私的乐趣，我们的幸福将属于千百万人，我们的事业将悄然无声地存在下去，但是它会永远发挥作用，而面对我们的骨灰，高尚的人们将洒下

热泪。"马克思一生饱尝颠沛流离的艰辛、贫病交加的煎熬，但他初心不改、矢志不渝，为人类解放的崇高理想而不懈奋斗，成就了伟大人生。

——2018 年 5 月 4 日，在纪念马克思诞辰 200 周年大会上的讲话

坚持学而信、学而思、学而行

坚定的理想信念，必须建立在对马克思主义的深刻理解之上，建立在对历史规律的深刻把握之上。全党要深入学习马克思列宁主义、毛泽东思想、邓小平理论、"三个代表"重要思想、科学发展观，深入学习党的十八大以来党中央治国理政新理念新思想新战略，不断提高马克思主义思想觉悟和理论水平，保持对远大理想和奋斗目标的清醒认知和执着追求。

——2016 年 7 月 1 日，在庆祝中国共产党成立 95 周年大会上的讲话

要坚持学而信、学而思、学而行，把学习成果转化为不可撼动的理想信念，转化为正确的世界观、人生观、价值观，用理想之光照亮奋斗之路，用信仰之力开创美好未来。

——2016 年 10 月 21 日，在纪念红军长征胜利 80 周年大会上的讲话

理想信念教育如何面向全社会开展，习近平这样要求：

我国工人阶级要牢固树立中国特色社会主义理想信念，坚定永远跟党走的信念，坚决拥护社会主义制度，坚决拥护改革开放，始终做坚持中国道路的柱石；要自觉践行社会主义核心价值观，发扬我国工人阶级的伟大品格，用先进思想、模范行动影响和带动全社会，不断为中国精神注入新能量，始终做弘扬中国精神的楷模；要坚持以振兴中华为己任，充分发挥伟大创造力量，发扬工人阶级识大体、顾大局的光荣传统，自觉维护安定团结的政治局面，始终做凝聚中国力量的中坚。

——2013 年 4 月 28 日，同全国劳动模范代表座谈并发表重要讲话

广大青年一定要坚定理想信念。"功崇惟志，业广惟勤。"理想指引人生方向，信念决定事业成败。没有理想信念，就会导致精神上"缺钙"。中国梦是全国各族人民的共同理想，也是青年一代应该牢固树立的远大理想。中国特色社会主义是我们党带领人民历经千辛万苦找到的实现中国梦的正确道

路，也是广大青年应该牢固确立的人生信念。

——2013年5月4日，同各界优秀青年代表座谈时强调

青年的理想信念关乎国家未来。青年理想远大、信念坚定，是一个国家、一个民族无坚不摧的前进动力。青年志存高远，就能激发奋进潜力，青春岁月就不会像无舵之舟漂泊不定。正所谓"立志而圣则圣矣，立志而贤则贤矣"。青年的人生目标会有不同，职业选择也有差异，但只有把自己的小我融入祖国的大我、人民的大我之中，与时代同步伐、与人民共命运，才能更好实现人生价值、升华人生境界。离开了祖国需要、人民利益，任何孤芳自赏都会陷入越走越窄的狭小天地。

新时代中国青年要树立对马克思主义的信仰、对中国特色社会主义的信念、对中华民族伟大复兴中国梦的信心，到人民群众中去，到新时代新天地中去，让理想信念在创业奋斗中升华，让青春在创新创造中闪光！

——2019年4月30日，在纪念五四运动100周年大会上的讲话

要深入开展中国特色社会主义宣传教育，把全国各族人民团结和凝聚在中国特色社会主义伟大旗帜之下。要加强社会主义核心价值体系建设，积极培育和践行社会主义核心价值观，全面提高公民道德素质，培育知荣辱、讲正气、作奉献、促和谐的良好风尚。

——2013年8月19日，在全国宣传思想工作会议上强调

延安是革命圣地，你们奔赴延安，追寻革命前辈伟大而艰辛的历史足迹，学习延安精神，坚定理想信念，锤炼意志品质，把激昂的青春梦融入伟大的中国梦，体现了当代中国青年奋发有为的精神风貌。

——2017年8月15日，回信勉励第三届中国"互联网+"大学生创新创业大赛"青年红色筑梦之旅"的大学生

二、校 内 实 践

(一) 校内实践目标

红色经典作品是波澜壮阔的中国革命、建设和改革历史进程的真实写照。近

代以来，列强入侵，国家蒙辱，人民蒙难，文明蒙尘。在为实现国家独立和人民解放、国家富强和人民幸福的历史进程中，无数先烈抛头颅、洒热血，用肩膀扛起如山的责任，用双手书写奋斗的史诗。烈士们的红色家书，字字滚烫，句句感人，表达了共产党人为信仰而奋斗、为未来美好中国而牺牲的真挚情怀。本实践教学环节通过组织学生参加红色经典阅读感悟分享会，交流心得体会，领略共产党人的理想信念和战斗情怀，引导学生学思践悟，深刻认识红色政权来之不易、新中国来之不易、中国特色社会主义来之不易，更加理解中国共产党为什么"能"、马克思主义为什么"行"、中国特色社会主义为什么"好"，切实增强"四个意识"，坚定"四个自信"。

(二) 校内实践设计

1. 实践任务安排

本次实践教学环节以红色经典阅读感悟分享会的形式进行。教师可在进入本章学习之初便将相关文献资料发给学生，指导学生课下进行阅读和思考，并对阅读感悟分享会做出安排。分享会可通过分组方式进行，由学生自行组织。分享会期间要求各小组全程录音或录像，会后将音视频上交给教师。

2. 实践步骤设计

(1) 实践任务布置

在任务布置环节，重点应给学生交代清楚两方面的内容：一是关于红色经典文献的有关情况，除进行简要介绍外，可针对各个文献提出若干思考题，便于学生带着问题阅读，并聚焦问题分享。可同时给学生推荐一些与红色经典文献有关的微视频等辅助资料。二是关于分享会的组织，可明确 1~2 名学生作为牵头人，做好相关组织工作。对于分享形式，可征求学生意见确定。鼓励学生认真准备，创新形式，在分享会上畅所欲言。

(2) 实践过程跟进

教师根据课程进度、教学安排和学生课业学习压力，及时督促学生阅读文献。对于篇幅较短的诗歌类作品，可引导学生深入了解作者生平、作品创作背景等资料，深化对作品的理解。对于长篇小说等篇幅较长的作品，可鼓励学生坚持阅读，或推荐重点篇章进行精读。教师要对各组分享会的安排有所了解，及时提出意见建议，引导学生把分享会组织好。

（3）实践成果验收

实践成果的检验可以采取教师通过视频给分享人打分的形式，也可采取各组之间互相评分的方式。评分要综合每名学生阅读感悟分享的主题、内容以及在分享会上的表现，结合教师日常观察学生参与实践活动的情况，按照实践评价标准相应赋分。教师可根据时间安排，适当参加部分小组的分享会并进行指导。原则上每一名学生都应该分享自己的收获感受，不分享的视为没有完成实践任务。如果分享内容过于敷衍和粗糙，教师应及时指出并要求学生以适当的形式整改。

（4）实践成果展示

在征得学生同意的前提下，可将学生分享的文稿、PPT、图片等发布于课程公众号上，也可推荐或建议学生投稿给相关线上线下媒体发表。

（三）校内实践评价标准

对每名学生的评价可综合个人分享内容和小组分享会组织情况两方面进行。其中，个人分享内容总分100分，作为基础得分；小组分享会组织情况作为参考指标，对积极发挥作用的学生可酌情加分，小组组织不力的可对小组成员酌情扣分。

1. 分享内容

（1）对作品内容的把握（30分）

完整阅读作品，熟悉作品内容和创作背景，了解作者相关经历，能够用自己的语言阐释作品内容。

（2）对作品精神的理解（30分）

对作品所展现的红色精神概括准确、体会到位，能够感同身受、为之感动，产生心灵的共鸣并将其分享给其他人。

（3）对个人践行作品精神的思考（40分）

能够将作品所体现的精神品格与个人实际相联系，分享自己弘扬红色传统、践行红色精神的决心和打算，激发内心的正能量。

2. 分享会组织情况

①筹备情况。牵头人积极组织，会议筹备充分，小组成员认真准备，会议全过程顺利流畅。

②发言情况。小组成员发言积极，讨论热烈，各抒己见，分享效果好。

③记录情况。完整录制音频和视频，及时上交有关分享材料。

(四) 校内实践注意事项

1. 学生感悟体会方面

要注意引导学生在分享感悟体会时突出以下几个方面：一是突出"坚定理想信念"主题，通过分享体会感悟，紧密结合经典背后的时代背景和重点词句，追寻红色足迹、追溯红色记忆、挖掘红色故事、体悟红色文化，感受党的红色精神伟力。二是学习和弘扬老一辈无产阶级革命家的丰功伟绩和博大胸怀，通过分享体会感悟，深刻领悟老一辈无产阶级革命家为中国新民主主义革命的胜利、社会主义革命的成功、社会主义建设的全面展开，为实现中华民族独立和振兴、中国人民解放和幸福，做出的彪炳史册的贡献。三是要以史为鉴，从历史中汲取养分，总结经验，达到通过阅读分享坚定理想信念、增强"四个意识"、坚定"四个自信"的目的。四是紧密结合当前实际，通过分享体会感悟，深刻认识红色政权来之不易、新中国来之不易、中国特色社会主义来之不易，更加理解中国共产党为什么"能"、马克思主义为什么"行"、中国特色社会主义为什么"好"，从而以更加坚定的理想信念，更加自觉的使命担当，投身推进伟大事业、实现伟大梦想的时代洪流之中。五是感情真挚，立场鲜明，严禁抄袭，避免空洞无物。

2. 分享会组织筹备方面

一是要帮助学生与教务、后勤、学工、团委等相关职能部门协调好召开分享会的场地，尽量满足学生的实践需求。如学生倾向于在操场、草地、花园等相对自由的场地分享，也不应予以制止，只需提醒学生遵守相关规定即可。二是教师尽量参与学生分享，并在学生分享结束后予以点评，增强学生的获得感。点评时要重点教育引导学生树立正确的历史观，避免历史虚无主义。三是结合学生实践情况，可安排优秀分享人在课上面向全班进行分享。四是要重点教育引导学生体会红色经典的时代价值，打消学生认为文献已经过时的错误认识，从而结合自身实际情况，提升思想认识，做到积极践行、知行合一。教师可在相关章节的教学时将本实践环节所选取的红色经典文献中的经典句子融入其中，以体现理论教学与实践教学相呼应原则，提升教学效果。

（五）校内实践成果展示

从《七律·长征》中看长征

——在红色经典阅读感悟分享会上的发言

各位同学，我很高兴参加今天的红色经典阅读感悟分享会。按照老师的要求，我阅读了《七律·长征》这首诗和相关资料。这首诗写于 1935 年 9 月，记叙了土地革命时期第五次反"围剿"失败后，中央红军主力从中央革命根据地江西瑞金出发转移，经过福建、江西等 11 省，经受了敌人围追堵截、自然环境极端恶劣等种种考验，最终到达陕北革命根据地，成功完成战略大转移的历史事件。作者毛泽东作为无产阶级革命家，在长征途中以其超凡的战略眼光和卓越的军事智慧，带领红军从艰难处境中化险为夷，保全了中国革命的星星之火，挽救了中华民族沉沦的命运。因此，在长征胜利曙光显现时，毛泽东怀着难以掩抑的万丈豪情，写下了这首记录红军伟大壮举的革命史诗。

长征是人类历史上的旷世奇迹，是中国大地上动人心魄的神话。毛泽东这样评价它："长征是宣言书，长征是宣传队，长征是播种机。"在那个生死存亡的危急关头，面对强敌天险、分裂忧患，中国共产党领导工农红军展现出非凡的智慧和大无畏的英雄气概，把一次被迫实行的战略转移变成了一次向着光明的伟大进军，向世人宣告了革命军队不可打倒、无法泯灭的生命韧劲和顽强毅力。它是一首关于理想信念的伟大诗篇，一曲高歌革命乐观主义的激扬旋律。

"红军不怕远征难，万水千山只等闲。"长征艰险非常人所能想象，但在红军眼中，万水千山也度若等闲。"五岭逶迤"只如河中细浪泛起，"乌蒙磅礴"也似小小泥丸般不值一提，巧渡金沙江、飞夺泸定桥的惊险战役也成为饱经风霜后的沉淀与体悟。领导人的战略指引和红军战士的英勇无畏，赋予革命军队所向披靡、势如破竹的强大战斗力，得以在风雨如晦的大地上长驱二万五千里。还有雪山草地、河谷天险、战机轰炸，但这些肉体的磨难从来不能将红军战士们打倒，因为无产阶级革命战士的理想信念和坚定意志早已在每一位将士的心中生根发芽，成为军队战士笑对磨难的精神支柱，最终迎来革命成功时"三军过后尽开颜"的欢欣与喜悦。

"革命理想高于天"，只要心中有光，便不惧黑暗；满怀希望，就无所谓困难。筚路蓝缕的漫漫长征路上，崇高的理想、坚定的信念和向上乐观的心态，是指引和激励党和红军一往无前的强大精神动力和精神支柱，也是穿过岁月风尘的永恒启迪。我们生逢和平发展的新时代，踏着先辈们以血肉之躯筑就的历史台阶，能够在更高的起点上谋划人生，书写时代。尽管今天的我们也面临学业压力、学习竞争等新的挑战，但比起革命年代，这些困难恐怕不值一提。"苦不苦，想想长征二万五"，走出"抛头颅，洒热血"的时代语境，我深深为自己身处和平年代而倍感幸运，更坚定了奋斗努力的决心。

践行长征精神，我认为我们应该做到以下几个方面：在学习生活中，我们应当刻苦努力，提高科学文化素养，练就过硬本领，为社会进步奉献力量；个人品德培养上，要树立使命担当意识，关注时事，感悟时代，感受新的历史时期下时代赋予青年一辈的责任；最重要的，是要拥护中国共产党的领导，积极向党组织靠拢，坚定理想信念，牢记共产主义远大理想和中国特色社会主义共同理想，力求为党和国家的发展做出自己的贡献。

"一代人有一代人的长征，一代人有一代人的担当。"新时代新阶段，我们要走好属于我们这一代人的长征路，更需怀抱高远的理想信念，继承光荣的革命传统，矢志不渝、坚定不移，用理想之光照亮奋斗之路，用信仰之力开创美好未来。谢谢大家！

（撰写：李泽文）

【附：实践参考资料】

1.《七律·长征》

七律·长征

红军不怕远征难，万水千山只等闲。

五岭逶迤腾细浪，乌蒙磅礴走泥丸。

金沙水拍云崖暖，大渡桥横铁索寒。

更喜岷山千里雪，三军过后尽开颜。

【背景知识】

　　面对生死存亡的严峻考验，从 1934 年 10 月至 1936 年 10 月，红军第一、第二、第四方面军和第二十五军进行了伟大的长征。我们党领导红军，以非凡的智慧和大无畏的英雄气概，战胜千难万险，付出巨大牺牲，胜利完成震撼世界、彪炳史册的长征，宣告了国民党反动派消灭中国共产党和红军的图谋彻底失败，宣告了中国共产党和红军肩负着民族希望胜利实现了北上抗日的战略转移，实现了中国共产党和中国革命事业从挫折走向胜利的伟大转折，开启了中国共产党为实现民族独立、人民解放而斗争的新的伟大进军。这一惊天动地的革命壮举，是中国共产党和红军谱写的壮丽史诗，是中华民族伟大复兴历史进程中的巍峨丰碑。

　　《七律·长征》写于 1935 年 10 月，当时毛泽东率领中央红军越过岷山，长征即将结束。回顾长征一年来红军所战胜的无数艰难险阻，他满怀喜悦的战斗豪情，以极其豪迈的笔调写下了这首气壮山河的伟大诗篇。全诗高度概括，仅用 8 句 56 个字，艺术地反映了长征这一伟大的革命历史，为我们展示了五幅"征难图"：腾越五岭，疾跨乌蒙，巧渡金沙江，飞夺泸定桥，喜踏岷山雪。它是诗人那巨人般的眼光、伟大的襟怀、奇特的想象以及英雄的胆略和气魄的自然流露，充分体现了毛泽东作为革命家兼诗人的非凡功力。

2. 李大钊《青春》

　　　　吾愿吾亲爱之青年，生于青春死于青春，

生于少年死于少年也。

……

进前而勿顾后，背黑暗而向光明，

为世界进文明，为人类造幸福。

以青春之我，创建青春之家庭，

青春之国家，青春之民族，

青春之人类，青春之地球，

青春之宇宙，资以乐其无涯之生。

——《青春》（节选）

【背景知识】

1916年，中国共产主义的先驱李大钊先生27岁，正是"青春"的年纪。在那个水深火热的时代，他由季节上的春天想到了人生命中的春天，想到了政治上的春天，渴望中国能够摆脱腐朽衰颓的局面而重新找回国家的春天。于是李大钊提笔写下了《青春》一文，并于1916年9月发表在《新青年》上。"以青春之我，创建青春之家庭，青春之国家，青春之民族，青春之人类，青春之地球，青春之宇宙。"这篇文章吹响了理想的冲锋号，叫醒了无数青年，也叫醒了时代。

3. 方志敏：《可爱的中国》

朋友，我相信，到那时，到处都是活跃的创造，到处都是日新月异的进步，欢歌将代替了悲叹，笑脸将代替了哭脸，富裕将代替了贫穷，康健将代替了疾病，智慧将代替了愚昧，友爱将代替了仇恨，生之快乐将代替了死之忧伤，明媚的花园将代替了暗淡的荒地！这时，我们民族就可以无愧色地立在人类的面前，而生育我们的母亲，也会最美丽地装饰起来，与世界上各位母亲平等地携手了。

这么光荣的一天，决不在辽远的将来，而在很近的将来，我们可以这样相信的，朋友！

——《可爱的中国》（节选）

【背景知识】

《可爱的中国》是无产阶级革命家方志敏于 1935 年 5 月 2 日在狱中写的自传体散文。作者在这篇散文中写的是他求学、被捕、囚禁中的一些见闻、一些事理、一些感悟，并对人生最后一段日子提出了假设。他以书信的形式，"自述了一个共产党员如何拿自己整个的生命为国为民而战斗的爱国主义的思想和热情"，抒发了对祖国和人民的无限热爱，义正辞严地宣告："真正为工农阶级谋解放的人，才正是为民族谋解放的人"，鼓舞灾难中的中国人民爱护中国，拯救中国。

4. 陈然：《我的"自白"书》

任脚下响着沉重的铁镣，

任你把皮鞭举得高高，

我不需要什么"自白"，

哪怕胸口对着带血的刺刀！

人，不能低下高贵的头，

只有怕死鬼才乞求"自由"；

毒刑拷打算得了什么？

死亡也无法叫我开口！

对着死亡我放声大笑，

魔鬼的官殿在笑声中动摇；

这就是我——一个共产党员的"自白"，

高唱凯歌埋葬蒋家王朝！

【背景知识】

《我的"自白"书》写于 1948 年 4 月，作者陈然是中共地下党员、《挺进报》特支书记。当时处于地下状态的中共重庆市委机关报《挺进报》遭到国民党当局破坏，陈然不幸被捕。在狱中，陈然受尽酷刑，但为了保护组织和同志们，他始终只承认《挺进报》从编辑、印刷到发行，全部是他一人所为。特务们威逼利诱，让他写自白书，陈然提笔写下了这首惊天动地的诗篇，以浩然正气，抒发了对国民党反动派的仇恨，对无耻叛徒的蔑视，昭示着革命者视死如归的英雄气概。

5. 陈毅：《梅岭三章》

一九三六年冬，梅山被围。余伤病伏丛莽间二十余日，虑不得脱，得诗三首留衣底。旋围解。

（一）

断头今日意如何？创业艰难百战多。

此去泉台招旧部，旌旗十万斩阎罗。

（二）

南国烽烟正十年，此头须向国门悬。

后死诸君多努力，捷报飞来当纸钱。

（三）

投身革命即为家，血雨腥风应有涯。

取义成仁今日事，人间遍种自由花。

【背景知识】

1934年10月，中央红军在第五次反"围剿"斗争中失败，红军主力被迫作战略转移。陈毅因伤奉命留下，担负起领导江西革命根据地的工农红军进行游击战争的重任。当时形势如黑云压顶，敌强我弱，斗争万分艰苦。《梅岭三章》便是陈毅同志被困梅山，自料难免牺牲的情况下写成的一组带有绝笔性质的诗篇。

陈毅虽然处在危难之际，但献身革命的决心和对革命必胜的信心却矢志不移。他的革命乐观主义精神，成为中华民族的宝贵精神财富，激励着一代又一代华夏后人为中华民族的伟大复兴艰苦创业，勇往直前，使这首诗成为爱国主义教育和革命传统教育的生动教材。

6. 叶挺:《囚歌》

为人进出的门紧锁着,

为狗爬走的洞敞开着,

一个声音高叫着:

爬出来吧,给你自由!

我渴望着自由,

但也深知道——

人的躯体哪能由狗的洞子爬出!

我只能期待着,

那一天——

地下的火冲腾,

把这活棺材和我一齐烧掉,

我应该在烈火和热血中得到永生。

【背景知识】

1941 年 1 月,叶挺被国民党非法逮捕,后被移禁于重庆"中美特种技术合作所"集中营,在狱中叶挺受尽各种苦刑,仍坚贞不屈。1942 年,他写下了这首《囚歌》。本诗是革命者用鲜血和生命谱写成的雄壮乐章,表达了作者在面临自由和囚禁的选择时,为了捍卫人的尊严、保持共产党人的气节,宁可选择囚禁的决绝态度和牺牲精神,体现出崇高革命气节和伟大爱国精神,激励着成千上万的革命后代投身于新中国的伟大事业之中。

7. 罗广斌、杨益言:《红岩》(节选)

"谅你一个女共产党员,还制服不了?你不愿讲,好嘛,我们帮你打开嘴巴。来人!"

接着,传来一阵狼毫似的匪徒的狂吼。夜,在深沉的痛苦、担心与激动中,一刻一刻地挨过。星光黯淡了,已经是雄鸡报晓的时刻。

在那斑斑血迹的墙壁上映着江姐的身影消失了。大概她从倒吊的屋脊上，被松了下来……

"现在愿意说了吗?"魔影狂乱地乱动着。

"不!"微弱的声音传来，仍然是那样的平静。

"十指连心，考虑一下吧！说不说?"

没有回答。

铁锤高高举起。墙壁上映出沉重的黑色阴影。

"钉!"

人们仿佛看见绳子紧紧绑着她的双手，一根竹签对准她的指尖……血水飞溅……

"说不说?"

没有回答。

"不说? 拔出来！再钉!"

江姐没有声音了。人们感到连心的痛苦，像竹签钉在每一个人的心上……

【背景知识】

《红岩》反映的是全国解放前夕光明与黑暗之间展开的一场生死较量。1948 年，中国革命已经进入关键的转折期，胜利即将到来。然而，在国民党统治下的重庆正处在黎明到来之前最黑暗的时刻，在这黑暗的时刻，山城重庆正在进行着残酷的斗争。作者集中描写了集中营的敌我斗争，生动地表现了革命者为迎接全国的解放，彻底挫败敌人的垂死挣扎而进行的殊死斗争，真实再现了全国解放前夕光明与黑暗进行最后决战的艰巨性，揭露了敌人垂死挣扎的极端凶残和色厉内荏的本质，歌颂了革命英烈为真理而斗争的坚强意志和大无畏精神。

8. 杨沫:《青春之歌》

她贪婪地望着微起涟波的平静的大海，忘记了走路。

她心里像火烧，眼里含着泪，一个人在庙门外站着、站着，站了好久。明月升起来了，月光轻纱似的透过树隙，照着这孤单少女美丽的脸庞，她突然伏在庙门前的石碑上低低地哭了。

人在痛苦的时候，是最易回忆往事的。林道静一边哭着，一边陷入回忆中。她怎么会一个人来到这举目无亲的地方？她为什么会在这寂寥无人的夜里，独自在海边的树林徜徉？她为什么离开了父母、家乡，流浪在这陌生的地方？她为什么，为什么这么悲伤地痛哭呵？……

【背景知识】

《青春之歌》讲述了主人公林道静从一个个人主义、民主主义、自由主义的知识分子成长为共产主义战士的历程。小说着力叙述了中国现代"知识分子"的"成长史"。在无产阶级革命中，小资产阶级知识分子必须经历一个"再锻炼、再教育和再改造"的过程，通过不断地向无产阶级学习，逐步克服自身的阶级属性所带来的弱点，才有可能成长为无产阶级战士。小说以爱国青年为先导的抗日救亡运动作为重点描写的事件，刻画了形形色色的知识分子在民族危亡时刻所经历的生活道路和他们的思想风貌。

三、社 会 实 践

(一)社会实践目标

"功崇惟志，业广惟勤。"理想指引人生方向，信念决定事业成败。在中华民族伟大复兴的征程上，正是因为有无数仁人志士矢志不渝、百折不挠，不论风吹雨打、不怕千难万险，坚定不移为实现理想信念而奋斗，中国才能取得今天的辉煌成就。这些感人的故事、不朽的精神和钢铁般的意志浓缩在博物馆、展览馆中，为后人所学习、敬仰。习近平总书记曾说，要坚持学而信、学而思、学而行，把学习成果转化为不可撼动的理想信念，转化为正确的世界观、人生观、价值观，用理想之光照亮奋斗之路，用信仰之力开创美好未来。本实践教学环节通过组织学生参观同中国革命、建设、改革、发展相关的博物馆、展览馆或组织"重走长征路"活动，引导学生在参观过程中感受革命先辈们崇高的理想和坚定的信念，明确自身定位和在时代发展中应该承担的责任，体悟实现个人理想同实现中国特色社会主义共同理想之间的关系，进而对课本内容做出实践性印证，帮助学生坚定理想信念。

(二)社会实践设计

1. 实践任务安排

本环节安排的实践方式是参观博物馆、展览馆、人物故居或开展"重走长征路"活动。

选择参观博物馆、展览馆、人物故居，教师可于课前利用寒暑假对此任务进行布置，给学生提供可选择的参观地点清单，由学生结合家乡所在地实际情况进行参观。选择"重走长征路"活动，考虑到组织工作相对复杂，"长征路"沿线省份可安排周末或者节假日进行，非沿线省份可安排在寒暑假进行。教师需提前规划行进路线，制定活动方案和安全预案，学生依照红军的长征路线对沿线遗址、博物馆、纪念馆进行参观。教师应对学生提出明确具体的实践要求，包括在参观前需搜集同参观有关的人物故事、历史背景；参观过程中应当着重了解我党当年在革命遗址所在地遇到的困难和党在困难面前不懈奋斗的精神品格；在允许的情况下对参观的物品、遗址等进行适当拍照作为素材积累；参观完成后依据课本相关知识，将参观前搜集的同参观地有关的人物故事、历史背景以及参观过程中拍摄的照片和课本内容相结合，制作 PPT，撰写讲稿，在课堂上进行展示。学生也可结合"重走长征路"产生的感想进行课堂演讲，讲述自己对红军长征精神的体会与感悟。

2. 实践步骤设计

(1)实践任务布置

在布置实践任务时，需要重点把握以下三点：一是建议学生在课前预习教材第二章有关理想信念的内容，了解参观地点的相关背景资料，对何为理想信念、如何树立坚定的理想信念有初步认识，使学生带着思考进行参观，在参观过程中深化认识。二是给学生讲清楚实践要求，需要附上参观时所拍摄的图片，目的是增强参观的具象性、针对性，防止走马观花、无的放矢。图片应附带学生对所拍摄图片内容的相关思考，即拍摄图片的内容同理想信念之间的具体联系，避免出现敷衍了事、浑水摸鱼的情况。三是注意向学生强调参观过程中尤其是"重走长征路"过程中的安全要求。

（2）实践过程跟进

教师可组织全班集体进行参观并在参观过程中进行深入讲解，也可安排学生分组参观，教师适当参加部分小组的参观活动。要提醒学生在规定时间内完成参观任务，避免拖延。

（3）实践成果验收

学生根据参观内容制作以 PPT 为主要形式的展示内容并当堂展示，或者撰写参观感想。教师于第二章授课内容结束后收回电子版 PPT 以及讲稿作为实践成果，根据评价标准进行赋分，验收学生完成作业的态度和质量。除评价标准列明的内容外，若存在明显雷同或抄袭的实践成果，应打回要求学生重做并视情况对学生进行约谈和批评。

（4）实践成果展示

完成实践成果验收后，可鼓励学生对特色鲜明、效果较好、具有示范意义的实践成果进行集中展示，教师可在展示之前给予学生适当的指导。

（三）社会实践评价标准

1. 实践成果的内容是否体现了坚定的理想信念(25 分)

展示的 PPT 和讲稿是否体现正确的、积极向上的理想信念，对理想信念类别的认识是否清晰，是否对革命遗址蕴藏的理想信念有着深刻的思考和领悟。

2. 实践成果是否同书本内容具有关联性并适当延展深化(25 分)

展示的 PPT 和讲稿是否讲清楚参观地点的内容同课本内容之间的关联性，参观地点的选取不得同课本内容无关。展示的 PPT 和讲稿要体现对课本内容的理解与认知，同时应对学生在合理范围内进行的深度联想进行适当加分以鼓励学生积极思考。

3. 实践成果是否体现学生对马克思主义、中国特色社会主义共同理想和共产主义远大理想的思考(25分)

通过 PPT 展示和宣讲，能够表达出学生对马克思主义、中国特色社会主义共同理想和共产主义远大理想的认同、追随。

4. 参观感想能否与学生自身情况相结合(25分)

展示的 PPT 和讲稿能体现学生对自身情况的思考，并能阐释出自己通过参观所受到的教育和启迪。

(四) 社会实践注意事项

1. 实践成果的形式

实践成果的形式多样，学生除使用 PPT 外，也可进行多样性的成果展示，教师不需要对学生的展示形式作过于严格的限制，学生在展示时可采用电子照片集、沙画视频、短视频、微电影等新媒体形式进行展示。多样的展示方式能体现学生的创造力与想象力。教师可对内容精彩的展示方式酌情给予额外的加分，激发学生创新思路和运用新媒体、新技术的积极性。

2. 参观点选定注意事项

①参观地点的选择应当同革命历史有关，尽量选择同中国共产党艰辛发展历程有关的参观地点。中国共产党是在中华民族灾难最深重的时刻诞生的，是在不断克服各种困难、战胜各种风险挑战中日益成熟壮大，不断从胜利走向胜利的。中国革命史就是一部中国共产党人以坚定的理想信念同艰难险阻作斗争的历史。理想信念作为中国共产党战胜困难的法宝，值得一代又一代青年去学习和继承。只有重新在革命遗址中经受洗礼，今天的大学生才能更加直观地感受到真理的力量和理想的光芒。

②选择地点时应注重强调"对比"与"突出"两大要素，即尽量选择体现斗争环境艰苦的参观地点，通过对比中国共产党人所面临的困难之强大与所进行的奋

斗之顽强，突出中国共产党人坚定崇高的理想信念。比如，以皖南事变陈列馆为例，皖南事变是国民党顽固派发动的第二次反共高潮的最高峰，该事变使原有9000余人的新四军锐减至2000余人，许多官兵壮烈牺牲或被俘。皖南事变后，新四军将士失利不失志，根据党中央指示迅速重建新四军军部。这支英雄的部队在抗日战场上不断发展壮大，夺取了一系列重大胜利。通过对皖南事变陈列馆的参观，学生能够在极为强烈的对比中体会到中国共产党人坚定的理想信念与崇高的精神境界，进而理解理想信念的内涵及其重要性。

③参观地点应当彰显中国共产党人的伟大理想。中国共产党人的伟大理想体现在中国共产党人的初心使命之中。以井冈山革命根据地为例，教师在带领学生参观井冈山革命根据地展览馆的过程中，要着重引导学生参观能够代表中国共产党人伟大理想的地点或展品，如毛泽东同志在井冈山时期撰写的名篇《星星之火，可以燎原》。通过对该文的写作背景、社会影响、深层内涵的了解，学生可感悟到中国共产党人对初心使命和理想信念的坚守，进而受到激励。

④参观地点也可以同中国特色社会主义发展史有关，以强化大学生在时代发展中应承担的责任。受时间、交通等因素所限，无法前往参观同革命有关地点的学校，也可选择同中国特色社会主义事业发展史有关的参观地点，如反映脱贫攻坚、乡村振兴、抗震救灾等伟大成果的参观地点等。

3."重走长征路"活动注意事项

①有条件的省份可以选择自己省内的红军长征路线开展实践，利用寒暑假时间组织学生在本省内开展活动，参观沿途红军长征留下的革命遗址，感受红军当年所面对的困难和坚定的理想信念。以江西省为例，江西地区的院校可利用寒暑假时间组织学生从井冈山出发，前往赣湘边境或赣黔边境，在红军重要战斗遗址了解红军当年发生的故事，使学生从多角度了解这一段长征的历史，感受其中蕴藏的宝贵精神财富。

②实践过程中应避免形式主义，注重引导学生加深体会。"重走长征路"是一个感受红军长征精神的过程，应当注重引导学生进行深入体验，力戒走马观花、蜻蜓点水的形式主义。比如，教师可组织学生通过徒步、露营的形式，取代乘坐现代化交通工具，沿红军长征的路线进行参观，感受"重走长征路"的过程。

在徒步过程中，可适当安排模拟红军当年野外露营、吃野菜等活动，并进行讲解，在这一过程中使学生能够切实感受到红军长征时面临的困难，以提升教学效果。

③教师在实践过程中可以进行适当的讲解，加强活动与学生之间的联系，使学生感同身受，而不是做一个"看客"。就实际情况而言，大学生的年龄结构同参加长征的红军战士的年龄结构极为相似，长征其实也是"一群年轻人的进发"。教师可以以年轻的红军战士为范例，向学生讲述一群胸怀理想的年轻人，在一条淬火成钢的道路上舍生忘死、抛洒热血，把最美好的青春献给国家和人民，从而谱写了一曲壮丽青春之歌的故事，进而向学生阐明坚定理想信念的重要性和当今时代青年应当承担的责任，深化参观体验，实现精神升华。

④实践过程中应特别重视安全问题。"重走长征路"这一实践教学需要考虑到多方面的安全要素，如教师和学生的身体状况是否能够进行长时间的步行活动，实践地点的相关条件是否适宜开展实践教学活动，体验红军过草地经历时是否会发生学生误食野菜导致食物中毒的情况等。活动开展前务必做好安全预案，并加强对参加活动学生的安全教育，确保活动万无一失。

(五)社会实践成果展示

最深厚的力量之源
——重走"湖南长征路"有感

长征是红军指战员的长征，也是千百万人民群众的长征。长征被誉为"截不断的洪流"。

在湖南汝城文明乡五一村的一面老墙上，一张斑驳的宣传单依稀可见。经辨认，原来是85年前毛泽东与朱德在汝城拟定的革命宣传单《出路在哪里》。红军告诉工人、农民及一切劳苦群众，正是因为帝国主义、反动军阀与地主、资本家、土豪恶棍相互勾结，才造成了苛捐杂税、兵差劳役、忍饥挨饿的无尽苦难。出路在哪里？"亲爱的兄弟姐妹们，共产党所主张的苏维埃与红军，就是你们的出路！"

……

与民共其乐者，人必忧其忧。在"重走长征路"的过程中，我们发现湖南有不少"红军村"，桂东县桃寮村、桑植县毛垭村、慈利县邓界村……当年村里的大多数青年都自愿加入了红军队伍；红军经过汝城时，当时全县12万人中，有1.5万余人为红军挑担、带路、打掩护。可见，长征是红军指战员的长征，也是千百万人民群众的长征。长征被誉为"截不断的洪流"。正是因为红军联系群众、宣传群众、武装群众、团结群众、依靠群众，"历史上最盛大的武装巡回宣传"才能汇聚中华民族的精神伟力，为革命的胜利培根铸魂……

（节选自《人民日报》2019 年 7 月 5 日，石羚撰写）

四、网 络 实 践

(一) 网络实践目标

随着信息科技和互联网的不断发展，各类网上博物馆、展览馆如雨后春笋般涌入公众视野。网上博物馆、展览馆，借助互联网这一媒介，运用虚拟现实技术、360 度全景观展技术，向公众介绍藏品、展品、历史等，具有使用便捷、应用领域广泛等优势。对于新时代大学生来说，参观网上博物馆、展览馆是一种高效学习的新方式，也是对检索信息能力、获取知识能力、解决问题能力的锻炼。通过组织学生参观红色主题网上展馆，能够帮助大学生突破时间和地域的限制，随时随地徜徉红色历史和文化的殿堂，体悟共产党人的理想信念，在错综复杂的社会现象中看清本质、明确方向，奠定为党和国家事业奋斗奉献的思想基础。

(二) 网络实践设计

1. 实践任务安排

教师组织学生带着实践任务参观网上展览馆、纪念馆，结合课堂所学，在"虚拟体验"方式下感受与思考共产党人的理想信念，并于参观后撰写图文结合的参观报告。

2. 实践步骤设计

(1)实践任务布置

教师于第二章教学开始时即可对实践任务进行布置，重点是引导学生通过参观网上博物馆、展览馆、纪念馆，获得沉浸式体验，丰富课堂理论教学内容。教师需告知学生网上观展的方式、流程、浏览顺序、重点展品，明确实践任务内容，并要求学生撰写图文并茂的参观感受，防止走过场的情况。教师对于参观报告应有如下要求：一是突出坚定理想信念主题，讲出所浏览的展品和人物如何体现了革命先烈顽强拼搏的革命精神和奋斗不息的革命意志；二是表达学习和弘扬老一辈无产阶级革命家的丰功伟绩和博大胸怀的决心；三是以史为鉴，从历史中汲取养分，就自己如何落实观展体会进行阐释。

(2)实践过程跟进

在学生参观过程中，教师要及时与学生沟通，了解并解决学生在参观过程中的问题，引导学生带着问题参观学习。

(3)实践成果验收

教师于本章授课内容结束后收回参观报告作为实践成果，根据评价标准进行赋分，验收学生完成作业的态度和质量，除评价标准列明的内容外，若存在明显雷同或抄袭现象的实践成果，应打回要求学生重做并视情况对学生进行约谈和批评。

(4)实践成果展示

完成实践成果验收后，可在征得学生同意的情况下对参观报告质量高、思考深入有启发性、具有示范意义的实践成果进行集中展示，或放入课程公众号内进行展示，以激励和引导学生，供学生交流学习。

(三)网络实践评价标准

1. 立场层面(20分)

立场鲜明坚定，基调以正能量和积极向上为主，展现对老一辈共产党人理想信念的思考。

2. 逻辑层面(30分)

逻辑条理清晰，具有一以贯之的思维主线，言之有理，言之有物。

3. 内容层面(40分)

紧密结合课程所学知识，在认真参观网上展馆的基础上结合实际进行思考，体现出对理想信念、青年责任与担当等方面的感悟。

4. 语言层面(10分)

较好运用写作技巧，语言流畅通顺，富有感情，详略得当。

(四)网络实践注意事项

①展馆的选择上，教师要在网络上先进行考察，选择场景清晰、展品丰富、讲解和说明详细、操作体验较好的线上展馆。原则上线上参观优先选择距离学校所在地较远的、不适合实地参观的展馆，以弥补本地红色实践教学资源的不足。

②实践任务的布置上，教师要让学生在参观网上展馆过程中真切感受到理想信念的力量，对于参观感想可不作具体字数限制，让学生结合自身感受自由发挥，防止学生为了完成任务而完成任务，也有利于教师评判学生对待实践任务和作业的态度。对于参观感想，教师应要求学生将重点放在通过课程学习和挖掘展览背后的故事形成的思考深度上，要求学生结合老一辈共产党人的先进事迹来思考自己的理想信念与人生规划。

③实践任务的验收上，教师可采取让学生附查重报告等措施防止出现部分学生照搬照抄他人成果的情况。

(五)网络实践成果展示

【成果一】

红色的岁月，飞扬的青春

——参观"星火初燃"VR全景线上展览有感

激情七月，星火初燃。一百年前，中国共产党应运而生；一百年后，这一"星星之火"早已升腾为"熊熊烈火"。然而"初心易得，始终难守"，如今，随着社会思潮多元化的发展，加强青年人理想信念教育的重要性日益凸显。思想道德与法治一课也旨在通过引导学生重温"来时的路"，来树立远大理想和坚定崇高信念。借着这一契机，在老师的带领下，我有幸参观了"星火初燃"VR全景线上展览，沿着历史的痕迹，重走先辈路，感受那段激情澎湃的红色岁月，探寻中国共产党从孕育到诞生的历史密码！

"星火初燃"VR全景线上展览主要展示的是共产党早期组织与中国共产党的创建相关文物史料，共分为"时代呼唤新的革命领导力量""共产党早期组织的酝酿与成立"和"共产党早期组织与中国共产党的正式成立"三部分内容，呈现了中国共产党"从无到有"的发展历程。值得一提的是，此次实践采取的是线上观展的形式，这样的形式为本次的实践增添了不少新颖之处和趣味性。

线上展览是互联网与新媒体技术飞速发展的产物，是对展览的延伸、拓展，甚至"再创作"，能够满足更多文化爱好者的精神需求。与实体展览不同，在展品陈列方面，线上展览依托现代VR等科学技术，不设任何屏障，全方位清晰还原历史细节。比如，"星火初燃"VR全景线上展览便展示了一百年前与中国共产党成立有关展品的细节，包括各类历史出版刊物、文章、信件、日记、人物、事件及场景图像等，给了我十分真实而强烈的视觉冲击。其中给我印象比较深的是展出的1919年由湖南学生联合创办、毛泽东任主编的《湘江评论》——观众可通过"点一点""摇一摇"的方式，选择观赏角度并放大观看文物细节、看清记载的历史内容，从中感受到中国早期先进知识分子旗帜鲜明反帝、反封建、反军阀、歌颂社会主义的思潮。由此，观众可以独立观赏、细细品味，并体会到随时回放的便捷。同时，展览中有许多丰富的历史信息，但逐一细看也难免会眼花缭乱、"茫然不知所措"。针对这种情况，展览设置了文物检索、地标指引和文字解读等功能，既提高了观众的观展效率，又优化了观展体验。

在文化感知方面，线上展览不受场地大小的约束，以数字平台为依托存储海量有关中国共产党孕育与诞生的信息，辅以沉浸式音效渲染环境氛围，给了我身临其境之感。在悠扬的背景音乐中我开始追忆那段红色的岁月……

从五四运动激发中国人民思想觉醒到马克思主义在中国广泛传播，从国际共产主义运动蓬勃发展到"南陈北李"相约建党、各地中共早期组织相继成立，再到 1921 年中国共产党正式成立，我深深感受到中国共产党成立之艰辛与不易。最令我振奋与感动的莫过于中国共产党第一次全国代表大会的成功召开。展厅里也展出了上海石库门的图像，那里是中国"革命火种"燃起的地方，自此中国革命在火种的指引下循光而行。

在参与互动方式方面，我更是体会到了别样的趣味性。线上展览在保证人、文物与历史信息之间多元互动的基础上，更开辟了人与人之间交流互动的全新思路，即通过及时展讯分享、逛展体验分享、线上展览及时交流等增强展览的互动性与观众的参与感。首先点击链接进入网页，即可看到许多观众留下的线上寄语，以此表达美好祝愿——"愿我祖国，欣欣向荣""红色薪火，代代相传"等。我也通过点击屏幕右下角"说一说"的功能留下了本次的观展体悟和对党未来发展的希冀。通过这种即时社交的方式，我在了解他人观点和体会的同时也拓宽了自己的视野，深化对展览的思考与认识，并获得更多体验和启发。

一百年后，"中华大地上初燃的星火，终于汇聚成一个崭新的无产阶级政党，点燃了民族复兴的梦想和希望"。通过这次线上观览，我重温了党的孕育与诞生史。那段激情昂扬的红色岁月通过一种全新的方式给我留下了永不褪色的深刻印象。中国共产党和中国人民历经千辛万苦才换来了一个充满希望的"新中国"。新时代，二十岁出头的我们拥有一个共同的身份——党和国家事业的接班人。习近平总书记指出："心有所信，方能远行。面向未来，走好新时代的长征路，我们更需要坚定理想信念、矢志拼搏奋斗。"通过此次线上学习，我更加意识到了树立理想信念和坚定崇高理想的重要性。继承先辈遗志首先要求我们重视和加强自身理论和科学文化知识学习，为个人发展奠定坚实的基础；其次，将自身兴趣爱好同社会和国家的发展需求结合起来，在此基础上树立个人人生目标并为之努力奋斗；最后，要在不断的实践中逐渐领悟党的理论、路线、方针、政策，逐渐提高自身思想觉悟，将朴素的爱国情怀升华为理性而又深刻的信仰与认同。让我们用初心砥砺信仰、用理论坚定信念、用实践增强信心，以更加昂扬的姿态为建设社会主义现代化强国贡献力量，在青春的赛道上跑出我们这一代人的最好成绩！

（撰写：郎黎）

【成果二】

坚定理想之魂，筑牢信念之基
——参观雷锋纪念馆网上展馆有感

3月5日是一年一度的学雷锋纪念日，但特殊时期(疫情)不能出门。没关系，在老师的安排下，我们进入雷锋纪念馆网上展馆进行线上参观，通过3D全景影音进行沉浸式学习。这次的学习活动形式新颖，内容丰富，极大地激发了同学们的学习积极性，提升了精气神，也深化了我们对理想信念的认识。

网上纪念馆完整真实地展现了实体纪念馆的陈列。随着生动的语音讲解，我们认真聆听了"光辉的一生""永恒的精神""永远的传承""当代雷锋"等主题的雷锋事迹讲解。通过文物放大、语音讲解、三维模型等多种形式的展现，极大地提升了在线观展与学习效果。

通过雷锋纪念馆网上展馆，我们可以参观湖南雷锋纪念馆和抚顺市雷锋纪念馆两个展馆，点击自动语音导览后，顺着屏幕上的"前进"，欣赏着航拍的效果图，我们进入了雷锋生平事迹陈列馆。在《学习雷锋好榜样》的歌声中，我们360度无死角地全景观看了汉白玉雕塑"榜样"像，学习了党和国家历代领导人给雷锋同志的题词和讲话。点击右上角的馆内场景图，可以切换场景画面和观赏角度，深入了解雷锋生平、雷锋日记、雷锋照片、雷锋诗文等。线上前往展馆二楼，可以阅读雷锋故事、雷锋书籍，并通过大屏幕的全屏展现，欣赏相关的影视作品、雷锋事迹歌曲等。通过线上参观，我们仔细聆听了讲解员声情并茂的讲述："一滴水只有放进大海里才永远不会干涸，一个人只有当他把自己和集体事业融合在一起的时候才能最有力量。"听到这句话我特别有感触，点击屏幕翻回"雷锋日记"部分，仔细欣赏前辈的手记，并点击放大图标，体悟雷锋同志在写下"为人民服务"这句话时的真切情感。

在跟随自动语音导览参观一遍之后，我点击回到了主页面。在手动导览中再次线上参观了自己最感兴趣的部分，更真切地体悟了"雷锋精神"的真正内涵。

讲解员的声音从耳边传来："我们已故的敬爱的周恩来总理对雷锋精神曾这样概括：雷锋精神是伟大的，雷锋精神是永恒的。雷锋精神是中华民族传统美德与时代精神结合的产物，是我们民族精神的重要组成部分，是全国人民宝贵的精神财富。"一个只有22年短暂生命的普通共产党员，能够赢得亿万人民如此崇高和长久的敬意；一个普通的战士所表现的高贵品质，能够激励几代人的健康成长；一个群众性的活动，能够在几十年历史进程中延续不断，影响一个时代的社会风尚，这表明雷锋精神对于我们这个民族和社会过去具有、现在仍然具有重大价值和时代意义。

放大"雷锋精神"专区的展板，"雷锋精神"的内容赫然显示于中。雷锋精神的实质是热爱祖国，处处把国家和人民利益放在第一位，为实现共产主义而奋斗的献身精神；是只讲奉献，不讲索取，全心全意为人民服务的奉献精神；是服从大局，不计个人名利得失，干一行、爱一行、钻一行、精一行，在平凡工作岗位上做一颗永不生锈的螺丝钉的精神。

《学习雷锋好榜样》的旋律在耳边响起，参观"新时代的雷锋"展区之后，我们越发认识到，学习雷锋要充分发挥党团员的模范带头作用，不但自己要学，还要带动和影响身边同学去学，共同弘扬雷锋精神。雷锋是一面镜子，我们每个人都应在思想、学习、工作、作风上找差距，坚定理想信念，反对金钱至上、拜金主义，树立正确的世界观、人生观、价值观，堂堂正正地做人。要进一步加强党性锻炼，强化宗旨意识，以党和国家的事业为重，坚持党和国家的利益高于一切。

"走出"展馆，我们在线下开始了讨论。学习雷锋就是要像雷锋那样把有限的生命投入到无限的为人民服务之中去；像雷锋那样发扬爱国主义精神，树立集体主义思想，坚定社会主义、共产主义信念；像雷锋那样艰苦奋斗、勤俭创业；像雷锋那样努力学习革命理论和科学文化，用知识武装自己、提高自己、完善自己；像雷锋那样做好本职工作，在全面建设小康社会的伟大事业中做一颗永不生锈的螺丝钉。

线上参观雷锋纪念馆，我们对于展览内容的理解和把握更深刻了，在节约了时间精力的同时，也更好地体悟了践行初心使命的含义。追求远大理想，坚定崇高信念，新一代青年，我们在行动！

（撰写：韩欣瑜）

【附：实践参考资料】

以下为可供选择的网上展览馆(部分)：

1. 中华文明网"网上革命纪念馆"

中华文明网"网上革命纪念馆"是中华文明网组织各地文明网共同建设的大型专题纪念馆。该专题纪念馆充分利用各地爱国主义教育基地资源，运用详实的图文、音视频等资料和丰富多彩的网上表现形式，再现革命先辈的丰功伟绩，引导广大网民学习仁人志士坚定的革命信念和勇于献身的大无畏精神，在全社会开展一次生动的革命传统教育。

河北·西柏坡网上革命纪念馆专题

网址：http：//hb. wenming. cn/cs/wsgm2011/index. html

安徽·黄山红军北上抗日先遣队革命纪念馆专题

网址：http：//hs. wenming. cn/zt/wsgm2011/

安徽·合肥渡江战役总前委旧址纪念馆专题

网址：http：//hf. wenming. cn/zthd/wsgmjng/

安徽·芜湖王稼祥纪念馆：

网址：http：//ahwh. wenming. cn/wjx/spjj/

2. 中国人民抗日战争纪念馆："民族先锋 中流砥柱"中国共产党抗战英烈事迹展

网址：http：//www. 1937china. com/kzgdata/clzl/vrzl/kzylsjz/

民族先锋 中流砥柱——中国共产党抗战英烈事迹展通过 160 幅图片、99 件(组)文物，充分展示中国共产党人为抗战胜利所做出的巨大牺牲和中国共产党在抗日战争中的中流砥柱作用。

3. 中国雷锋网：雷锋纪念馆网上展馆

网址：http：//www. chinaleifeng. com/channel/12402. html

中国雷锋网是以"雷锋精神"为核心和主题的公益性独立官方网站，是社会主义核心价值体系建设的依托阵地，是加强思想道德建设的全新基地，着重突出"道德殿堂、精神家园、教育基地"三大主题，旨在打造一站式"雷锋"综合信息网络服务平台。网站设置了《新闻中心》《榜样雷锋》《雷锋精神》《新时代好人》《网上展馆》《专题专栏》等特色栏目，网上内容采取图文、视频等多种生动呈现形式，多层次、多维度、多视角挖掘和提升"雷锋"主题所涵盖的各个层面，囊括丰富的雷锋资讯与资料，形成了一个强大的雷锋知识宝库。

4. 中共一大会址纪念馆"星火初燃"VR 全景线上展览

网址：https：//720yun.com/t/c7vkshie0ql

为纪念中国共产党成立 100 周年，中共一大会址纪念馆于 2021 年"七一"前夕策划推出了"星火初燃——共产党早期组织与中国共产党的创建文物史料展"，展览深入梳理了中国共产党从早期组织到正式成立的历史进程，详细解读了一个伟大政党从孕育到诞生的历史密码，为开展"四史"学习教育提供了鲜活生动的党史教材。观众可以使用手机或电脑(PC)端访问"星火初燃"VR 全景线上展，只需动动手指点击"文物热点"，就能零距离饱览珍贵革命文物，了解历史故事，透过屏幕感受一般线上展览不具有的现场感和空间感。观众还可戴上 VR 眼镜，在展览页面中调节适合的参数，获得更为真实的沉浸感和体验感。

第三章　继承优良传统　弘扬中国精神

实现中华民族伟大复兴的中国梦，必须弘扬中国精神，这就是以爱国主义为核心的民族精神和以改革创新为核心的时代精神。中国精神贯穿于中华民族五千多年的悠久历史，积蕴于近现代中华民族的复兴历程，特别是在中国快速崛起中迸发出来的神韵气象，是中国文化软实力的重要彰显。中国共产党精神是共产党人精神世界的反映，也是中国精神的时代结晶。在不同时期、不同阶段，一代又一代中国共产党人接续培育的伟大精神，形成了具有丰富内涵的中国共产党精神谱系，是我们党百年奋斗历程的真实写照。体悟中国精神与体悟中国共产党精神是一体相通的，二者融会贯通、密不可分。

本章将通过组织学生参与撰写针对不爱国言论的时评文章、开展"中国共产党精神谱系"宣讲分享、拍摄"中国精神"主题微视频和分享推荐主旋律歌曲等实践教学环节，教育学生深刻领会中国精神的丰富内涵和时代特色，深刻感悟中国共产党精神的深厚积淀和伟大力量，引导学生大力弘扬践行中国精神，深入理解感悟中国共产党精神，努力做中国精神的传承者。

一、课 内 实 践

(一)课内实践目标

弘扬中国精神，引导学生把精神层面的动力转化为实践层面的行动，切实践行伟大的民族精神和时代精神，是"思想道德与法治"课程实践教学环节的重点。本实践教学环节通过开展针对舆情事件的时评撰写，促使学生以理性的态度看待当前网络上存在的个别大学生的不爱国言论，通过思考感悟中国精神，理解中国精神的实质，明确如何以实际行动反对某些学生的不当言论，展现青年的爱国情怀和青春担当。同时，实践设计旨在提升学生信息检索能力、概括归纳能力、逻辑思维能力、文字写作能力，促进学生综合素质的提升。

(二)课内实践设计

1. 实践任务安排

本章实践任务为撰写时评，由学生查找并阅读相关材料，围绕受到普遍关注的大学生发表不爱国言论网络舆情事件撰写时评，引导学生通过网络搜集近年来引起广泛关注的大学生不爱国言论的网络舆情事件，了解事件发展经过，梳理不爱国言论中反映的观点，分析其危害，剖析产生这些言论背后的原因，进而明确大学生为什么要爱国、应该如何爱国、如何以实际行动反对不当言论，承担青年责任，弘扬中国精神。提交形式为打印的纸质版文章，字数不限。实践成果将于课程微信公众号上进行展示。

2. 实践步骤设计

(1)实践任务布置

根据课程内容安排，在本章第一节"中国精神是兴国强国之魂"教学时对实践材料进行介绍，布置实践任务并留出一至二周的准备时间和一个学时的展示时间，提前将实践资料发送至课程群或线上学习平台，要求学生自主阅读、撰写时评，于本章授课内容结束后上交。

(2)实践过程跟进

学生自学和起草演讲稿期间，教师可适时进行指导和督促，防止学生在截止日期前突击完成，影响质量。若使用线上学习平台可根据后台数据跟进学生任务完成情况，对进度落后明显的学生进行提醒督促。

(3)实践成果验收

本章授课内容结束后收回打印的纸质版文章作为实践成果，根据评价标准进行赋分，除评价标准列明的内容外，若实践成果存在明显雷同或抄袭等情况，应打回要求学生重做并视情况对学生进行约谈和批评。

（4）实践成果展示

完成实践成果验收后，对文章内容质量高、具有示范意义的实践成果进行展示。

（三）课内实践评价标准

1. 事件选择是否符合主题（10分）

文章对于不爱国言论事件的选取是否契合主题，是否紧紧围绕爱国主义精神进行阐发，是否混淆了爱国主义和其他相似概念的含义，对爱国主义含义的把握是否准确。

2. 分析论证是否全面、深刻透彻（40分）

文章是否对不爱国言论观点形成过程进行了全面梳理，对不爱国言论形成原因进行深刻剖析，对不爱国言论的危害进行客观辨析，对如何以实际行动反对不爱国言论进行合理论述；文章内容是否充实，体现了对爱国主义、中国精神、青年担当等方面的思考。

3. 语言表述是否具有思辨性（20分）

文章语言是否流畅通顺，逻辑条理清晰，具有一以贯之的思维主线；是否言之有理，言之有物，体现较强的思辨性，详略得当。

4. 观点论证是否对实践具有指导性，能否提出建设性的意见（30分）

文章提出的反对不爱国言论的方法观点是否紧密联系实际，对实践具有建设性作用和指导性意义；是否结合对爱国主义精神和现实环境的思考、大学生心理特点和实践需要进行分析归纳，具有可行性和实践意义。

（四）课内实践注意事项

实践成果的验收上，应体现学生的独立思考和独到见解，尽量淡化思政课实践环节的任务性，鼓励学生以开放思维思考问题，完成实践任务。教师须通过查重等方式对抄袭现象进行严格审查。同时，赋分需按照评价标准进行客观量化，适当做出调整，评价的重点应放在运用所学知识对新闻中的不爱国言论进行驳斥并立论，以及考察学生的思维逻辑和知识运用能力等，不可仅凭印象给分。

实践成果的展示上，可对内容和形式具有创新性和借鉴意义的成果进行展示，可对学生时评中具有思辨性、正能量的片段进行摘取整合，供所有学生阅读借鉴。

（五）课内实践成果展示

"洁洁良事件"之我见

2018年4月，"洁洁良事件"在网络上持续发酵，引来社会各界的关注。一个网名为"洁洁良"的女研究生在网上使用"辱华"字眼，发表"精日"言论，而且态度强硬、拒不认错。经调查，该女生不仅曾经是学生会干部，还是一名党员，而且担任学生党支部书记。同年9月，与之类似的"贵州大学新生辱国事件"同样在互联网上掀起轩然大波。两则新闻的主人公在网络上发表的不爱国言论用词激烈，态度恶劣，字里行间充斥着对"爱国"两字的不屑，在网友善意劝告后仍旧固执己见，不肯悔改，最终均以受到严厉处分收场。近些年，大学生发表不爱国言论的新闻频频引发人们热议，这让我们当代青年不得不陷入深思。

作为一名已经步入高等教育阶段的大学生，他们享受着国家带来的良好生活环境和优质教育资源，本应心怀感恩，珍视自己脚下的土地，热爱自己的祖国，而他们却轻蔑待之，甚至出言辱骂，这是人格和公民道德的缺失，是爱国情怀和公民认同的丧失。一个对自己的国家、民族不尊重不热爱的人，不可能有心怀"以民族复兴为己任"的责任感，更不可能懂得担当和奉献，为党和国家事业而不懈奋斗。

不爱国言论的背后，体现出当前在一些大学生心中仍存在着的错误观念：有的被虚假的"自由"蒙蔽双眼，把爱国归结到"爱"这一个体情感的自由选择上；有的则振振有词，认为自己没有赚大钱、享清福，占到什么特别的好处，所以没必要爱国；更有甚者，将爱国与爱党、爱人民对立起来……舆论斗争形势复杂严峻，身处和平年代的我们，如果不擦亮眼睛，就很容易被这些用糖衣包裹着的毒药毒害，出现"洁洁良"那样的错误言行。试想一下，如果青年人丧失了爱国这一人生底色，以后国家救灾一线谁上、建设一线谁上、战争一线又有谁上？因此，培育新时代青年的爱国主义情怀，仍任重道远。

时代在变，年轻的面孔也在变，但爱国和追求进步的目标永远不变，红色基因的底色永远不变，始终奋进在时代前列的精神永远不变。岁月因青春慨然以赴而更加静好，世间因少年挺身向前而更加瑰丽。正是因为许多人能够让爱国成为自己最朴素的情感认同，才会有一群"貌似傻傻的人"做着"看似天真的事"，成就了国家民族的"一飞冲天"，成为你我每一个人的骄傲谈资。作为当代青年学子，我们要培养自身的道德情操，发扬爱国主义精神，坚定理想信念，始终心怀责任感、使命感，不断为民族复兴、国家昌盛而奋斗；要刻苦学习，力争上游，顺应时代的发展，不断开拓创新，为祖国各个领域的建设添砖加瓦；当身边存在不爱国言论时，更需要我们挺身而出、敢于批评和斗争。同时，从社会各主体责任来看，学校应加强爱国教育、公民教育和法治教育，提升青年道德素质和人格修养，培育有素质、有才德的新时代青年；家庭应发挥春风化雨、潜移默化的作用，在孩子逐渐成长、成人、成才这一社会化进程中扮演好引路人、指路灯的作用，引导孩子真正认同、热爱祖国；相关监管部门也应加大网络舆情监测、提高治理水平，在互联网飞速发展的时代，面对网络上的不爱国言论及时发现并做出处理。只有集社会之力助力青年爱国精神的培养和责任意识的塑造，消除不爱国言论的消极影响，才能培养出能堪大任的新时代青年，营造时代新风。

正如中央电视台在新闻中评论的那样，教育要严把政治观，不能够培养"识字的文盲"。希望像"洁洁良"这样持不爱国言论的青年越来越少，让我们都努力成为发自内心地爱国家、爱人民的新时代新青年！

（撰写：高尚）

【附：实践参考资料】

1. "洁洁良"事件

2018 年 4 月 19—20 日，厦门大学环境与生态学院在读研究生田某良以"@洁洁良"的网名在新浪微博上发表错误言论，产生了十分恶劣的社会影响。

事件起源于在某活动现场，观众被批评在离开后留下大量垃圾，"洁洁良"在微博发表了侮辱国人的言论。面对网友的提醒，"洁洁良"却变本加厉，并表示拒绝删帖，而且对私信好言劝告的网友恶语相向。

2018 年 4 月 23 日，厦门大学环境与生态学院发布《关于对田某良同学处理情况的通报》，给予田某良同学留党察看、留校察看的处分。该生的其他问题，待进一步调查核实后依纪依规严肃处理。

2018 年 9 月 1 日，厦门大学召开全校中层正职干部会议，通报了"田某良事件"后续调查处置情况。2018 年 4 月，"田某良事件"发生后，学校坚持教育转化和严肃处理并行，依法依规，分段处置。2018 年 4 月 23 日，就田某良发表错误言论行为，学校有关单位依据党纪校规给予其留党察看一年、留校察看一年的处分。在辽宁师范大学认定田某良本科学习期间发表论文存在学术不端行为后，学校启动进一步的党纪、学籍处理。鉴于田某良在留党察看期间又被发现有学术不端行为，2018 年 8 月 15 日，环境与生态学院党委依纪给予田某良开除党籍处分。同时，学院提出终止田某良博士培养、给予退学处理的意见，学校研究同意田某良退学。田某良已经办理了退学离校手续。

2. 湖南某大学新生辱国事件

2018 年 9 月，湖南某大学 2018 级土木工程专业大一新生王某，以"贵州省省草王英俊"的网名，在网上发布"爱国是不可能爱国的，老子一辈子不可能爱国"等错误言论，遭网友举报；同时其多次在宿舍发表辱国言论，并对同室同学爱国言论冷嘲热讽。

9 月 22 日，该校在官网首页"通知公告"栏目发布了"贵州省省草王英俊发布辱国言论"事件的处理消息：鉴于王某散布辱国等极其错误言论，影响极坏，根据《国家招生考试规定》等文件规定，经学校校长办公会研究，决定取消王某入学资格。

二、校内实践

(一)校内实践目标

人民是历史的创造者，是真正的英雄。中国人民的特质、禀赋不仅铸就了绵延几千年发展至今的中华文明，而且深刻影响着当代中国发展进步和中国人的精神世界。中国人民在长期奋斗中培育、继承、发展起来的伟大民族精神，为中国发展和人类文明进步提供了强大精神动力。本实践教学环节通过组织学生收集中国精神和中国共产党人精神谱系相关素材进行研究性学习，并在此基础上进行集中宣讲，引导学生进一步弘扬以爱国主义为核心的伟大民族精神和改革创新为核心的伟大时代精神，做中国共产党精神谱系的崇尚者、弘扬者和践行者，进而凝聚起为实现民族复兴矢志奋斗的青春力量。

(二)校内实践设计

1. 实践任务安排

本实践教学环节以集中宣讲的形式进行。根据课程进度和教学安排，教师牵头组织学生以小组为单位收集中国精神和中国共产党人精神谱系的相关内容，并就形成背景、具体内涵、时代价值等问题开展研究性学习，形成研究成果后面向学生开展集中宣讲。

2. 实践任务设计

(1)实践任务布置
在任务布置环节，教师可先向学生总体介绍中国共产党人精神谱系的相关内容,并选择典型精神,围绕背景故事、人物生平等进行简要介绍和解读,提出若干思考题,激发学生的探究兴趣。考虑到绝大多数内容属于历史范畴,与学生生活有一定距离,因此除课堂讲解外,教师可给学生推荐相关视频、图片等辅助资料,便于学生直观感受和理解。根据课程进度和教学安排,可将学生划分为若干学习研究小组,根据各小组的研究意愿和实际情况选定若干实践主题,组织引导学生围绕确定的实践主题开展实践活动,形成实践成果。

(2)实践过程跟进

教师根据课程进度、教学安排和学生课业任务情况,及时督促学生进行相应的实践活动,并在学生实践活动期间,密切观察学生参与实践活动的情况,对在实践活动中表现优异且积极主动的学生予以记录,对消极对待实践活动、应付了事的学生要及时督促、限期整改。在研究阶段,教师要积极引导学生围绕实践主题,广泛收集资料,注意挖掘精神背后的故事和人物,增强宣讲的丰富性和广泛性。在备课阶段,教师要提示学生相关注意事项,包括如何制作PPT、精简宣讲内容、突出宣讲主题、注重联系实际等。如本地区有与所研究的精神相关的场所、资源,可利用课下时间安排学生实地考察学习,访谈有关人员,收集相关资料,深化认识。

(3)实践成果验收

本实践环节的实践成果包括学生制作的PPT和最终宣讲2个部分。为体现校内实践的特点,宣讲应现场进行,宣讲人数可以为1人或多人,鼓励学生合作进行。成果的检验需结合学生宣讲主题、内容、形式和各小组成员分工协作情况,以及教师日常观察指导学生实践活动的情况,按照实践评价标准相应赋分。可采取教师和各组学生代表共同打分的方式进行。对参与实践活动积极主动、宣讲主题内容丰富充实、宣讲形式独具特色的小组应予以额外赋分,但加分幅度不宜过大,具体幅度由任课教师根据实际教学情况综合判定。小组其他成员采取相同赋分。

(4)实践成果展示

可专门安排一次课进行成果展示,展示全程由课代表主持,提前安排好展示顺序和PPT播放等工作,各组顺次进行,教师和学生评委打分,打分结果现场公布，并设置一、二、三等奖等奖项，以此激发学生的积极性。在学生进行宣讲时，录制学生宣讲全过程，并在征得学生同意的前提下，将学生宣讲视频、宣讲文稿、宣讲照片等材料发布在课程公众号上。对于表现优秀的学生宣讲小组，可在学年范围内组成宣讲团，对校内师生进行集中宣讲。

(三)校内实践评价标准

本实践环节的考核评价可以围绕学生对中国精神、中国共产党人精神谱系的研究深度和对弘扬相关精神意义的理解程度，以及宣讲内容、宣讲形式、宣讲效果、实践态度等方面进行综合考评。

1. 优秀(90分及以上)

对中国精神的认知程度和弘扬该精神对当代中国和新时代青年的重大意义理解十分深刻，对待实践活动的态度积极，宣讲感情饱满、主题鲜明、内容丰富，具有很强的感染力、吸引力。

2. 良好(76~89分)

对中国精神的认知程度和弘扬该精神对当代中国和新时代青年的重大意义的理解程度较为深刻，对待实践活动的态度比较积极，宣讲感情比较饱满、主题比较鲜明、内容比较详实具体，具有一定的感染力、吸引力。

3. 合格(60~75分)

能够完整地对相关精神进行宣讲，内容准确、表述清晰，基本符合要求，但主题不够突出、理解不深刻、阐释不大充分或不能联系实际，缺少情感，感染力、吸引力欠佳。

4. 不合格(60分以下)

宣讲内容偏离主题、表述不准确、对宣讲的精神做出错误评价、宣讲态度消极或存在其他不符合实践要求的情形。

（四）校内实践注意事项

1. 任课教师要全程指导

以宣讲作为学生校内实践成果的展示形式，对学生来说是一个新鲜事物。一方面，不少学生缺乏宣讲特别是面向大量听众宣讲的经验，可能还有畏难情绪；另一方面，学生对实践主题认识程度不一，面对大量的资料可能会手足无措、不明就里，导致宣讲变成照本宣科，无法在限定时间内抓住宣讲要点，使得宣讲效果不佳。因此，教师需要多加鼓励，及时指导，打消学生的顾虑，帮助学生提升宣讲效果。

2. 宣讲内容要全面、深刻

对于一种精神的宣讲，可以有很多角度，但是基本内容必须全面，至少应该包括：该精神产生的背景、基本内涵、主要表现、时代价值、践行要求等。资料来源要权威，不能道听途说，不加辨别。特别要注意的是，对于这些在漫长历史长河中产生的宝贵精神，能否剖析其在今天所具备的价值并在此基础上提出新时代大学生践行的要求，是宣讲深刻性的重要体现。教师应引导学生针对此问题进行深入思考和讨论，这是促进学以致用、知行合一，防止宣讲陷入泛泛而谈的关键所在。

3. 宣讲形式要鼓励创新

宣讲是宏观概念而非具体形式，本宣讲的具体形式无须作过多限制。考虑到本宣讲涉及许多场景性、故事性内容，应鼓励学生大胆突破传统讲台授课的方式，通过表演、视频、朗诵、舞蹈等方式表达宣讲主题，以形式的创新增强宣讲的感染力、感召力。

4. 考核评分要公平公正

本次实践形式为小组实践，授课教师在确定实践形式时，要充分考虑学生的时间和学业安排，充分听取学生的意见建议。如安排学生参与打分，要明确教师和学生的打分比例，打分时注意引导学生公正打分、科学打分、合理打分。

5. 宣讲成果可适当拓展

为扩大成果应用，教师可从每个教学班级推荐 1~2 个优秀宣讲小组，在学年或者全校范围内组成中国精神宣讲团，面向团支部展开宣讲。宣讲可作为一次团支部政治理论学习或主题团课(团日)活动。

6. 政治立场必须正确坚定

宣讲要严格遵照党中央有关决定和文件精神，进行正确的解读和分析，杜绝任何错误倾向。对于网络上存在的个别错误认识，要旗帜鲜明表达观点，如学生在宣讲过程中没有辨析清楚或者出现错误思想倾向，必须立刻明确指出、坚决予以纠正。

(五)校内实践成果展示

致敬从未被苦难征服的我们
——关于"抗疫精神"的宣讲

人无精神则不立，国无精神则不强。2020 年 9 月 8 日上午，在全国抗击新冠肺炎疫情表彰大会上，习近平总书记发表了重要讲话，对抗疫斗争中做出重大贡献的全体人员表示了崇高敬意，对伟大的抗疫精神进行深情礼赞。按照"思想道德与法治"课程的安排，今天，我们小组就为大家宣讲"抗疫精神"。

一、生命至上

人民至上、以人民为中心，是中国共产党的使命担当。新冠肺炎疫情发生后，我们党始终把人民群众生命安全和身体健康放在第一位，充分体现了执政为民的理念、心系人民的情怀和胸怀天下的担当，也充分体现了仁政爱民的思想情怀。正如习近平总书记讲的那样："为了保护人民生命安全，我们什么都可以豁得出来！"从出生仅30多个小时的婴儿到100多岁的老人，从在华外国留学生到来华外国人员，每一个生命都得到全力护佑，人的生

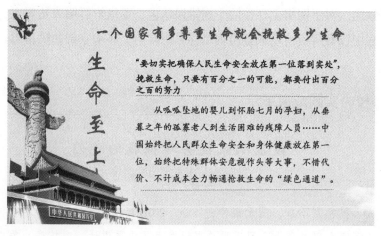

命、人的价值、人的尊严得到悉心呵护。奋战在一线的广大医务人员、解放军指战员、党员干部、志愿者、社区工作者把对党负责和对人民负责高度统一起来，紧紧依靠人民，积极发动和组织人民，充分发挥广大人民群众积极性、主动性、创造性，不断增强人民群众的获得感、幸福感、安全感，体现出一个人民政党的鲜明本色，也彰显着共产党人始终不渝的初心和使命。

二、举国同心

疫情袭来以后，长城内外、大江南北，全国人民心往一处想、劲往一处使，把个人冷暖、集体荣辱、国家安危融为一体，"天使白""橄榄绿""守护蓝""志愿红"迅速集结，"我是党员我先上""疫情不退我不退"，誓言铿锵，丹心闪耀。14亿中国人民同呼吸、共命运，肩并肩、心连心。举国同心的背后，是集中力量办大事的制度优势；团结一致的内核，是我国国家制度和国家治理体系的优越性。这是一次由先锋引领的冲锋，这是一场人人都是参与者的人民战争。全国人民心往一处想、劲往一处使，把个人冷暖、集体荣辱、国家安危融为一体，绘就了团结就是力量的时代画卷。1499名"全国抗击新冠肺炎疫情先进个人"当中，有义无反顾的医务工作者，有闻令而动的人民解放军指战员，有忠诚履职的公安民警，有不辞辛劳的科研人员……他们的感人事迹可歌可泣。在他们身后，亿万中华儿女肩并肩、心连心，筑起了阻挡病毒的钢铁长城。

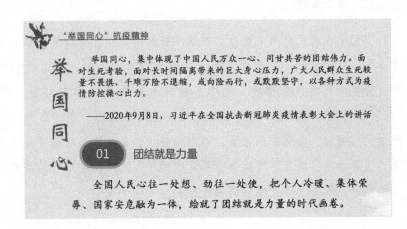

"举国同心"抗疫精神

举国同心，集中体现了中国人民万众一心、同甘共苦的团结伟力。面对生死考验，面对长时间隔离带来的巨大身心压力，广大人民群众生死较量不畏惧、千难万险不退缩，或向险而行，或默默坚守，以各种方式为疫情防控操心出力。

——2020年9月8日，习近平在全国抗击新冠肺炎疫情表彰大会上的讲话

01 团结就是力量

全国人民心往一处想、劲往一处使，把个人冷暖、集体荣辱、国家安危融为一体，绘就了团结就是力量的时代画卷。

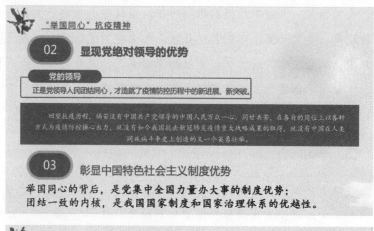

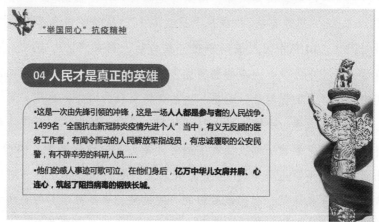

三、舍生忘死

　　我们党在内忧外患中诞生，在危难挫折中成长，在攻坚克难中壮大。敢于斗争、敢于胜利，是中国共产党人鲜明的政治品格，也是我们的政治优势。舍生忘死的斗争精神，是中华民族生存发展的内在力量，当"生"和"义"成为选择，无数仁人志士于危难关头挺身而出，舍生取义。疫情防控阻击战打响后，在党的领导下，各个行业、各条战线上的抗疫斗士们逆流而上，视死如归，用自己的生命守护着祖国和人民，以实际行动展现了中华儿女的担当，取得了举世瞩目的伟大胜利！

四、尊重科学

面对前所未知的新型传染性疾病，我们秉持科学精神、科学态度，把遵循科学规律贯穿到决策指挥、病患治疗、技术攻关、社会治理各方面全过程。习近平总书记讲："战胜疫情离不开科技支撑，要综合多学科力量加快科研攻关，在坚持科学性、确保安全性的基础上加快研发进度，力争早日取得突破，尽快拿出切实管用的研究成果。"正是因为在抗疫斗争中秉持科学精神、科学态度，遵循科学规律，我国才第一时间遏制了疫情的蔓延势头，有效保障了人民群众生命健康安全。

尊重科学

尊重科学，集中体现了中国人民求真务实、开拓创新的实践品格。中国人民秉持科学精神、科学态度，把遵循科学规律贯穿到决策指挥、病患治疗、技术攻关、社会治理各方面全过程。
——2020年9月8日，习近平在全国抗击新冠肺炎疫情表彰大会上的讲话

一、盘活中医宝贵资源，利用中西医结合救治

- 在中医分析病因、病机的基础上，源自《伤寒杂病论》古方的"清肺排毒汤"等经典方剂被广泛用于临床一线救治。

- 广州市第八人民医院在临床使用中率先推出了应对此次疫情的"肺炎1号方"。截至目前，"清肺排毒汤"在全国十个省份使用患者中的总有效率达到93.12%;湖北地区中医药参与救治确诊病例57000多例，其中治愈出院2万多例。

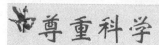

尊重科学

二、社会治理

大数据追踪溯源和健康码识别，分区分级差异化防控
- 利用手机信息定位搜集密切接触者信息
- 开创健康码识别
- 根据本地疫情调整公共事件响应等级

三、中美两国对待科学家的态度
- 美国抗疫队长福奇受到死亡威胁
- 钟南山院士被授予国家最高荣誉——共和国勋章

尊重科学

面对前所未知的新型传染性疾病，中国在抗疫斗争中秉持科学精神、科学态度，遵循科学规律，第一时间遏制了疫情的蔓延势头，有效保障了人民群众生命健康安全。

五、命运与共

抗疫斗争伟大实践再次证明，构建人类命运共同体所具有的广泛感召力，是应对人类共同挑战、建设更加繁荣美好世界的人间正道。历史和现实都告诉我们，只要国际社会秉持人类命运共同体理念，坚持多边主义，走团结合作之路，世界各国人民就一定能够携手应对各种全球性问题，共建美好家园。命运与共，集中体现了中国人民和衷共济、爱好和平的道义担当。面对新冠肺炎疫情，尽管仍有个别国家、个别人顽固坚持自私自利的思维和言行，但绝大多数国家、国际组织、跨国公司、非政府组织甚至个人都团结起来共克时艰，多边主义正在赢得越来越多的认同。团结合作、同舟共济最终将成为国际社会的主流选择。疫情再次向人们表明，人类是休戚与共的命运共同体，构建人类命运共同体必将成为全球治理的世界共识。

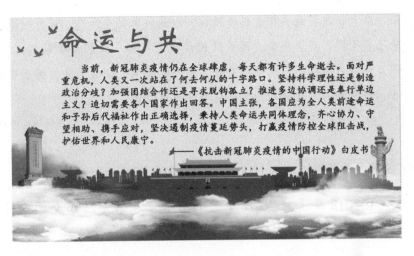

命运与共

当前，新冠肺炎疫情仍在全球肆虐，每天都有许多生命逝去。面对严重危机，人类又一次站在了何去何从的十字路口。坚持科学理性还是制造政治分歧？加强团结合作还是寻求脱钩孤立？推进多边协调还是奉行单边主义？迫切需要各个国家作出回答。中国主张，各国应为全人类前途命运和子孙后代福祉作出正确选择，秉持人类命运共同体理念，齐心协力、守望相助、携手应对，坚决遏制疫情蔓延势头，打赢疫情防控全球阻击战，护佑世界和人民康宁。

——《抗击新冠肺炎疫情的中国行动》白皮书

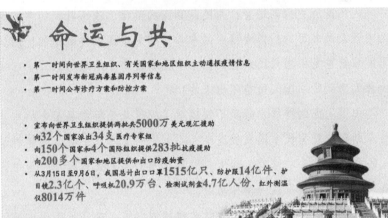

命运与共

- 第一时间向世界卫生组织、有关国家和地区组织主动通报疫情信息
- 第一时间发布新冠病毒基因序列等信息
- 第一时间公布诊疗方案和防控方案

- 宣布向世界卫生组织提供两批共5000万美元现汇援助
- 向32个国家派出34支医疗专家组
- 向150个国家和4个国际组织提供283批抗疫援助
- 向200多个国家和地区提供和出口防疫物资
- 从3月15日至9月6日，我国总计出口口罩1515亿只、防护服14亿件、护目镜2.3亿个、呼吸机20.9万台、检测试剂盒4.7亿人份、红外测温仪8014万件

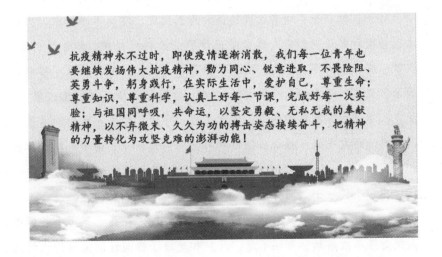

抗疫精神永不过时，即使疫情逐渐消散，我们每一位青年也要继续发扬伟大抗疫精神，勠力同心、锐意进取，不畏险阻、英勇斗争，躬身践行，在实际生活中，爱护自己，尊重生命；尊重知识，尊重科学，认真上好每一节课，完成好每一次实验；与祖国同呼吸，共命运，以坚定勇毅、无私无我的奉献精神，以不弃微末、久久为功的搏击姿态接续奋斗，把精神的力量转化为攻坚克难的澎湃动能！

今天，我们致敬伟大抗疫精神，就是致敬勠力同心、锐意进取，就是致敬不畏险阻、英勇斗争。而最好的致敬，莫如从我们青年做起，躬身践行，用点滴努力为抗击疫情做出贡献，以不弃微末、久久为功的搏击姿态接续奋斗，把精神的力量转化为攻坚克难的澎湃动能！

（撰写：林洪乐）

【附：实践参考资料】

1. 2018 年 3 月 20 日习近平总书记在第十三届全国人民代表大会第一次会议上的讲话（节选）

人民是历史的创造者，人民是真正的英雄。波澜壮阔的中华民族发展史是中国人民书写的！博大精深的中华文明是中国人民创造的！历久弥新的中华民族精神是中国人民培育的！中华民族迎来了从站起来、富起来到强起来的伟大飞跃是中国人民奋斗出来的！

中国人民的特质、禀赋不仅铸就了绵延几千年发展至今的中华文明，而且深刻影响着当代中国发展进步，深刻影响着当代中国人的精神世界。中国人民在长期奋斗中培育、继承、发展起来的伟大民族精神，为中国发展和人类文明进步提供了强大精神动力。

——中国人民是具有伟大创造精神的人民。在几千年历史长河中，中国人民始终辛勤劳作、发明创造，我国产生了老子、孔子、庄子、孟子、墨子、孙子、韩非子等闻名于世的伟大思想巨匠，发明了造纸术、火药、印刷术、指南针等深刻影响人类文明进程的伟大科技成果，创作了诗经、楚辞、汉赋、唐诗、宋词、元曲、明清小说等伟大文艺作品，传承了格萨尔王、玛纳斯、江格尔等震撼人心的伟大史诗，建设了万里长城、都江堰、大运河、故宫、布达拉宫等气势恢弘的伟大工程。今天，中国人民的创造精神正在前所未有地迸发出来，推动我国日新月异向前发展，大踏步走在世界前列。我相信，只要 13 亿多中国人民始终发扬这种伟大创造精神，我们就一定能够创造出一个又一个人间奇迹！

——中国人民是具有伟大奋斗精神的人民。在几千年历史长河中，中国人民始终革故鼎新、自强不息，开发和建设了祖国辽阔秀丽的大好河山，开拓了波涛万顷的辽阔海疆，开垦了物产丰富的广袤粮田，治理了桀骜不驯的千百条大江大河，战胜了数不清的自然灾害，建设了星罗棋布的城镇乡村，发展了门类齐全的产业，过上了多姿多彩的生活。中国人民自古就明白，世界上没有坐享其成的好事，要幸福就要奋斗。今天，中国人民拥有的一切，凝聚着中国人的聪明才智，浸透着中国人的辛勤汗水，蕴涵着中国人的巨大牺牲。我相信，只要13亿多中国人民始终发扬这种伟大奋斗精神，我们就一定能够达到创造美好生活的宏伟目标！

　　——中国人民是具有伟大团结精神的人民。在几千年历史长河中，中国人民始终团结一心、同舟共济，建立了统一的多民族国家，发展了56个民族多元一体、交织交融的融洽民族关系，形成了守望相助的中华民族大家庭。特别是近代以后，在外来侵略寇急祸重的严峻形势下，我国各族人民手挽着手、肩并着肩，英勇奋斗，浴血奋战，打败了一切穷凶极恶的侵略者，捍卫了民族独立和自由，共同书写了中华民族保卫祖国、抵御外侮的壮丽史诗。今天，中国取得的令世人瞩目的发展成就，更是全国各族人民同心同德、同心同向努力的结果。中国人民从亲身经历中深刻认识到，团结就是力量，团结才能前进，一个四分五裂的国家不可能发展进步。我相信，只要13亿多中国人民始终发扬这种伟大团结精神，我们就一定能够形成勇往直前、无坚不摧的强大力量！

　　——中国人民是具有伟大梦想精神的人民。在几千年历史长河中，中国人民始终心怀梦想、不懈追求，我们不仅形成了小康生活的理念，而且秉持天下为公的情怀，盘古开天、女娲补天、伏羲画卦、神农尝草、夸父追日、精卫填海、愚公移山等我国古代神话深刻反映了中国人民勇于追求和实现梦想的执着精神。中国人民相信，山再高，往上攀，总能登顶；路再长，走下去，定能到达。近代以来，实现中华民族伟大复兴成为中华民族最伟大的梦想，中国人民百折不挠、坚忍不拔，以同敌人血战到底的气概、在自力更生的基础上光复旧物的决心、自立于世界民族之林的能力，为实现这个伟大梦想进行了170多年的持续奋斗。今天，中国人民比历史上任何时期都更接近、更有信心和能力实现中华民族伟大复兴。我相信，只要13亿多中国人民始终发扬这种伟大梦想精神，我们就一定能够实现中华民族伟大复兴！

同志们！有这样伟大的人民，有这样伟大的民族，有这样的伟大民族精神，是我们的骄傲，是我们坚定中国特色社会主义道路自信、理论自信、制度自信、文化自信的底气，也是我们风雨无阻、高歌行进的根本力量！

我国是工人阶级领导的、以工农联盟为基础的人民民主专政的社会主义国家，国家一切权力属于人民。我们必须始终坚持人民立场，坚持人民主体地位，虚心向人民学习，倾听人民呼声，汲取人民智慧，把人民拥护不拥护、赞成不赞成、高兴不高兴、答应不答应作为衡量一切工作得失的根本标准，着力解决好人民最关心最直接最现实的利益问题，让全体中国人民和中华儿女在实现中华民族伟大复兴的历史进程中共享幸福和荣光！

2.《人民日报》2018 年 3 月 23 日评论员文章《伟大民族精神是我们前进的根本力量——二论习近平十三届全国人大一次会议重要讲话》

伟大民族精神是我们前进的根本力量

—— 二论习近平十三届全国人大一次会议重要讲话

一个国家的繁荣，离不开人民的奋斗；一个民族的强盛，离不开精神的支撑。

"中国人民在长期奋斗中培育、继承、发展起来的伟大民族精神，为中国发展和人类文明进步提供了强大精神动力。"习近平总书记在十三届全国人大一次会议上的重要讲话，深情赞颂中华民族，热情讴歌中国人民，深刻阐释了中华民族的伟大民族精神。伟大创造精神、伟大奋斗精神、伟大团结精神、伟大梦想精神，描绘出亿万人民构建共同精神家园的美好图景，宣示了中华儿女创造新时代光辉业绩的壮志豪情。

人民是历史的创造者，是伟大民族精神的孕育者。千百年来中华儿女胼手胝足的劳动，一代又一代人薪火相传的守护，创造了人类历史上唯一从未中断的文明。伟大民族精神，蕴藏于诸子百家、诗词曲赋，闪耀于大好河山、广袤粮田，凝结于交织交融、同心同德的 56 个民族，体现于追求和实现梦想的执着前行。伟大的中国人民以创造、以奋斗、以团结、以梦想，收获了光辉灿烂的文明成果，书写了彪炳史册的文明奇迹。历久弥新的伟大民族精神，是我们的骄傲，是我们自信的底气，是我们风雨无阻、高歌行进的根本力量。

时代是精神的试金石。革命年代，中国人民不屈不挠、团结一心，挽狂澜于既倒、扶大厦之将倾，写下保家卫国、抵御外辱的壮丽史诗；改革开放以来，中国人民勤劳努力、不懈奋斗，短短40年走过西方国家几百年的发展之路，阔步迈向世界舞台的中央；党的十八大以来，中国人民怀揣梦想、勇攀高峰，以历史性成就和变革，让中国特色社会主义进入新时代，迎来了中华民族从站起来、富起来到强起来的伟大飞跃。"为有牺牲多壮志，敢教日月换新天。"中国历史的每一步向前，无不源于伟大民族精神的推动；中华民族的每一个成就，无不源于伟大民族精神的书写。

放眼未来，伟大复兴的光明前景需要伟大民族精神的支撑。进入新时代，开启新征程，中国这个古老而又现代的东方大国朝气蓬勃、气象万千，中国特色社会主义道路、理论、制度、文化焕发出强大生机活力，奇迹正在中华大地上不断涌现。前进道路上我们面临的挑战还很多，需要付出更为艰巨的努力。我们尤需以创造让更多人间奇迹涌现，尤需以奋斗实现人民更加美好的生活，尤需以团结凝聚勇往直前、无坚不摧的强大力量，尤需以梦想催动迈向民族复兴的步伐。为者常成，行者常至，只要我们始终发扬伟大民族精神，只要我们始终有人民支持和参与，就没有攻克不了的难关，就没有克服不了的困难，就没有成就不了的伟业。

新时代东风浩荡，中国梦曙光在前，勤劳勇敢的中国人民更加自信自尊自强，紧密团结在以习近平同志为核心的党中央周围，将伟大的民族精神弘扬起来，中国的活力和智慧不可穷尽，中国的前程和未来不可限量，承载着中国人民伟大梦想的中华巨轮，必将劈波斩浪驶向充满希望的明天。

3. 中国共产党人的精神谱系（第一批）

习近平总书记强调，一百年来，中国共产党弘扬伟大建党精神，在长期奋斗中构建起中国共产党人的精神谱系，锤炼出鲜明的政治品格。2021年国庆节前夕，第一批纳入中国共产党人精神谱系的伟大精神正式对外发布，具体是：

【建党精神】坚持真理、坚守理想，践行初心、担当使命，不怕牺牲、英勇斗争，对党忠诚、不负人民。

【井冈山精神】胸怀理想、坚定信念；实事求是、勇闯新路；艰苦奋斗、敢于胜利；依靠群众，无私奉献。

【苏区精神】坚定信念、求真务实、一心为民、清正廉洁、艰苦奋斗、争创一流、无私奉献。

【长征精神】把全国人民和中华民族的根本利益看得高于一切，坚定革命的理想和信念，坚信正义事业必然胜利的精神；就是为了救国救民，不怕任何艰难险阻，不惜付出一切牺牲的精神；就是坚持独立自主、实事求是，一切从实际出发的精神；就是顾全大局、严守纪律、紧密团结的精神；就是紧紧依靠人民群众，同人民群众生死相依、患难与共、艰苦奋斗的精神。

【遵义会议精神】坚定信念、实事求是、独立自主、敢闯新路、民主团结。

【延安精神】自力更生、艰苦奋斗的创业精神；全心全意为人民服务的精神；理论联系实际、不断开拓创新的精神；解放思想、实事求是的思想路线。

【抗战精神】天下兴亡、匹夫有责的爱国情怀；视死如归、宁死不屈的民族气节；不畏强暴、血战到底的英雄气概；百折不挠、坚忍不拔的必胜信念。

【红岩精神】坚如磐石的理想信念、和衷共济的爱国情怀、艰苦卓绝的凛然斗志、百折不挠的浩然正气。

【西柏坡精神】敢于斗争、敢于胜利的开拓进取精神；依靠群众、团结统一的民主精神；戒骄戒躁的谦虚谨慎、艰苦奋斗的创业精神。

【照金精神】不怕牺牲、顽强拼搏的英雄气概；独立自主、开拓进取的创新勇气；从实际出发、密切联系群众的工作作风。

【东北抗联精神】忠贞报国、勇赴国难的爱国主义精神；勇敢顽强、前仆后继的英勇战斗精神；坚贞不屈、勇于献身的不畏牺牲精神；不畏艰苦、百折不挠的艰苦奋斗精神；休戚与共、团结御侮的国际主义精神。

【南泥湾精神】自力更生、艰苦奋斗。

【太行精神】不怕牺牲、不畏艰险；百折不挠、艰苦奋斗；万众一心、敢于胜利；英勇奋斗、无私奉献。

【吕梁精神】艰苦奋斗、顾全大局、自强不息、勇于创新。

【大别山精神】坚守信念、胸怀全局、团结一心、勇当前锋。

【沂蒙精神】水乳交融、生死与共。

【老区精神】爱党信党、坚定不移的理想信念；舍生忘死、无私奉献的博大胸怀；不屈不挠、敢于胜利的英雄气概；自强不息、艰苦奋斗的顽强斗志；求真务实、开拓创新的科学态度；鱼水情深、生死相依的光荣传统。

【张思德精神】为人民利益勇于牺牲的精神，用行动履行"为了人民，为了革命，要敢于献出自己的一切"的承诺，用生命实践"不怕困难，不怕牺牲"的入党誓言；为人民利益任劳任怨的精神，服从革命的需要，个人利益服从党和人民根本利益；为人民利益艰苦奋斗的精神，为民谋利，不能与民争利，吃苦耐劳，不能贪图享乐。

【抗美援朝精神】祖国和人民利益高于一切、为了祖国和民族的尊严而奋不顾身的爱国主义精神，英勇顽强、舍生忘死的革命英雄主义精神，不畏艰难困苦、始终保持高昂士气的革命乐观主义精神，为完成祖国和人民赋予的使命、慷慨奉献自己一切的革命忠诚精神，以及为了人类和平与正义事业而奋斗的国际主义精神。

【"两弹一星"精神】热爱祖国、无私奉献，自力更生、艰苦奋斗，大力协同、勇于登攀。

【雷锋精神】热爱党、热爱祖国、热爱社会主义的崇高理想和坚定信念；服务人民、助人为乐的奉献精神；干一行爱一行、专一行精一行的敬业精神；锐意进取、自强不息的创新精神；艰苦奋斗、勤俭节约的创业精神。

【焦裕禄精神】亲民爱民、艰苦奋斗、科学求实、迎难而上、无私奉献。

【大庆精神(铁人精神)】为国争光、为民族争气的爱国主义精神；独立自主、自力更生的艰苦创业精神；讲究科学、"三老四严"的求实精神；胸怀全局、为国分忧的奉献精神。

【红旗渠精神】自力更生、艰苦创业、团结协作、无私奉献。

【北大荒精神】艰苦奋斗、勇于开拓、顾全大局、无私奉献。

【塞罕坝精神】牢记使命、艰苦创业、绿色发展。

【"两路"精神】一不怕苦、二不怕死，顽强拼搏、敢当路石，军民一家、民族团结。

【老西藏精神】特别能吃苦、特别能战斗、特别能忍耐、特别能团结、特别能奉献。

【孔繁森精神】热爱人民、鞠躬尽瘁。

【西迁精神】胸怀大局、无私奉献、弘扬传统、艰苦创业。

【王杰精神】"一不怕苦，二不怕死"的"两不怕"精神。

【改革开放精神】革故鼎新的超越精神、披荆斩棘的革命精神、敢为人先的创新精神、只争朝夕的追赶精神、敢闯敢试的攻坚精神、脚踏实地的务实精神、直面难题的担当精神。

【特区精神】敢闯敢试、敢为人先，开放包容、海纳百川，追求卓越、崇尚成功、宽容失败、注重创新，埋头苦干、务实高效、崇尚法治。

【抗洪精神】万众一心、众志成城，不怕困难、顽强拼搏，坚忍不拔、勇于胜利。

【抗击"非典"精神】万众一心、众志成城，团结互助、和衷共济，迎难而上、敢于胜利。

【抗震救灾精神】万众一心、众志成城，不畏艰险、百折不挠，以人为本、尊重科学。

【载人航天精神】特别能吃苦、特别能战斗、特别能攻关、特别能奉献。

【劳模精神(劳动精神、工匠精神)】爱岗敬业、争创一流、艰苦奋斗、勇于创新、淡泊名利、甘于奉献的劳模精神；崇尚劳动、热爱劳动、辛勤劳动、诚实劳动的劳动精神；执着专注、精益求精、一丝不苟、追求卓越的工匠精神。

【青藏铁路精神】挑战极限、勇创一流。

【女排精神】祖国至上、团结协作、顽强拼搏、永不言败。

【脱贫攻坚精神】上下同心、尽锐出战、精准务实、开拓创新、攻坚克难、不负人民。

【抗疫精神】生命至上、举国同心、舍生忘死、尊重科学、命运与共。

【"三牛"精神】为民服务孺子牛、创新发展拓荒牛、艰苦奋斗老黄牛。

【科学家精神】胸怀祖国、服务人民的爱国精神，勇攀高峰、敢为人先的创新精神，追求真理、严谨治学的求实精神，淡泊名利、潜心研究的奉献精神，集智攻关、团结协作的协同精神，甘为人梯、奖掖后学的育人精神。

【企业家精神】爱国、创新、诚信、社会责任和国际视野。

【探月精神】追逐梦想、勇于探索、协同攻坚、合作共赢。

【新时代北斗精神】自主创新、开放融合、万众一心、追求卓越。

【丝路精神】和平合作、开放包容、互学互鉴、互利共赢。

这些精神，集中彰显了中华民族和中国人民长期以来形成的伟大创造精神、伟大奋斗精神、伟大团结精神、伟大梦想精神，彰显了一代又一代中国共产党人"为有牺牲多壮志，敢教日月换新天"的奋斗精神。

三、社 会 实 践

(一)社会实践目标

国家精神，既包括民族国家在长期历史发展中所凝结而成的民族精神，也包括民族国家基于不同时代境遇和发展状况所形成的时代精神。前者是绵延不绝的文化血脉，后者是发展创新的时代反映，二者相互联系、相互作用，共同构成了国家精神的核心内容。中华民族在五千多年的历史发展中，形成了具有中国风格、中国气派的中国精神，体现为以爱国主义为核心的民族精神和以改革创新为核心的时代精神的有机统一。本节设置的社会实践方式是拍摄主题为"中国精神"的视频，鼓励学生以短视频、微电影等多样化的表现形式阐述自己对中国精神的理解，教育引导学生传承、发扬民族精神和时代精神。

(二)社会实践设计

1. 实践任务安排

本环节安排的实践方式是拍摄视频。通过拍摄视频,引导学生深化对爱国主义和改革创新精神内涵的认识,并从青年视角对中国精神进行适当的解读,培育学生继承、弘扬中国精神的意识,深化对课本知识的理解和认同。同时,在拍摄视频过程中也可锻炼学生团队合作意识、创新思维、社会实践能力和新媒体拍摄、剪辑技术,提升综合素质。

2. 实践步骤设计

(1)实践任务布置

在布置实践任务时,需要重点把握以下三点:一是建议学生提前预习有关中国精神的课堂知识,学习相关拍摄、剪辑技术。教师可邀请专业人员为学生开设摄像、摄影、剪辑技术指导讲座,或为学生提供有关学习资料,特别是网络微视频等学生喜闻乐见的素材。二是给学生讲清楚实践要求,视频内容需要与中国精神紧密结合,有实例阐述也有分析思考,防止出现脱离主题、天马行空、未能紧密结合课堂知识的现象。三是建议学生充分发挥创新思维,不拘泥于传统的微视频拍摄方式,可采用情景剧、漫画视频、沙画视频等多样化表现形式,增强视频的生动性、新颖性和艺术性。教师应于实践任务布置时明确提交方式和具体提交时间。

(2)实践过程跟进

任务布置后,拍摄前学生须将拍摄方案交给教师审核,教师审核之后给出指导,学生按照教师的指导进行拍摄和视频制作。拍摄方案应包括:主题、形式、时间、地点、参加人员、脚本、预期时长、分工、设备保障、应急预案等。该实践项目要求学生对中国精神有深刻的认识和理解,并以此作为拍摄视频的基础与前提条件,教师在对学生的拍摄方案进行审核指导时应当注意方案中体现的学生对中国精神的理解。对于拍摄方案需要修改的情况,教师须及时跟进修改情况,若学生在开展实践过程中存在困难,教师应及时提供指导帮助。

（3）实践成果验收

在第三章授课内容结束后收回视频作为实践成果，根据评价标准进行赋分，验收学生完成作业的态度和质量。除评价标准列明的内容外，若存在明显雷同、抄袭以及原创内容较少等的实践成果，应打回要求学生重做并视情况对学生进行约谈和批评。

（4）实践成果展示

完成实践成果验收后，可在课堂上进行集中展播，并由主创团队介绍创作灵感和意图，同时安排学生代表现场打分和点评，还可将各组的实践成果上传至云班课平台，由学生进行投票。投票结束后将优秀作品于课程公众号上发布，扩大观看范围和影响力。

（三）社会实践评价标准

微视频作品从作品内容、语言和表达等方面进行评分，标准和要求如下：

1. 作品内容（40分）

紧扣中国精神的主题，突出爱国主义元素与改革创新元素，立意鲜明、积极健康，体现出学生对中国精神的理解。

2. 语言和表达（15分）

语言准确、流畅、有文采，字幕与画面和谐，配音配乐恰当自然。

3. 构思与创新性（15分）

剧本情节生动，构思巧妙，在摄像、编辑制作等方面具有新颖的角度和手法。

4. 摄像和编辑制作（15分）

画面清晰，曝光准确，色彩无失真，构图美观，镜头稳定，结构流畅，无跳轴夹帧等瑕疵。

5. 艺术效果(15分)

有较强的感染力、吸引力和号召力,能引发观看者共鸣。

(四)社会实践注意事项

①在微视频拍摄过程中,教师可结合教材内容指导学生找准视频的切入点,挖掘中国精神背后所蕴含的深刻内涵,如:弘扬中国精神与实现中国梦有什么必然联系;如何理解爱国、爱党、爱社会主义是统一的;为什么改革创新是新时代的迫切要求;当代大学生如何成为改革创新的生力军等。通过对这些问题的分析和思考,加深学生对中国精神的理解和认同,强化目标导向和问题意识,增强微视频的思想性和深刻性。

②由于目前网络上的相关视频素材较多,学生可能倾向于直接拼接现有素材,导致拍摄作品的原创性不够。因此,教师应当在实践环节开始前向学生明确提出要求,注意网络素材的使用时长与其在整个视频中的占比,原则上网络素材在整个视频中的占比不能超过20%。

③在实践活动开始之前要对学生进行拍摄技术和视频剪辑技术上的指导。教师可邀请所在院校相关职能部门或摄影摄像、艺术编导、视觉传达设计专业的人员为学生提供指导,帮助学生解决拍摄过程中可能遇到的问题,如:拍摄时的光线选择问题、人物的取景和构图问题、剪辑中的配音问题等。

④教师可为学生推荐部分优秀微视频作品作为参考,可以是往届学生的优秀作品,也可以是党政官方媒体制作的微视频。

(五)社会实践成果展示

【成果一】

微电影《我和我的祖国》剧本

第一幕 校园

同学 A(简称 A):哎呀!

同学 B(简称 B)：怎么了？

A：星期六早上要去参加团日活动，到国家博物馆看改革开放纪念展，睡不了懒觉了！

B：你看你，思想觉悟还是不够高！国家博物馆是我们国家历史和文化的殿堂，到那里去长长见识、学习学习多好啊！

A：嗨，都是官话！我从来对这种展览不感兴趣，何况还影响我睡懒觉，烦！

B：(叹气)你呀！如果你经历过改革开放的时代变迁，经历过我们国家从站起来、富起来到强起来的过程，你就不会说出这种话了！

A：(笑道)你这话说得跟你经历过似的！怎么，你还真经历过？

(走了一小段路，沉默了一小会)

B：(低声说道)如果……我只是说如果，我真能带你经历一下呢？

A：(笑道)我不信，可以的话你倒是带我瞧瞧啊！

B：这可是你说的哦！

(B 搭上 A 的肩膀)

A：哎，等下，你要干吗？

B：(笑)去见证这不平凡的历程啊！

(镜头旋转，A 大叫一声，画面变黑，两人穿越回历史某一场景)

第二幕　1949 年开国大典

A：附近怎么人山人海？(画面黑白模糊处理，声音加噪)你还真的带我穿越了？

B：嘿嘿，不要告诉别人哦！

A：好吧，不过我还真的挺吃惊的……哇，那里站着的不会是毛主席吧！(一段开国大典史料视频)是开国大典吗？这种感觉挺震撼的哎，能从人民的热情中感受到他们对新中国的向往和对党的拥戴！

B：对啊，不过我们好像到了更早的时间了！

A：呀，你不想带我来看开国大典？

B：哈哈，好像出了些意外……

画外音：同志，你们为什么穿这么奇怪的衣服啊！

A：啊，我们……

画外音：请问你们有证明身份的材料吗？

B：快走！(搭上 A 的肩膀)

A：啊——

画外音：快来人！有可疑人员！

第三幕　1979 年 7 月某日

A：啊，你又把我带到什么地方了？(画面彩色，模糊)

B：(拿起报摊上的一张报纸)广东的特殊政策？是 1979 年 7 月，这次时间对了！

A：(拿过报纸)哎呀，1978 年改革开放，你都到 1979 年了，时间哪里对了？

B：抱歉啊，我们这个技术还不太成熟，到哪年带有一定的随机性……

A：随机也挺好，还让我亲身感受了一次开国大典。不过话说回来，刚才看到的那个人……跟我太爷爷年轻的时候有点像。

B：那估计就是你太爷爷了。

A：啊？

B：我自己穿越是可以精确到小时的，但是要带别人穿越的话，可能会被其血缘影响，所以说……

报摊老板：你们买不买报纸啊？

A：不，我们就是看看新闻……呀！爷爷……

B：(捂住 A 的嘴，低声说)你想引起时间悖论吗？

报刊老板：看看可以，别赖着不走啊，后边还有人候着呢！

一个买杂志的路人：哟，还赶人走呐，个体户这么嚣张呐？

报刊老板：(一时语塞)是是是，团结一致向前看嘛！

(A、B 离开，讨论)

A：我爷爷总说他年轻的时候书报摊很赚钱呢！说什么万元户整栋楼就他一个，小区里不少人都羡慕他！现在来看，爷爷就是吹牛！他还老嫌我爸不会做生意，我看他也很一般嘛！

B：你爷爷可不一定是吹牛，当时国家还没有明确个体户的地位，社会对像你爷爷这样的人还是有偏见的！

A：啊？当年居然还有这种情况啊！

B：是改革开放改变了这一切，所以这就是改革开放的伟大之处啊！

画外音：同志们，你们好。

（A、B回头，A惊讶，B拍了拍A）

画外音：同志，你的报纸是从那个书报摊拿的吧，你好像没有付钱。

A：（看了一眼手上的报纸）呀，误会，我会付钱的！（说着掏出手机准备扫码）

B：走吧。（把手搭在了A的肩膀上）

A：啊啊——

第四幕　1990年代

B：你也不想想要是你太爷爷看到智能手机和微信扫码会引起什么问题？！

A：你怎么不说你在人家面前穿越会引起问题呢？

B：穿越时会让周围的人短暂失忆，没有问题的。

A：话说回来，我们这次又到哪里了……

（A扭头看到路上有几辆小轿车经过，行人的衣服花样繁多）

A：这我熟悉，2000年了吧！

B：不，这更像是1990年代，看那个男人还穿着大领子衬衫呢！这只在90年代初流行过！

A：哦，可是整个社会看起来已经大变样了！连小汽车都有了！80年代还是20世纪的感觉，90年代怎么一下子有了新世纪的气象了？（路边放着黑豹乐队的歌曲）还有摇滚乐！（路边有人打电话）天哪，还有手机！

（突然路边跑过来一个穿着西服的男人，不小心撞到了A）

A：呀！

男人：对不起，对不起，你没事吧！（掏出一个大手机）

（男人叹气，坐在了路边）

A：你怎么啦？

男人：（沉默片刻）生意搞砸了！唉，（用手撑着头）我爸爸用他开书报摊赚的钱给我做生意用的，现在搞了几年了，还是没有起色！

A：哎呀……你……

B：(悄声说道)80 年代个体户饱和，90 年代做生意也不是很多人想象的那么容易了！

A：那，你有没有考虑过干点别的什么？

男人：我知道自己没有做生意的天分。但是现在人人都下海，周边都是发大财的人，我不干这个，我直不起腰杆啊！

A：你要长远来看啊，现在不时兴，不代表以后不热门啊！

B：(拉拉 A 的衣服)别说太多了。

A：额，反正，你不一定要干和别人一样的事情，中国这么大，总是有适合你的地方的！

男人：(沉思了一会)谢谢你，小伙子，也不知道为什么就和你说了这么多，总之还是感谢你的鼓励！

(男人走了)

A：他是我爸爸！

B：所以我叫你不要说太多，不然回去以后你可能就不是你了。

A：不会的。他是一个坚强的、有自己想法的人，我的几句话不会让他改变什么的。

B：所以，他后来？

A：(笑道)成了个公务员！所有人都想着怎么赚钱的时候，他抓住机会进了国家机关。平时都跟我扯大道理，没想到我能亲眼看见他青涩的年华！

B：(笑道)我们走吧！

第五幕　时代闪回

大量史料图片快速闪过，三峡大坝建成、香港回归、九八抗洪、神舟一号、澳门回归、北京申奥成功、中国加入 WTO、杨利伟乘坐神舟五号飞天、高铁通车、北京奥运会、上海世博会、港珠澳大桥建成等历史事件依次出现，其间穿插各个年代人民的生活镜头。

第六幕　校园

A：哎！B，你看了昨天的新闻了吗？意大利也加入了"一带一路"！

B：啊！哦，仔细想想也没什么问题，当初丝绸之路不也到了神圣罗马帝国了吗？

A：好像很有道理的样子！

B：说起来上次带你回来之后你就积极多了，看样子效果很显著嘛！

A：嘿嘿，其实就是搞明白了一个小小的道理。

B：说来听听？

A：一个人的命运很大程度上不是他自己一个人的选择，而是受到社会发展、时代进步、国家需要的影响，好多因素一起决定了他的人生。就说我们家吧，我原来觉得社会是社会，我是我，每个人可以随心所欲地干想做的事情。现在想想，其实我在想干一件事情之前就已经受了太多潜移默化的影响了。太爷爷是当兵的，后来成了人民警察，是因为当时社会特别尊重穿制服的人。爷爷在改革开放后成为个体户也是预见了未来的社会发展方向。爸爸是反其道而行之，在所有人下海经商的时候，明白了我们的社会仍然需要有人坚守在无私奉献的岗位上为人民服务，人生的价值不能只用拥有的财富来衡量，所以改行做了公务员。

B：你呢？

A：（笑道）我原来以为来到这个学校、学习这个专业只是偶然，但我现在越来越清楚自己的梦想了。偶然只是多个必然的结果……我的梦想就是——

（全剧终）

（撰写：黄梓楠）

【成果二】

微视频《我和我的祖国——轨道之兴》策划书

一、视频主题

以北京的地铁为例，通过行走在各个地铁站之间，感受北京的地铁文化，通过地铁轨道之兴展现伟大祖国的历史性成就，增强自豪感和荣誉感。

二、视频主要内容

①寻找有特色的地铁站，讲述这些地铁站的故事。
②寻访铁路博物馆，展现铁路发展历史。
③采访地铁工作人员。

三、活动路线

①张自忠路站。②雍和宫站。③六营门站。④西直门站。⑤高峰时段，前往繁忙的一号线，作总结。

四、任务分工

1. 前期准备

甲、乙同学：搜集相关地铁站资料，确定前往的地铁站和路线，起草采访问题；

丙、丁同学：准备道具(摄像机、红旗等)，提前前往地铁站实地考察情况；

戊同学：撰写活动计划和解说词，确定拍摄时间、路线。

2. 中期拍摄

甲、乙同学：入镜拍摄，介绍地铁站的情况和风貌，介绍铁路博物馆中的展品；

戊同学：入镜拍摄，采访地铁站的工作人员；

丙同学：承担拍摄工作(录像及保管相机)；

丁同学：后勤工作，协助做好拍摄工作。

3. 后期收尾

甲、乙、戊同学：为视频添加画外音，补充解说词；

丙、丁同学：剪辑和视频配乐。

五、拍摄流程和讲解内容

第一部分

以北京的地铁为例，通过行走在各个地铁站之间，发掘展示北京的地铁文化。

1. 一号线(天安门东站、天安门西站)

选择非高峰时段，前往地铁一号线，拍摄全国首条地铁线路。时至今日，一号线已经开通整整五十年，一号线的通车标志着我国没有地铁时代的结束。

2. 张自忠路站

地铁五号线，整体以米黄色为主要基调，站台的站牌及座位则配以粉红色。张自忠路在中国近代史上有着非常重要的地位，见证了很多重要的历史时刻。1925年3月12日，中华民国的缔造者孙中山先生病逝于铁狮子胡同23号行辕。1926年3月18日，在铁狮子胡同3号段祺瑞执政府门前发生了"三一八"惨案。因此宣传爱国主义教育是这个车站重点表达的主题。

张自忠路站以抗日将领张自忠将军的名字命名，设置了以反映民族气节为主题的5块青铜浮雕，连在一起呈现出战士们吹起冲锋号，举起大刀、端起枪杆，英勇顽强，冲锋陷阵，誓将侵略者赶出中国的场面。

3. 雍和宫站(最美地铁站之一)

雍和宫和周边古建筑是中国传统文化的承载地，具有很强的历史性和民族性，因此成为展示文化理念的游览胜地，营造中国文化的氛围是地铁站设计的重点。各种景致的运用，使设计贴近地理和文化环境，营造出金碧辉煌的视觉效果，表现出厚重的文化感。

雍和宫站是北京地铁5号线中，唯一一座纵向立了三排立柱的站台。站台采用复合式，两侧站台中间有一个错层的台阶，这是出于对文物保护的考虑，在已有的站台上行方向垒了一层。

雍和宫站的立柱全部采用正红色，护栏采用汉白玉雕花制成。雕花护栏在错层之间一字排开，图案包括龙、牡丹等中国传统图案。

此外，站内的两张巨幅镀金壁画将车站装饰得金碧辉煌，极具东方神韵。

4. 六营门站

六营门站为地下两层岛式车站，站台宽度为 12 米。六营门站临近中国运载火箭技术研究院，设计突出航天元素，站厅装修以白色为主色调，用白色铝方通装饰墙面和吊顶，白色铝板装饰立柱，整体呈现现代简约的风格，突出人文与科技交融的设计初衷。

5. 西直门站(最复杂地铁站)

2 号线和 13 号线都是早期建成的地铁线路，站台都没有安装屏蔽门，只有 4 号线车站开通投入使用时站台安装了屏蔽门。13 号线西直门站在 2013 年开始安装半高安全门。

地铁 2 号线西直门站装饰有两幅名为《燕山长城图》和《大江东去图》的壁画。

西直门站可以在 2 号线、4 号线和 13 号线之间换乘。早期由于与 13 号线车站换乘通道建设滞后，换乘不便，曾有过最"复杂"换乘站的名声。

6. 一号线(军事博物馆站)

高峰时段，再次回到繁忙的一号线，进行拍摄(画外音进行总结)。

第二部分

参观铁路博物馆，介绍一些具有代表意义的展品。

第一部分：蹒跚起步的中国铁路(1876—1911 年)

第二部分：步履维艰的中国铁路(1911—1949 年)

第三部分：奋发图强的中国铁路(1949—1978 年)

第四部分：长足发展的中国铁路(1978—2002 年)

第五部分：科学发展的中国铁路(2002年至今)

第三部分

采访地铁工作人员，贴近感受我国地铁的变迁。拟采访问题包括：

(1)您在这个地铁站工作多久了呢？平常负责些什么工作？

(2)您是否感受到近几年地铁建设的变化？有什么体会和感受？

(3)您觉得地铁的变迁和祖国的发展有什么关系？

总　结

从蹒跚起步时的落后闭塞到建设时期的接轨世界，从一穷二白时的奋起直追到新时代的中国速度，地铁的发展见证了祖国的腾飞，地铁事业的繁荣伴随我们成长的脚步。风云激荡七十载，红旗高扬正青春。年轻的脚步踏过光阴变迁的地铁站，仿佛也走过了祖国一路发展的峥嵘岁月，目睹了风雨中的拼搏和骄阳下的荣光。祝福母亲，礼赞中国，愿我们都能如祖国母亲一般，坚强而勇敢地成长，书写自己的故事，成就祖国未来的灿烂光辉。

（撰写：李泽顾）

四、网络实践

(一)网络实践目标

主旋律歌曲承载历史记忆，是了解一个时代历史的窗口；主旋律歌曲表达民族情感，反映着一个民族的价值追求。对主旋律歌曲的理解和态度，体现着一个人的精神境界。本实践环节通过主旋律歌曲分享及撰写相应推荐词，传唱主旋律歌曲，加深学生对于革命精神、时代精神的理解，增强学生民族自豪感，培养爱国主义精神。这些主旋律歌曲以强烈的代入感把英雄和先辈们奋不顾身的爱国主义精神展现得淋漓尽致，可以使当代大学生对党和国家的历史认识得更加生动具体，明白幸福生活来之不易，激发自身的爱国主义情感，获得坚定前行的不竭动力。

(二)网络实践设计

1. 实践任务安排

本环节实践任务为在课程微信群中每日分享反映中国精神的歌曲并撰写推荐词,班级同学可按照学号顺序进行分享,也可随机进行。推荐词包括:歌曲背景介绍、歌曲精神内涵及其对当今大学生的启示意义等。

2. 实践步骤设计

(1)实践任务布置

教师根据课程内容安排布置实践任务,要求学生按一定顺序每日分享反映中国精神的歌曲。教师在布置任务时要重点讲清楚以下三点要求:一是学生所分享的歌曲要生动讲述中国故事、展现中国精神,充分展示中国人民和中华民族在几千年的历史长河中始终辛勤劳作、发明创造,革故鼎新、自强不息,团结一心、同舟共济,心怀梦想、不懈追求的非凡历程和精神实质;或体现中国共产党在百年奋斗实践中,团结领导人民革命、建设、改革、发展取得的伟大成就,诠释中国共产党精神谱系。二是学生撰写的分享词要紧密结合分享歌曲的创作背景、情感内涵、艺术成就、后世影响,生动鲜活地讲好歌曲背后的感人故事,体现启发意义和分享价值。三是鼓励学生对选择歌曲进行演唱,通过线上歌曲录制平台进行录制和加工,将演唱音视频予以分享。分享自己演唱作品的学生可获得额外分数。

(2)实践过程跟进

教师可在实践任务开始前确定学生分享顺序,要求学生在分享前2至3天将要分享的歌曲和推荐词发给老师审阅。如发现歌曲选择不当或推荐词不准确、不适宜等,教师可要求学生进行修改完善,必要时可适当调整学生分享顺序,安排后面的学生先进行分享。

(3)实践成果验收

本实践任务的重点在于学生在微信群中分享的歌曲体现出的精神内涵和其对当今大学生的启示意义,教师要引导学生结合当今的时代特点阐释歌曲的精神内涵和背后故事，学生完成分享后要及时进行点评，不足的地方应予以指正。

(4)实践成果展示

学生完成歌曲分享后，教师可引导其他同学针对当日分享的歌曲和同学的推荐词发表感受，努力在课程群中形成充分交流、各抒己见的良好氛围。在征得学生同意的前提下，可将优秀的推荐词发布在课程公众号上。如学生自行录制歌曲音视频，也可发布到课程公众号上。

(三)网络实践评价标准

歌曲层面(30分)：学生所分享歌曲是否符合中国精神的内涵，是否积极向上、鼓舞人心，向学生传递正确的价值观。

推荐词层面(70分)：推荐词是否紧密结合歌曲的创作背景、艺术特色、时代价值进行分析阐释，主题鲜明，逻辑清晰，语言精练，体现文采，对同学起到了良好的引导教育作用。

额外加分：学生录制歌曲音视频可适当予以加分，原则上不超过10分。

负面清单：学习态度不认真；内容雷同，存在明显抄袭现象；没有自己的思考和感受；未按确定的日期进行分享等。

(四)网络实践注意事项

①在歌曲选择上，教师可在课堂实践任务布置时选取部分歌曲进行示例介绍，引导学生有针对性地选择歌曲，防止出现歌曲选择不符合主题，将网络流行歌曲与主旋律歌曲相混淆的现象，尤其要防止学生将不恰当改编甚至恶搞的主旋律歌曲进行分享的现象。

②在任务布置上，教师要让学生在撰写推荐词时从歌曲中获得自己的独特感受，抒发真情实感，防止出现从网上大段摘抄的现象。分享内容需结合课程所学，紧扣"中国精神"这一主题，并结合自身的人生经历和学习生活进行思考。

③在具体设计上，教师可以安排学生按照历史发展的脉络进行分享，如按照新民主主义革命时期、社会主义革命和建设时期、改革开放和社会主义现代化建设新时期、中国特色社会主义新时代的顺序，引导学生在推荐歌曲的过程中学习党的历史，感悟辉煌成就；可推荐不同时期的红色歌曲演唱者，使学生通过了解

人与歌曲背后的故事，感受其中的真挚情感和深厚情怀。

（五）网络实践成果展示

部分学生的歌曲推荐词

一、新民主主义革命时期

1.《黄河大合唱》推荐词

同学们

中华儿女的母亲河——黄河

她源远流长 哺育无数生命

她一泻万丈 筑起民族屏障

她伟大坚强 凝聚民族气魄

如果 你不曾到过黄河

难以想象那段艰难抗战的革命历史

那么请听

风在吼，马在叫

黄河在咆哮，黄河在咆哮

《黄河大合唱》

每一个音符 跳动的是中华儿女顽强抗敌的高昂气势

每一节曲调 歌唱的是中华儿女坚贞不屈的英雄气概

每一句歌词 袒露的是中华儿女敢于胜利的斗争决心

全国各族人民如巨人般昂首挺胸 团结一致

保卫黄河 保卫华北 保卫全中国

就让那震撼的咆哮 冲散所有的阴霾

让那激昂的歌声 响彻巍巍中华的云霄

让那渴望胜利与解放的心声 飞扬在全世界的高空

中华儿女 势不可挡

中华儿女 独立自强

中华儿女 百折不挠

《黄河大合唱》

是中华儿女英勇抗击日寇之绝唱

是中华艺术经典之传唱

是世界音乐殿堂之瑰宝

现在 就让我们一起

再次聆听这曲气势磅礴的民族之歌

2.《没有共产党就没有新中国》推荐词

小时候 常听妈妈唱

没有共产党就没有新中国

历史的车轮滚滚向前

中国共产党是推动中华民族历史前进的巨轮

中国共产党人是那巨轮上颗颗永不生锈的螺丝钉

南湖中 红船上

革命的火种在酝酿

南昌起义枪声中 秋收起义号角下

革命的意识在觉醒

井冈山头上 万里长征中

革命的精神在铸就

古城遵义里 抗日战场上

革命的曙光已初现

你是中流砥柱 坚强后盾

团结带领全中华儿女夺取胜利 翻身做主人

你是历史智者 时代先驱

高瞻远瞩实行改革开放 助推民族腾飞

你是文明信使 大爱护手

推动构建人类命运共同体 实现全人类繁荣与共

这样的中国共产党 哪能不爱戴

这样的中国共产党 哪能不拥护

这样的中国共产党 哪能不追随

如今淳朴的热爱已凝聚成坚定的理想信念

小时候常念"长大后 我就成了你"

相信 念念不忘 必有回响

我们新时代的中国青年

永远跟着你的脚步前进

二、社会主义建设时期

1.《我的祖国》推荐词

想必大家都被电影《长津湖》刷过屏，它用真实的镜头展现了志愿军战士坚如磐石的意志、英勇无畏的精神、保家卫国的决心。几十年前，也有一首歌唱出了志愿军战士和全体中国人民的心声。当"艄公的号子"不再唱响，"船上的白帆"不再扬起，"青春的力量"必将守卫"生长的地方"。朋友来了有好酒，豺狼来了有猎枪。哪怕敌人气焰再张狂，我们也要雄赳赳气昂昂，跨过鸭绿江，用血肉之躯为祖国铸成钢铁城墙。70多年后的今天，祖国已经变得富强，但抗美援朝的精神永不能忘，希望这首《我的祖国》能让大家焕发青春的力量，带着"抗美援朝精神"走在新的伟大征程上。

2.《我为祖国献石油》推荐词

"我为祖国献石油，哪里有石油，哪里就是我的家。"1949年以来，多少不计个人得失、忘我奉献的中华儿女，发扬"铁人精神"，把责任扛在肩上，把苦累踩在脚下，风雨无阻，奋勇向前。"头顶天山鹅毛雪，面对戈壁大风沙，嘉陵江边迎朝阳，昆仑山下送晚霞。"他们带着铝盔闯天下，将源源不断的石油注入国家建设的肌体，奋力为祖国摘下了"贫油国"的帽子。祖国的发展离不开他们，祖国的强大更不能忘了千千万万他们这样的劳动者。他们的事迹值得被纪念，他们的精神值得被歌颂。"一切向前走，都不能忘记走过的路，走得再远、走到再光辉的未来，也不能忘记走过的过去，不能忘记为什么出发。"让我们一起通过这首《我为祖国献石油》，学铁人、做铁人，让"铁人精神"薪火相传。

三、改革开放时期

1.《东方之珠》推荐词

这是一首充满温情的歌，远航归来的渔船，像孩子般停靠在港口母亲的怀抱，海风轻吹，海浪轻摇，我们用心倾听港岛的诉说……

这是一首承载历史的歌，小渔村蜕变为东方之珠，是一代代人历经风雨的演绎，是历史沧海桑田的见证……

这是一首激励人心的歌，黄皮肤有的是顽强不屈的信念，缔造的是一个个传奇……

让我们拥抱香港，拥抱这颗明珠，它是祖国奋进浪潮上跳动的音符，是炎黄子孙心中最美的梦。

现在，让我们聆听歌曲《东方之珠》。

2.《春天的故事》

春天是播种的季节，春天是耕耘的季节，春天在空中飘过，带来一片希望，那含苞欲放的花朵，正把春天的故事诉说。

改革是坚守理想的骨气，是敢为人先的志气，是迎难而上的勇气，是革故鼎新的锐气，更是蓬勃向上的朝气。

有这么一首歌，它唱出了伟人宽广的胸怀，唱出了人民期待的目光，唱出了中国改革的诗篇，让春天的故事永远流传。

让我们再一次伴随着《春天的故事》的旋律感受改革的春潮。

四、新时代

1.《不忘初心》推荐词

"不忘初心，继续前进。万水千山，最美中国道路。"《不忘初心》这首歌唱出来的，是全体共产党员的心声，是全体中国人民的心声。百年来，在中国共产党的领导下，靠着全体中国人民的共同努力，我们国家在前进的道路上取得了举世瞩目的成就，解决了许多长期想解决而没有解决的难题，办成了许多过去想办而没有办成的大事。我们迎来了一个辉煌的新时代，迈入了一个发展进步的新纪元。在这个新的历史关头，每一个共产党人更不能忘了为人民谋幸福、为民族谋复兴的初心使命。中国人民对于美好生活的向往，就是我们的一切、我们的全部。

2.《天耀中华》推荐词

"真心祈祷，天耀中华，这是我对你最深沉的表达。"天耀中华，这是每一个中国人对中华的感恩，也是每一个中国人对中华的美好祝福。能够生活在一个幸福美好的时代、一个伟大的国家，是我们每一个中华儿女的幸运。回望来时路，这个国家在"苦难中开花"，历尽千百年风雨沧桑，换来了今天的幸福生活。我们流淌着中华的血液，"祥云飘四方，荣耀传天下。真心祈祷，天耀中华，愿你平安昌盛生生不息"，这种朴实的情感，是对中华感恩之情的最好表达。

（撰写：郎黎、李永辉、韩欣瑜、段家辉）

第四章　明确价值要求　践行价值准则

核心价值观是文化软实力的灵魂，也是社会主义文化建设的重要着力点。一个国家的文化软实力，从根本上说，取决于其核心价值观的生命力、凝聚力、感召力。历史和现实都表明，构建具有强大力量的核心价值观，关系社会和谐稳定，关系国家长治久安。面对新形势，党和国家高度重视社会主义核心价值体系建设，创造性地提出"富强、民主、文明、和谐，自由、平等、公正、法治，爱国、敬业、诚信、友善"的24字社会主义核心价值观，昂然立起中华民族新时代的精神旗帜。社会主义核心价值观是社会主义核心价值体系的内核，是当代中国精神的集中体现，是中国特色社会主义道路、理论、制度、文化的价值表达，凝结着全体人民共同的价值追求。其中，富强、民主、文明、和谐是国家层面的价值目标，自由、平等、公正、法治是社会层面的价值取向，爱国、敬业、诚信、友善是公民层面的价值要求。这个概括，回答了我们要建设什么样的国家、建设什么样的社会、培育什么样的公民这三个重大问题。对于当代大学生来说，深刻领会社会主义核心价值观的重要意义和科学内涵，努力成为社会主义核心价值观的坚定信仰者、积极传播者、模范践行者，具有十分重要的意义。

本章通过"感动中国"人物事迹课堂宣讲分享、校园先进典型访谈、参加社区志愿服务和公益海报创意设计四个环节，增强学生对社会主义核心价值观的理性认知，夯实情感认同，强化践行意识，引导学生做到知行合一，勤学以增智、树德以修身、明辨以正心、笃实以立业，在激扬青春、奋进人生、奉献社会的进程中书写无愧于时代的青春篇章。

一、课内实践

(一) 课内实践目标

核心价值观承载着一个民族、一个国家的精神追求，体现着社会评判是非曲直的价值标准。本实践环节通过举办"感动中国"人物事迹课堂宣讲分享会，引导学生在明确社会主义核心价值观内涵的基础上对先进人物事迹进行宣讲，加深对先进人物践行社会主义核心价值观的理解和认同，引导学生向榜样看齐，树立正确的价值取向，自觉做良好道德风尚的建设者、社会文明进步的推动者。

(二) 课内实践设计

1. 实践任务安排

本章实践任务为举办"感动中国"人物事迹课堂宣讲分享会，可采取翻转课堂的形式，学生以小组为单位围绕社会主义核心价值观中的某一方面选取一名"感动中国"人物或相关领域模范先进典型人物，通过查询资料了解其事迹并进行宣讲，重点可对该人物的生平经历、感人故事、突出贡献、积极影响和与社会主义核心价值观相契合的内容等进行重点讲解。实践环节包括资料整理、讲稿撰写、制作 PPT、课堂展示等环节，每组展示时间为 8 分钟左右。

2. 实践步骤设计

(1) 实践任务布置

根据课程内容安排，在第二节"社会主义核心价值观的显著特征"教学任务完成后布置实践任务。教师可提前将实践资料发送至课程群或线上学习平台，要求学生自主阅读并上网搜集相关信息，分小组选择核心价值观的主题和代表人物，在此基础上准备宣讲资料、讲稿和 PPT，在讲解本章第三节"积极践行社会主义核心价值观"相关内容时进行宣讲展示。在布置任务时应明确告知学生有关材料的提交方式、时间和具体展示要求。

(2)实践过程跟进

在学生小组自学和起草宣讲稿期间，教师可适时进行指导，重点是指导学生选择合适的宣讲人物，找准宣讲重点方向，能够从社会主义核心价值观的角度进行分析阐释，结合自身实际明确学习践行的具体举措等。可要求学生于宣讲前几日将讲稿和PPT上交，教师审核后提出修改意见，学生再进行完善。要及时督促学生把握实践进度，防止前期拖拉、后期突击完成和逾期未完成的情况。教师还可推荐"感动中国"人物颁奖典礼等相关视频资料，帮助学生提高任务完成度。

(3)实践成果验收

可在本章最后两个授课课时进行翻转课堂宣讲展示，由学生上台进行宣讲，教师和学生代表根据评分标准进行打分，教师予以点评。宣讲结束后，教师根据学生在宣讲中的表现以及宣讲讲稿和PPT的质量进行综合赋分，作为本实践环节的最终得分。

(4)实践成果展示

在宣讲时可安排录制视频和音频，经剪辑加工后发布到课程公众号上，宣讲讲稿和PPT也可在相关平台发布。教师还可安排宣讲精彩的小组到其他班级进行宣讲展示，以扩大宣讲覆盖面和影响力。

(三)课内实践评价标准

1. 宣讲质量(30分)

口齿清晰，表达流畅；精神饱满，语言生动、形象，能准确、恰当地表达宣讲内容；举止从容、端正，动作得体，表情自然，富有激情、感染力和号召力。

2. 讲稿质量(50分)

主题鲜明、观点正确、分析深刻，与社会主义核心价值观内容紧密契合；全面展示人物的先进事迹和崇高精神，情景交融、感人至深；讲稿要素完整，包括人物的生平经历、先进事例、突出贡献、积极影响，与主题紧密契合，体现完整的小组分工。

3. 宣讲PPT质量(20分)

详略得当，重点突出，条理清晰，逻辑严密，没有错别字和错误标点，能够辅助提升宣讲效果；图文并茂，色彩搭配合理，字体醒目，切换流畅，简明大方，有一定美感。

(四) 课内实践注意事项

实践素材方面，可在提供的实践材料的基础上结合教学实际和时政热点，对与社会主义核心价值观相契合的人物进行补充，对其事迹进行深入发掘，为学生选取提供更多选择机会。

实践成果方面，须指导学生充分挖掘人物身上的亮点和特点，从楷模人物事迹中总结归纳其与核心价值观相契合的内容，以及对当下大学生学习生活实践所具有的指导意义，防止学生过多关注无关事件和琐碎信息，或者因缺乏思考导致实践成果流于形式，缺少实践性。

成果展示方面，要注重对宣讲效果、主题内容契合度、启示性和思考深度进行综合考核评价，同时对小组分工和合作的情况进行考察，对明显"搭便车"的现象应酌情扣分。每组宣讲结束后教师可进行点评，视情况设置学生点评环节和提问环节，并将学生意见纳入翻转课堂成果评分中，以增强课堂互动性。可指导学生在分享时配乐或穿插相关微视频，提高宣讲效果。

成果验收方面，须结合宣讲质量、讲稿质量和 PPT 质量三个方面进行全面验收，按照评价标准进行客观量化，不可仅凭印象给分。

(五) 课内实践成果展示

1. 宣讲稿

【成果一】

妇女模范，人民代表

——"共和国勋章"获得者申纪兰事迹宣讲稿

申纪兰出生于 1929 年 12 月，曾担任山西省平顺县西沟村党总支副书记，是第一届至第十三届全国人大代表。她一生积极维护新中国妇女劳动权利，倡导并推动"男女同工同酬"写入宪法。荣获"全国劳动模范""全国优秀共产党员""全国脱贫攻坚'奋进奖'""改革先锋"等称号。

她为中国妇女撑起"半边天"。20世纪50年代初，新中国开始了农业合作化运动。1951年申纪兰担任西沟村互助生产合作社副社长。任职期间，为了让妇女得到真正的解放，申纪兰走家串户，一边向妇女宣传"劳动才能获得解放"的道理，一边努力做男社员的思想工作，积极争取男女同工同酬。为此，她还组织发起男女劳动竞赛，带领妇女取得胜利。经过多次争取，西沟村妇女们终于能够干一样的活儿得一样的工分，西沟村在全国率先实现了男女同工同酬。

由于提倡"男女同工同酬"的巨大影响力，1954年，25岁的申纪兰当选为第一届全国人大代表，出席了第一届全国人大一次会议。在这次大会上，男女同工同酬正式写入中华人民共和国第一部宪法。

她为农民群众鼓与呼。从1954年开始，申纪兰连续担任了13届全国人大代表，见证了人民代表大会制度的诞生与成长，成为共和国民主进程中的一个传奇。

"我是个农民代表，每天生活在农村，知道农民想甚、盼甚。"申纪兰时刻关注着中国农业、农村的发展变化，为农村发声。

2004年，第十届全国人大二次会议期间，申纪兰提交了保护耕地的议案："中国人这么多，土地是命根子。"此后，她又针对耕地保护多次在全国人代会上提建议。

"修通路，迈大步，带领大家去致富。路修好了，才能实现更好的发展。"与交通相关的建议，申纪兰也提过很多。1996年，在她的持续建言下，长治到北京的直达列车顺利开通。2001年，她向大会提交推动山区交通建设的相关议案。2003年，她向大会提交加快修建林长高速公路的相关议案。2019年，她向大会提交关于加快推进聊（城）邯（郸）长（治）客专项目的议案。

她为圆梦小康拼与搏。新中国成立之初，申纪兰带领西沟人民，打坝造地500多亩，解决了全村人的温饱问题。1973年到1983年，她担任了10年山西省妇联主任，始终遵循着"六不"的约定，即不转户口、不定级别、不领工资、不要住房、不调工作关系、不脱离劳动。

1984年冬天，从山西省妇联主任卸任回到西沟村后，年过半百的申纪兰脚步不停，带着几名村干部一路南下考察，辗转河南、江苏、上海等地，开始为西沟村"找项目"，迈出创业步伐。1985年，西沟村建立起第一个村办企业铁合金厂，当年实现利润150万元。此后，又陆续建立起磁钢厂、石料厂、饮料厂，村办企业成了西沟村的经济支柱。

2012年，申纪兰关停村办污染企业，重新寻找发展定位。在申纪兰的带领下，西沟村的红色旅游基础设施一一兴建，香菇大棚、光伏发电、服饰床品等新产业基地拔地而起。如今的西沟，两万亩荒山披上绿装，干石山变成"花果山"，乱石滩变成"米粮川"，渐渐驶入了脱贫致富的快车道。

申纪兰身上有许多值得今天的我们学习的宝贵精神：

一是对党忠诚。几十年来，申纪兰初心不变，奋斗不止，为当地脱贫和建设做出巨大贡献，"和西沟乡亲们一起为早日脱贫奔小康的理想继续奋斗"。每当有团体到西沟村参观学习，她总会在西沟村的会堂给大家介绍，这半个多世纪里，在党的带领下，农村发生了翻天覆地的变化。申纪兰说："我的话，就是一个农民对党的恩情由衷的感激。"永远跟党走是申纪兰不变的初心。

二是一心为民。"当人大代表，就要代表人民，代表人民说话，代表人民办事。"申纪兰是这样说的，也是这样做的。66年代表生涯，她提出的建议和议案涵盖"三农"、教育、交通、水利建设等各领域，有关系国计民生的大事，也有关系群众利益的小事，山区交通建设、新型农村合作医疗贫困地区旅游开发等，不断得到采纳。无论获得多高荣誉，她心里始终装着乡亲们；无论走了多远，她从来没有忘记走过的路。

三是甘于奉献。无论时代如何变化，她都坚守为民奉献、为党奉献的初心，以奉献实现人生价值。1952年，申纪兰带领西沟村姐妹们冲破"好女走到院，好男走到县"的陋习，下地劳动，率先在全国争得了男女同工同酬的权利。半个多世纪以来，不管形势如何变化、地位如何变迁，她始终坚持扎根西沟，建设农村。改革开放以来，她不顾自己年老体弱，上北京、下江南，跑项目、引人才，使西沟村初步形成了建筑建材、冶炼化工、农副产品加工和外向型企业为主的乡镇企业新格局。申纪兰的一生恪尽职守，留下的是太行山上的蔓延浓绿，彰显的是奉献无悔的生命真谛。

四是改革创新。1983 年回西沟，她带领人们推行家庭联产承包责任制。改革开放以来，申纪兰又领着西沟人艰难学习办企业。近年来，她利用西沟的"名人名村"优势，建成了展览馆、太行之星纪念碑、村史亭、老西沟互助组雕塑、西沟森林公园等旅游景点，形成了以爱国主义教育和森林休闲为主的红色旅游和绿色旅游格局，使西沟村经济得到进一步发展。正是她敢于"改"的精神和敢于"破"的勇气，西沟村焕发光彩，驶入脱贫致富的快车道。

（作者根据网络相关素材改写）

【成果二】

书生意气今犹在，傲骨如君有几人？

——爱国先驱闻一多事迹宣讲稿

"而今十手隆无畏，懔懔能忘天怒时"，这句话是闻一多在 1919 年 6 月代表清华学生赴上海参加全国学联大会时所写，此时五四风云未过，闻一多的满腔热血和铮铮铁骨在诗中显露无遗。

岁月峥嵘，文人义士心怀天下，胸藏山河。正如闻一多所说："诗人应该是一张留声机的片子，钢针一碰着它就响。"五四运动发生时，由于清华地处京郊，闻一多并没有参加示威游行。火烧赵家楼、痛殴章宗祥等消息，均为 4 日傍晚进城同学返校后带回的。血气方刚的闻一多听后心绪难平，连夜挥笔抄录了岳飞的《满江红》，于次晨张贴于食堂门口，借以抒怀。而五四运动也使闻一多更多地关注国家前途与命运。红烛，开始闪烁其光。

"不幸的失群的孤客！谁教你抛弃了旧侣，拆散了阵字……"在《孤雁》中，闻一多将自己的思国之情表露无遗，因为"诗人的主要天赋是爱，爱他的祖国，爱他的人民"。孤雁不羁，此心汉唐，留学归来的闻一多望着中国社会，发出"这是一潭绝望的死水"的感慨，从此他抛弃文化救国的想法，加入中国民主同盟，成为民主斗士，为祖国而战斗。

1946 年，民盟在昆明开展"万人签名运动"反对内战，国民党反动派竟下令逮捕甚至谋杀民主人士，大批民主人士被捕，其中民盟领导李公朴遭遇特务暗杀。

冒着生命危险，闻一多组织召开了追悼大会。在大会上，旁人劝他"暂且避一避风头"，但闻一多却毫无畏惧，义然回绝："决不能向敌人示弱，如果李先生一死我们的工作就停顿了，将何以对死者，何以对人民！"追悼会上，在生命的最后，他慷慨激昂地发表了《最后一次讲演》。他的讲演满腔悲愤，震慑人心，台下的反动派在他的声音中无所遁形。这红烛，光芒万丈。

可惜不久，闻一多遇害。

"红烛啊！流罢！你怎能不流呢？请将你的脂膏，不息地流向人间。"闻一多先生走了，他的红烛灭了，但是这红烛上的脂膏早已流进有识之士的心中，点燃了千根万根红烛，点亮了惨淡苍穹，照亮了民族未来。而正是这无数个闻一多先生的存在，才使中华民族得以从一穷二白走向繁荣复兴。崇尚英雄才会产生英雄，争做英雄才能英雄辈出，闻一多先生身上的铁骨豪情、爱国壮志是我们每一个中国人应当学习的品质。

（撰写：张开颜）

【成果三】

五年归国路，十年两弹成
——"两弹一星"功勋奖章获得者钱学森事迹宣讲稿

钱学森是中国现代史上一名伟大的科学家，为新生的人民共和国做出了不可磨灭的功绩。

钱学森出生于 1911 年的上海，在国内完成了大学本科学习后，于 1935 年赴美国麻省理工学院攻读硕士学位，一年后转入加州理工学院，师从世界著名的大科学家冯·卡门。

随后，凭借着自己的天赋与努力，钱学森很快成为冯·卡门最重视的学生。1938 年 7 月至 1955 年 8 月，钱学森在美国从事空气动力学、固体力学和火箭、导弹等领域研究，并与导师共同完成高速空气动力学问题研究课题并建立"卡门—钱学森"公式，在 28 岁时就成为世界知名的空气动力学家。

在得知新中国成立的消息后，钱学森与夫人便计划早日回国，为祖国效力。然而在 1950 年钱学森踏上港口准备回国时，被美国官员拦住，并将其关进监狱，而当时美国海军次长丹尼·金布尔声称："钱学森无论走到哪里，都抵得上 5 个师的兵力。"从此，钱学森受到了美国政府迫害，同时也失去了宝贵的自由，他的归国之路被美国百般阻挠。直到 1955 年 9 月 17 日，钱学森才登上了驶向祖国的轮船。

钱学森回国后，积极投身于祖国国防力量的建设之中。1956 年，他受命组建中国第一个火箭、导弹研究所——国防部第五研究院并担任首任院长。他为我国"两弹一星"事业做出了不可磨灭的贡献，将中国在这一领域的发展向前推动了至少 20 年。

在新中国历史上，拥有广博学识的科学家不在少数，但是如钱学森一般，在外留学近 20 年，却始终怀有一颗报国之心，实属难能可贵。钱学森原本读的是航空工程专业，但在美国继续深造的问题上，他与父亲发生了争论。钱学森打算下一步攻读航天理论，但父亲回信说还是研究飞机制造技术为好。钱学森则告诉父亲，中国在飞机制造领域与西方差得太多，只有掌握航天理论，才有超越西方的可能。

在钱学森表露出自己希望回国的意愿后，身边的朋友、老师劝其留在美国的不在少数，他们用优渥的实验环境和薪酬试图劝住钱学森继续在美国进行研究。但钱学森早已做好了面对归国后新中国一穷二白科研环境的准备，在面临重压时不惧艰难，积极与党中央取得联系。1954 年，得益于一个偶然的机会，他在报纸上看到陈叔通站在天安门城楼上，身份是全国人大常委会副委员长，他决定给这位父亲的好朋友写信求救。于是，时任全国人大常委会副委员长的陈叔通收到了一封从大洋彼岸辗转寄来的信。他拆开一看，署名"钱学森"，原来这是一封请求祖国政府帮助他回国的求助信。

在钱学森本人和党中央的不懈努力下，钱学森终于在 1955 年回到了祖国的怀抱。归国后，钱学森一心一意投身新中国的建设中，鞠躬尽瘁、死而后已，无私地奉献自己的学术积累和经验，帮助中国的国防事业快速发展。1970 年，中国第一颗人造卫星"东方红"发射前夕，周恩来总理召集相关的科研人员在人民大会堂开会。临别之际，周恩来总理特意叫住了钱学森："钱学森，你不要太累着了。"

"在他心里，国为重，家为轻，科学最重，名利最轻。五年归国路，十年两弹成。开创祖国航天，他是先行人，披荆斩棘，把智慧锻造成阶梯，留给后来的攀登者。他是知识的宝藏，是科学的旗帜，是中华民族知识分子的典范。"这是 2007 年"感动中国"组委会授予钱学森的颁奖词。当钱学森身在美国时，他内心考虑的是如何才能使祖国更加强盛、如何才能更好地报效国家；当终于踏上祖国的土地后，他心中在意的是人民群众的幸福生活和国家的长治久安。他忠于祖国的精神、渴求学识的态度、矢志奋斗的意志，激励着一代代中华儿女奋勇向前、学以报国，为建设富强民主文明和谐美丽的社会主义现代化强国添砖加瓦。

（撰写：王逸扬）

2. 宣讲 PPT(节选)

人物事迹

"红烛啊！流泪！你怎能不流泪？
请将你的脂膏，不息地流向人间"

满腔热血，铮铮铁骨，发时代先声

心系家国，忧国忧民，为祖国而战

慷慨陈词，振奋激昂，燃烧自我照亮民族

人物事迹

二十八岁　成为世界知名的空气动力学家
三十四岁　几经阻挠终于回归祖国怀抱
三十五岁　组建中国第一个火箭、导弹研究所
　　　　　并担任首任院长

于酒泉发射场直接领导了用中近程导弹运载原子弹的"两弹结合"飞行实验，他为我国"两弹一星"事业做出了不可磨灭的贡献，将中国在这一领域的发展向前推动了至少二十年。

在他心里，国为重，家为轻，科学最重，名利最轻。五年归国路，十年两弹成。开创祖国航天，他是先行人，披荆斩棘，把智慧报造这尖端，留给后来的攀登者。他是知识的宝藏，是科学的楷模，是中华民族知识分子的典范。

【附：实践参考资料】

体现社会主义核心价值观的代表人物推荐名单

富强：钱学森、王进喜、高德荣

民主：申纪兰、袁庚、刘广建

文明：钟南山、康艳云家庭、谢爱娥家庭

和谐：吕保民、王其欣、顾伟峰

自由：李大钊、闻一多、张富清

平等：张桂梅、热地、谢鹏

公正：宋鱼水、谭彦、马一德

法治：任长霞、陈德明、高铭暄

爱国：杜岚、尤端阳、伍淑清、王继才、王仕花

敬业：丁丽萍、张云泉、其美多吉、樊锦诗

诚信：吴玉兰、谢延信、孙东林、韩存灼

友善：潘威廉、梁益健

二、校内实践

(一)校内实践目标

核心价值观是全社会共同遵守的价值准则，应当体现在每一个人的日常生活和言谈举止之中。只有靠身边人、身边事鼓舞和感召青年大学生，才能让社会主义核心价值观深入人心，得到更好的践行。本环节通过组织学生访谈身边先进典型的方式，使学生在直接交流中真切感受到社会主义核心价值观的力量和意义，以此激励学生积极践行社会主义核心价值观，做担当民族复兴大任的时代新人。

(二)校内实践设计

1. 实践任务安排

本次实践教学环节以访谈形式进行。教师牵头组织学生开展以弘扬和践行社会主义核心价值观为主要内容的校内实践活动，每名学生选择不少于 2 名身边的访谈对象进行访谈，每名访谈对象访谈时间不少于 45 分钟。

2. 实践步骤设计

(1)实践任务布置

教师根据课程进度和教学安排，在充分考虑学生学习压力和课程进度的基础上，安排学生围绕社会主义核心价值观中的某一方面或某一层次，在身边寻找访谈对象进行访谈，全程组织和引导学生合理规划访谈提纲、设计访谈内容和环节、安排访谈时间等，并形成访谈记录、访谈音(视)频、访谈照片(线上访谈要有截屏)和实践报告(感想)等访谈活动实践成果材料。

（2）实践过程跟进

教师在学生进行实践活动期间应密切观察学生参与实践活动的情况，并及时督促学生按要求完成相关任务。指导学生合理设计访谈提纲，确保访谈围绕社会主义核心价值观开展，问题精准、不跑题偏题。对在实践活动中积极主动、表现优异的学生予以记录，对消极对待、应付了事的学生及时督促、限期整改。教师要对学生加强教育，引导学生圆满完成访谈任务。

（3）实践成果验收

本实践要求学生提交如下成果材料：访谈记录1份，同时附上访谈对象的基本情况、主要事迹和与访谈主题有关的工作、生活照片、音视频等；每名访谈对象的采访录音；记录访谈后个人心得体会的实践报告1份，不少于2000字。依据学生的访谈主题、访谈内容、访谈提纲设计、访谈时长和访谈材料报告等方面内容，由任课教师按照一定赋分比例，参照实践评价标准相应赋分。全部文字和音频资料要内容真实、感情真挚，忌抄袭和空洞无物。对参与实践活动积极主动，访谈内容情感真切、实事求是的学生予以额外加分，但加分幅度不宜过大，具体幅度由任课教师根据实践教学实际情况综合判定。对因访谈人数或时间不足、无访谈录音、报告字数不够、内容抄袭等情况的学生应进行批评教育并要求其完善或重做。

（4）实践成果展示

在访谈活动结束后，由教师选定优秀访谈实践成果，包括学生的访谈记录、访谈照片和实践报告等材料进行汇编，分享给班级学生。在征得学生同意的情况下，可选择适当内容发布在课程公众号上，必要时可结合重要时间节点在全校范围内公开展示。

（三）校内实践评价标准

本实践教学环节的考核评价标准可以围绕学生的访谈主题、访谈内容、访谈提纲设计、访谈时长和访谈材料报告等方面进行综合考评。

1. 优秀（90分及以上）

访谈切合社会主义核心价值观的主题，内容全面深刻，提纲设计合理，能够深入挖掘访谈对象的先进事迹和宝贵精神，体现出其对社会主义核心价值观的理解和践行；访谈报告完整准确，语言流畅，情感真挚，能够完整反映访谈的全过程；访谈时长符合标准，成果材料齐全。

2. 良好(76~89分)

访谈切合社会主义核心价值观的主题，内容比较全面深刻，提纲设计比较合理，能够挖掘访谈对象的先进事迹和宝贵精神，体现其对社会主义核心价值观的理解和践行；访谈报告比较完整准确，语言比较流畅，情感比较真挚，能够反映访谈的全过程；访谈时长符合标准，成果材料齐全。

3. 合格(60~75分)

访谈基本切合社会主义核心价值观的主题，但内容不够全面深刻，提纲设计基本合理；访谈报告基本完整准确，但语言和情感上稍有欠缺；访谈时长基本符合标准，成果材料基本齐全。

4. 不合格(60分以下)

访谈不切合社会主义核心价值观的主题，内容不够全面深刻，提纲设计不合理；访谈报告不够完整准确，语言不通顺，缺少情感投入；访谈时长不足，成果材料不全。

(四)校内实践注意事项

1. 明确访谈对象范围

本访谈为校内实践，因此访谈对象限定为校园内的学生身边人。事实上，学生可访谈的关于社会主义核心价值观的先进人物有很多，特别是社会上的访谈对象往往更有影响力，之所以限定为身边人，是因为他们的事迹对于学生来说更亲切、更直观、更容易效仿，因此也就更能够达到有启发、被感染、受教育的目的。访谈对象可以是学生，包括学业刻苦、成绩优良的，诚实守信、品质高尚的，助人为乐、甘于奉献的，艰苦朴素、矢志奋斗的，严于律己、遵规守纪的以及其他能够体现社会主义核心价值观某一方面精神的学生。同时，访谈对象还可以是教师，包括理想信念坚定、师德师风过硬的，坚守一线、潜心教学、广受学生喜爱的，对学生言传身教、产生深远影响的，在学术科研上成果显著的，孝老爱亲、家庭和谐的等。此外还可以将学校的管理人员、教辅人员、工勤人员中的先进典型作为访谈对象。访谈对象的确定要充分发挥学生的自主性，尊重选择偏好，教师可提出建议，予以把关，但不宜代为确定。

2. 突出访谈实践活动目的

访谈的目的不仅仅是知晓和了解，更在于崇尚和践行。只有让学生在充分理解领会社会主义核心价值观基本要求的基础上，将其贯穿于访谈的全过程，才能达到见贤思齐的实践育人效果。要防止学生将访谈简单当做完成任务的过程，不加思考、机械执行、生硬记录，导致出现理论与实践分离、目的与手段脱节的情况。

3. 做好访谈前准备工作

引导学生在充分了解可选择对象有关情况的基础上，再确定访谈对象，不可随意。可通过查询学校档案馆、校史馆和到官网、官方公众号搜索等方式获取先进人物的有关信息，也可通过自己认识的老师、同学推荐，了解相关信息。结合访谈对象的特点，科学设计访谈提纲，注意访谈问题的精准性、逻辑性和衔接性，层层深入，挖掘访谈对象的先进事迹和宝贵精神，不要设计生硬肤浅或与主题无关的问题。问题数量既要充足也不要过多，防止访谈时无问题可问或问题零碎、过于拖沓。要明确问题的主次和顺序，确保重要问题不被遗漏。要尽量多问开放性问题，给予访谈对象自由、充分的发挥空间，尽量不要预设结论，以免影响访谈对象的所思所想。

4. 注意访谈过程中的言行举止

要提醒学生注意着装和仪表，原则上不应穿短裤、拖鞋，更不应穿奇装异服。访谈时态度要诚恳，始终保持微笑，目光要始终注视被访谈者。要认真倾听被访谈者的陈述，不随意打断和插话，即使被访谈对象所讲内容与自己的预期不符或占用时间较长，也要保持耐心，通过适当的方式予以引导。语言要得体，尽量多使用敬辞、谦辞，不使用过度夸张的词汇，不引用未经证实的言论，不妄自猜测，不乱开玩笑，不窥探隐私，不强迫被访谈人谈论不想谈论的内容。访谈过程中，可根据被访谈者谈论的内容适当增加访谈问题，但必须聚焦主题、适可而止，不能完全脱离访谈提纲，随意发挥、离题万里。

5. 做好访谈记录和整理工作

教师应于布置实践任务时，叮嘱学生务必做好访谈记录，留存相关资料。访谈时应携带笔记本和笔前往，不宜用手机记录。如需录音、录像、拍照，必须让被访谈人知晓并征得其同意，承诺确保音视频和照片未经被访谈人允许不上传到网络上。访谈结束后，要原汁原味进行整理，不遗漏内容、不夹带私货，确保访谈记录全面真实反映被访谈人的所思所想。访谈记录应交受访谈人审定。

6. 营造良好校内实践氛围

教师要积极创造条件，为学生开展社会实践活动提供支持和保障，如帮助学生协调联系访谈对象、为学生提供访谈意向人选等。要加大宣传力度，充分调动学生参加实践的主动性、积极性，适时给予肯定和鼓励。要注意拓展访谈对象范围，积极挖掘新人新事，防止出现过多学生反复访谈相同对象的现象。

(五) 校内实践成果展示

大力弘扬新时代奉献精神

——对"奉献之星"获得者××同学的访谈记录

按照"思想道德与法治"课程的安排，近日我对我校今年五四青年节期间评选表彰的校园"奉献之星"××同学进行了访谈，现记录如下：

问：我知道你在大学期间有着丰富的志愿服务经历，这些经历给你的最大感受是什么？

答：在与班级同学相处的过程中，刚开始同学们觉得我过于热情，是不是发自内心，或者是通过这些给自己获利。但是相处几年后，同学们都知道我干很多事是默默无闻的，是发自内心为大家服务的。我很感动自己的奉献得到了同学们的认可。

疫情期间，我参与了一个线上家教服务活动。我教一个高中生的化学和物理，印象极其深刻。我需要自己去备课，制订教学计划，分析学生的学习状况，考察他的个人性格以及家长对教学效果的期望等，不能像以前一样没有计划、零敲碎打地去做。这件事使我明白，不管是志愿服务、课业学习，还是其他工作，都是一个逐渐积累的过程。在这个过程中我们从幼稚变得慢慢成熟。如果现在让我参与志愿服务，我觉得自己还是不能做到思虑周全、尽善尽美，但我可以保证这一次做得比上一次更好。只有每次参与后不断反思、不断学习，才能不断进步！

问：有人说，奉献就意味着牺牲自己的利益，你如何看待这种观点？

答：对于我大学期间所做的工作，同学和老师们都有目共睹。所以遇到评优选先的机会，同学和老师们往往都会先想到我，这都是我平时奉献班集体的结果。无论学校中还是整个社会，都有很多乐于奉献的人，你的奉献会让其他人感受到温暖，他们也会自发地传递善意、奉献社会。这是一个良性的循环，总有一天你也会感受到来自别人的温暖。所以，奉献的收获远远大于付出。

更何况，有多少革命先烈和英雄人物，他们的奉献付出从来没有想过要获得回报，比如李大钊先生、鲁迅先生等革命前辈，他们牺牲个人利益，换来了吾辈今日幸福安康的生活，而他们却永远停留在了光明与黑暗的交界处。因此，我们不应该功利地去看待奉献这件事，不要过于计较眼前的得失。

问：你如何理解奉献精神呢？

答：在我周围一些人看来，奉献仿佛很高大上，其实不是这样。我理解的奉献精神，就是从小事做起，比如现在你们牺牲周末时间来采访我，再把我说的这些内容传递给更多的人，让奉献精神激荡出更耀眼的火花，你们的做法本身就是奉献精神的体现。奉献并非高不可攀，不需要你付出很多，而是需要发自内心真诚地、热心地帮助他人，这就是我理解的奉献精神。

这也是一种担当和社会责任感的体现。老一辈人在战场上殊死搏斗为求民族新生，为国家建设筚路蓝缕、殚精竭虑，我认为支撑他们的正是为国为民的奉献精神，这也是我们青年学子应该学习传承的精神力量。

其实，奉献虽不图回报，但一定会有所收获。奉献重在享受过程，须摒弃过多的功利心。做志愿服务对于个人品行修养的提升、生活经历的丰富都是很有帮助的，所以我觉得奉献精神的关键在于享受奉献的过程，而不在于付出和回报的比较。

问：有没有遇到过志愿活动与工作时间相冲突的情况，你是如何解决的呢？

答：肯定会遇到这样的情况，但一定要把握学习始终居第一位的原则。虽然志愿服务活动很有意义，但是我们作为学生还是要以学习为主，做志愿服务的时间最好选择在自己的课余时间。如果出现了约好的志愿服务与课程冲突的情况，我还是建议先跟组织者反映情况，看有没有人能替你来完成任务；如果服务特别重要，自己一定要做好权衡。其实，如果安排合理，大学里自己可支配的时间还是很充裕的。如果还觉得时间紧，就要考虑是不是自己时间安排不够妥当，可以多学习别人管理时间的方法。

问：对那些想要参加志愿活动的同学有没有什么建议？

答：第一，要有耐心。你要忍受住很多的寂寞，能压住性子，直面初期遇到的不理解。第二，要有恒心。总有人能看到你闪光的一面，渐渐地大家就会理解你的初衷，支持你的工作。第三，要有信心。你会面临许多困难，可能花费自己大量的时间也收获甚少，但不要因此磨灭热情与奉献精神，念念不忘，必有回响。

（撰写：吕美琳、张雯）

三、社 会 实 践

(一)社会实践目标

高校立身之本在于立德树人。近年来教育部颁布的文件中多次强调，把志愿服务、公益活动等社会实践活动纳入实践育人体系。志愿服务是指志愿者自愿付出时间和精力，在不以物质报酬为目的的前提下，为推动人类发展、社会进步而贡献个人劳动的活动，是每一个文明社会都不可或缺的组成部分。奉献精神是高尚的，是志愿服务精神的精髓。志愿者通过参与志愿服务，提高自身的综合素质，同时也促进了国家和社会的发展。因此，志愿服务是促进新时代大学生践行社会主义核心价值观、增强社会责任感的有效载体和实践平台。本环节设置的实践方式是参加志愿服务并撰写志愿服务感想。学生在教师的指导下撰写志愿服务计划，深入社区、街道等场所开展形式多样的志愿服务活动。实践完成后学生将志愿服务活动中的亲身经历和发生的故事同课堂所学的有关社会主义核心价值观的知识相结合，撰写志愿服务感想，教师可指定撰写内容优秀的同学进行课堂宣讲。通过参加志愿服务活动，引导学生知行合一，从志愿服务中感悟社会主义核心价值观的内涵，坚定树立践行社会主义核心价值观的决心，切实增强社会责任感和时代使命感。

(二)社会实践设计

1. 实践任务安排

本环节安排的实践方式是参加学校周边社区的社会志愿服务，一般可包括义务劳动、垃圾分类引导、防范网络诈骗宣传、防艾宣传、看望慰问孤寡老人、支教、交通引导等形式。教师组织学生收集志愿服务信息，学生结合自身实际情况，于社会实践前撰写志愿服务策划书，对志愿服务的时间、方式、任务等做出具体筹划和安排。学生完成策划书后需提交教师审核，审核通过之后根据策划书作进一步联系对接，得到允许后进入社区开展志愿服务。

2. 实践任务设计

(1)实践任务布置

在布置实践任务时需要重点把握以下几点：一是本实践活动可于开课初期进行布置，持续整个学期，为学生策划、联系和开展志愿服务留出充足的时间，防止因时间过紧导致志愿服务流于形式的情况。二是本社会实践环节应当设置基本任务量，作为学生完成任务的最低标准，该任务量可根据实践环节的持续时间和学生课业安排予以确定。三是在布置时，要给学生讲清楚实践要求，对撰写志愿服务策划书、对接志愿服务的注意事项、开展服务过程中的具体要求，特别是安全要求进行重点强调。四是明确告知学生提交志愿服务的成果的形式，包括：志愿服务报告、照片及志愿服务证明等。其中，志愿服务报告应包括志愿服务基本情况、主要做法、感想体会等内容。

（2）实践过程跟进

该实践包括策划对接、具体执行、撰写总结三个阶段，持续时间较长，教师应注意在每个阶段对学生加强指导和过程监督，确保学生的志愿服务活动有序进行。策划对接过程中可根据以往经验为学生提供志愿服务信息，并根据实际需要出面帮助协调或为学生开具相关介绍信。具体执行过程中要通过打卡、拍照、记录等方式掌握学生志愿服务的真实情况，防止流于形式走过场；注意及时了解学生开展志愿服务时遇到的困难和问题并帮助解决，同时注意收集志愿服务对象和有关主管部门的反馈，掌握学生开展志愿服务的成效。撰写总结阶段要引导学生认真思考参加志愿服务活动与践行社会主义核心价值观之间的关系，切实感受到自身通过参加志愿服务活动获得的成长，增强社会责任感。

（3）实践成果验收

实践结束之后，收取学生撰写的志愿服务报告、照片作为志愿服务的主要成果。如有志愿服务对象的评价反馈和相关单位出具的志愿服务证明，可一并提交。

（4）实践成果展示

对优秀的志愿服务报告，可在班级微信群、公众号中进行分享，也可安排相关学生于课上进行展示，教师还可鼓励学生结合所思所想将相关照片和视频素材制作成微视频予以展示。

（三）社会实践评价标准

本社会实践环节可以从志愿服务工作量和时长、志愿服务报告质量两个维度进行评价，各占50分。考虑到志愿服务形式和影响因素较多，不宜简单进行比较，建议采取分别定档再加权求和的方式确定实践成绩。每个维度可分为优秀（50分）、良好（40分）、合格（30分）、不合格四个档次。此外，服务对象反馈也可作为评价的重要参考予以额外加分。

1. 志愿服务工作量和时长

工作量和时长是学生在实践环节所付出劳动的重要体现。学生完成基本任务量方可视作完成任务要求，可定为合格档次，否则为不合格。在此基础上，综合考虑志愿服务的性质、难度、频次、时长、创造性以及对接过程中遇到的困难等因素，按照一定比例确定优秀和良好的名额。

2. 志愿服务报告质量

志愿服务报告是展示学生志愿服务收获体会的重要载体。对于内容基本完整，能够真实反映志愿服务情况的报告可定为合格档次，否则为不合格。在此基础上，重点评估学生是否认真撰写志愿服务报告、是否对志愿服务有深刻的思考和感悟、能否将课程中所学的社会主义核心价值观有关内容与志愿服务联系起来，从而达到做中学、学中做的目的。

3. 服务对象反馈

服务对象反馈是直接体现志愿服务效果的证明，但由于不同的志愿服务形式所针对的对象有所不同，因此不宜要求所有的志愿服务均提供服务对象反馈，也不宜将服务对象反馈直接作为实践成果的组成部分。如学生志愿服务的反馈较好，可作为加分项适当予以鼓励，但要控制加分幅度，适可而止，原则上不超过5分。

(四) 社会实践注意事项

1. 应建立志愿服务全过程监督机制

由于志愿服务形式各不相同且持续时间较长，为防止学生出现"划水"情况，必须建立全过程监督机制，如：组成小组开展服务，组员互相监督，同时小组负责人负责记录组员的出勤和表现情况；设置志愿服务开始与结束的打卡环节，客观记录志愿服务时长；保持与服务对象的常态化联系，掌握学生志愿服务的开展情况等。如志愿服务过程中发现学生存在不积极参加、不认真负责，甚至敷衍了事等情况，应当及时制止纠正，确保志愿服务顺利开展。

2. 应灵活安排志愿服务时间

志愿服务的时间既可以是学生平时没课的零散时间，也可以是周末或节假日的整段时间，有条件的可以安排在寒暑假期进行。原则上志愿服务应持续进行一段时间，达到一定的参与次数，确保学生得到充分的体验，而不是浅尝辄止，偶尔参与几次便可完成任务。因此，教师在要求志愿服务基本工作量时应进行综合考量，确保时间安排合理有序，既能体现一定的挑战性，又不过多加重学生负担。

3. 应注意结合社会热点确定志愿服务的主题、内容和形式

由于学校周边的条件和资源有限，能够提供的志愿服务机会相对固定，如果每一届学生都开展同样的志愿服务，必然导致吸引力降低，久而久之学生便会失去兴趣。同时，单一志愿服务与社会主义核心价值观的结合也容易丧失新意。因此，教师应善于捕捉社会热点，紧密结合社会和学生关切设计志愿服务活动。如2020年教师可在常态化疫情防控的背景下组织学生进入社区开展以宣传疫情防控知识为主要内容的志愿服务。2021年是建党100周年，教师可组织学生组成"四史"宣讲团进入社区、养老院、小学进行党史、新中国史、改革开放史、社会主义发展史的知识宣讲。

4. 应格外注意志愿服务过程中的安全和纪律问题

开展校外志愿服务活动意味着学生走出校园，与许多社会人士打交道，一方面必须注意安全问题，防范可能发生的各种风险；另一方面要谨言慎行、严守纪律，做到不该说的话不说、不该做的事不做，树立大学生的良好形象。应要求学生在志愿服务方案中制定应急预案，妥善化解志愿服务过程中可能遇到的各类问题，做到未雨绸缪、有备无患。

5. 应着手建立志愿服务合作平台

由于学生开展志愿服务是一项长期任务，教师应注重平时搜集各类学校周边

的志愿服务信息，并以课程组、教研室或者思政课教学部门的名义与相关部门加强合作，建立常态化志愿服务协作机制。通过不断改进完善志愿服务的组织工作，为学生参与相关活动创造良好条件。

（五）社会实践成果展示

【成果一】

努力为社区治理和文化建设作贡献

——柳荫街社区志愿服务报告

2022年2月10日至17日，在老师的组织下，我到什刹海街道柳荫街社区进行了为期7天的志愿服务活动。这7天中，我在实践中锻炼，在奉献中成长，深刻体会到唯有把青春和力量投入到实际工作中，才能真正实现自身的价值。

柳荫街社区位于什刹海畔，毗邻恭王府。长期以来，社区文化在柳荫街社区建设中都占据着重要的地位，社区文化的构筑和宣传也是当前社区工作的关注点。本次志愿服务活动中，我的主要工作是向社区的居民讲解社区的文化建设成果，宣传柳荫街的社区文化，带动更多居民参与到社区文化建设中来。

走进社区，围墙上一幅幅以社会主义核心价值观为主题的宣传画映入眼帘。这些画选取了我们日常生活中最有代表性的行动，如向国旗敬礼、给弱势群体让座、坚守岗位职责等，通过鲜活的文化元素来生动展现和阐述核心价值观，让社区居民能够直观地感受社会主义核心价值观的具体内涵和行动要求，推动社会主义核心价值观普及践行。在社区的宣传展板上，还有宪法知识普及专区，通过通俗易懂的语言为居民详细介绍了宪法基础知识，促进居民增强法治意识，做到知法、懂法、守法，推动建立良好的社会秩序。在防网络诈骗主题展板上，社区通过结合近年来的网络诈骗案例，分析了遭受网络诈骗的原因，并为居民提出了防范诈骗的建议，号召居民下载国家反诈APP，做到防患于未然。

社区在弘扬主流价值观的同时，也注重将社会时事热点与社区文化建设相结合，达到宣传、教育社区居民的效果。适逢冬奥盛会，社区的宣传展板早已沉浸在浓厚的冬奥气息之中——除了宣传冬奥会的相关知识，还借助冬奥会契机，加强社区精神文明建设，向世界展现北京作为"双奥之城"的文明风尚和中国人的精神风貌。我负责协助向居民们讲解北京冬奥会会徽、吉祥物、口号和项目等冬奥知识，让更多居民参与到冬奥盛会之中，进一步增强居民的民族自尊心和自豪感；宣传健康文明生活方式，倡导社区居民绿色出行，自觉遵守社会公德，做文明人、行文明事、过文明生活。

每天下午，我的工作是陪同社区的老人们开展国画、书法、剪纸等文化活动。在社区文化活动中心，参与活动的爷爷奶奶们都选择了自己感兴趣的活动，或挥毫泼墨，或巧手生花，或载歌载舞，相聚一起，联络感情，交流心得。让我印象最深的是，元宵节那天，一位年逾古稀仍精神矍铄的老爷爷，用书法表达他的情感。只见他用毛笔饱蘸着墨水，在纸上画出优美的弧线，宛如花样滑冰场上选手们翩然的舞姿，却有着力透纸背的坚定。笔落，"富强团圆"四个字赫然呈现眼前，博得周围一片喝彩。老爷爷对我们说，他出生于1949年，有幸见证了70多年的沧桑巨变和巨大成就，今昔相比，从饱受欺凌、一穷二白，到现在成功举办奥运盛会、引领世界发展，自己最大的感慨就是国家站起来、富起来、强起来了。只有国家富强，我们的生活才会更有底气和奔头，生活才会越来越幸福。爷爷奶奶们的谆谆教诲使我们深受教育，让我们真正感受到开展志愿服务不仅仅是劳动体验和社会实践，更是心灵的启迪和思想的碰撞。我们用自己的劳动为社区文化活动作贡献，也在这个过程中收获了很多。那一幅幅书法绘画作品、一张张精致的剪纸，还有我们一起唱响的《一起向未来》歌声，都长久地停留在我的记忆中，难以忘怀。

虽然本次志愿服务活动已经过去一段时间了，但这次活动给我留下的印象和思考还久久萦绕在我的脑海中。习近平总书记说过："脚下沾有多少泥土，心中就会沉淀多少真情。"在紧凑充实的志愿服务实践中，我走进社区和居民生活，收获了许多课外知识，锻炼了与人交往的能力，了解了社区建设的成果，也感受到了奉献的快乐。人民群众是历史的创造者，是推动社会发展进步最为深厚的力量。"得民心者得天下，失民心者失天下。"作为新时代的青年，只有贴近群众、融入群众，才能接地气、增才干，才能茁壮成长、行稳致远。

在柳荫街社区的志愿活动还让我从多个角度全面认识了社会主义核心价值观。柳荫街社区给我留下深刻印象的除了优美的环境，还有人与人之间友善交往、真诚相待的和谐氛围。我们同一道开展邻里互助志愿服务的叔叔阿姨进行了深入交流，了解到正是持之以恒地开展社会主义核心价值观宣传教育让社区居民的思想境界不断提升，才有了如今和谐融洽的柳荫街社区。社会主义核心价值观已经在居民们的心中生根发芽，未来一定能够在社区治理中发挥出更大的作用。

奋斗是青春最亮丽的底色。作为新时代青年，我们也要高扬社会主义核心价值观，努力做到爱国、敬业、诚信、友善，致力于推动全社会的自由、民主、公正、法治，以青春的激情和奋斗，为建成富强、民主、文明、和谐、美丽的社会主义现代化强国做出贡献。

（撰写：黄梓楠）

【成果二】

火炬映冰雪，携手向未来

——"北京 2022 冬奥会火炬传递"志愿服务报告

2022 年 2 月 2 日，我有幸参加了冬奥会火炬传递志愿服务工作。我惊叹于冰雪盛会的惊艳绽放，为能亲身感受奥运精神而欣喜若狂。"童子何知，躬逢胜饯"，目之所及，便是盛世。

冬奥会火炬传递于 2 月 2 日至 4 日在北京、延庆、张家口三个赛区进行，其中，2 月 2 日在北京冬奥公园进行。全程传递距离共 20.7 公里，由 416 名火炬手接力完成。我的工作是作为 2 号车、17 号车的辅助车长，协助车长做好火炬手的点位安置工作。

在这 416 位火炬手中，有高校教师、政协委员、文体明星，也有快递小哥、基层干部、青年学生。在与这么多各行各业的火炬手接触的过程中，我深深感悟到"人"的可贵之处：我们不论从哪里来、从事什么工作，都在奥林匹克的旗帜下相会在一起，就像一朵朵雪花装点整个冬天。在伟大崇高的事业面前，我们每个人都是一样的，都会为见到火炬而激动不已，为有幸参与而倍感自豪。

经过几次的联排，在我们的共同努力下，火炬传递当天现场井然有序。调度组、火炬拆卸组、车长组、火炬手组、火炬护卫组、安保组、点位员组……所有人员各司其职、忙而不乱。在我护送第二批火炬手至点位时出了一点小问题：因为彩排时火炬手一直坐的是小型观光车，可是火炬传递当天是乘坐大巴，导致三辆大巴因"体型庞大"无法穿过桥下，延误了火炬手到位进程，当时我与火炬手们都十分焦急。可是没过一会，总部就紧急调来了我们的"老朋友"——小型观光车，顺利将火炬手们护送到位。我惊讶于组织方的及时行动和应急能力，在突发状况下能够迅速调整，及时解决问题，确保了冬奥会的每一个流程万无一失。

从早晨九点到晚上七点，十个小时跑来跑去，我们很难有时间歇歇脚、喘口气，但工作途中相遇的每一个人都会相视莞尔一笑——志愿精神就是哪里需要我们，我们就向哪里冲锋；我们身上展示的，是冬奥的风韵、国家的风度和中国青年的风采，所以我们感觉不到累。我们知道，北京冬奥公园的火炬传递活动能顺利进行的背后，是冬奥组委、石景山区委、各个岗位工作者的默默付出；我们每个人身上都承载着国家和民族的期望，每一个小小的岗位都在为冬奥会的成功举办添砖加瓦。能够成为这项活动的一名志愿者是我们人生的幸运，更是青春道路上值得永远铭记的一笔。

冰雪与火，多么奇妙的碰撞；运动与笑脸，多么完美的融合。这一次志愿服务经历教会了我很多，我希望北京冬奥会的精神可以流传下去，更高、更快、更强、更团结，所有人奋进新时代，一起向未来！

（撰写：高帆）

【成果三】

天地雪白，携起手来
——北京冬奥会城市志愿服务报告

2022 年 1 月 15 日至 1 月 28 日，在学校与石景山团区委的共同组织下，我很荣幸能够成为一名北京冬奥会城市志愿者。在这短短的两周时间内，我先后于石景山区的北京冬奥公园和喜隆多超市开展志愿服务，承担城市运行保障相关服务工作，宣传推广冬奥冰雪体育文化。

作为冬奥组委会及部分比赛场馆所在地，石景山区充分利用老厂区空间资源，盘活首钢工业遗址，完成绿色转型发展，打造了一系列与冬奥文化和冰雪体育相关的特色景点。春节的烟火与冬奥的圣火交相辉映，人们外出游玩的热情日渐高涨，城市运行、日常服务的压力也随之增大，面向普通群众的城市志愿者工作就变得尤为重要。

志愿服务期间，我主要负责为城市居民宣传冬奥文化，接待过往市民咨询。在志愿岗亭内，有完备的志愿服务资源供给，我们的任务是将冬奥知识宣传手册分发给过往人们。宣传手册内介绍了大量关于"绿色办奥、共享办奥、开放办奥、廉洁办奥"的理念，帮助人们了解冬奥知识，感受冬奥文化，体悟冬奥精神。人们争相领取与冬奥有关的一切宣传物品，看似朴实的行为却承载着北京市民对于冬奥的热情与期待。带有"冬梦"标志的冬奥纪念口罩，是最受人们欢迎的纪念品，佩戴这样的口罩让每一个人都倍感自豪。我深深体会到，冬奥会不仅是一场顶级国际体育竞技赛事，更代表着人类文明和精神传承。我们应该把冬奥精神传承下去，使之在普通人心中生根发芽、发扬光大。

志愿服务期间正值北京冬奥会开幕之期日渐临近，由于新冠肺炎疫情形势严峻，特别是奥密克戎变异毒株的出现，使得冬奥会疫情防控工作面临巨大压力，在志愿过程中我们也承担了许多与疫情防控相关的服务内容。在喜隆多超市服务点工作时，询问核酸检测点位置的市民数量很多，刚开始服务时，由于我们也不了解位置在哪儿，我便陪同一位问路的大爷一起寻找核酸检测点，在寒风中奔波了将近一个小时才回到志愿岗亭。

农历小年后，我们鼓励过往市民在心愿卡上写下自己的新年愿望和对北京冬奥会的期待。许多市民在心愿卡上写下本次冬奥会的口号"一起向未来"，有些市民写下新年美好的祝愿，一些小朋友用拼音代替自己不会的字写下"祝冬奥会圆满成功"，还有一些市民写下"祝祖国越来越好"。我们将所有的心愿卡串在一起，挂在志愿岗亭外。这些心愿卡不仅承载着市民们自己的小小心愿，更展现出中国人民对冰雪运动的喜爱和对 2022 年北京冬奥会的期待与祝福。

回忆着 14 年前那个火树银花的不眠之夜，当时我还只能隔着电视机屏幕感受镜头后的人声鼎沸，那些关于 2008 年北京奥运会的画面似在眼前却又因为记忆的封存而变得不那么真实。国家的强盛使北京这座城市成为世界上第一个双奥之城，童年里一切遥不可及的画面因为城市志愿服务这一机遇变得触手可及。而当我真正投入到这份工作时却发现奥运文化早已渗透在每个人点点滴滴的生活中——志愿过程中，许多学生主动要求给我们帮忙，他们的学校要求他们在假期中参与和冬奥会相关的实践活动；我们还遇到许多同是志愿者的叔叔阿姨，为我们讲述他们志愿过程中的独特经历与感受……人们对于冬奥会的热情如此，志愿服务精神亦是如此。

我记得北京奥运会那年春晚有一个小品叫作《北京欢迎你》，蔡明和郭达用诙谐幽默的语言告诉我们，只要有一颗热衷于帮助别人的心，任何人都可以成为优秀志愿者。这次冬奥会城市志愿服务的时间虽然不长，却足以让我对冬奥精神有了更深的体悟，对志愿服务精神有了真切的感受。未来，我将把微笑待人、热情助人的行为变成一种习惯，即使脱下志愿者的服装，也会背上志愿者的"行囊"，一路奋进，微笑前行。

（撰写：孙铭旋）

【附：实践参考资料】

志愿服务方案模板

一、活动主题

开展社区服务 弘扬时代新风

二、活动时间

××××年×月×日

三、活动内容

每 3 至 5 人组成一个小组，以小组为单位走进社区开展相关志愿服务活动，在服务社会的实践中领悟、培育、弘扬社会主义核心价值观。具体内容包括：

（1）保护环境，清洁家园。以"净化美化环境"活动为载体，组成学生志愿者保洁服务队，开展公共服务区清洁活动。具体任务包括：集中清理辖区广场、小街小巷卫生，清除垃圾死角，保持环境整洁；清除辖区内各主路段临街小广告；及时劝阻在控烟区内吸烟的人。

（2）扶弱助残，传递温暖。组成帮扶小组，开展"手拉手、结对子"活动，慰问留守儿童和空巢老人，同他们进行充分交流沟通，掌握他们的思想和生活情况。开展留守儿童亲情陪伴、自护教育、爱心捐助等志愿服务，辅导他们的学习，和他们一起玩游戏，让他们感受到关怀与温暖；为空巢老人做饭、打扫卫生，与他们聊天、谈心，让空巢老人"巢空心不空"。

（3）文明交通，人人有责。在城区主要交通路口开展文明交通劝导活动，针对行人乱穿马路、单车不按规定线路行驶、闯红灯等不文明行为进行宣传和引导，主动引导行人和驾驶人员文明礼让、注意安全，养成自觉遵守交通法规良好习惯，不断提升文明交通素养。

四、活动要求

1. 明确任务，制订计划

每个小组在志愿服务开始前选择至少两种志愿服务形式，选择完成后各小组拟定志愿服务计划，并将计划上交至指导老师予以审核。

2. 严格落实，提高质效

志愿服务要严格按照计划开展，认真负责，确保取得预期效果，防止表面化、形式化。在志愿服务过程中，老师将全程掌握活动开展情况，一经发现问题，及时纠正。

3. 积极总结，注重宣传

活动结束后每位同学要撰写志愿服务报告一份，包括志愿服务基本情况、主要做法、感想体会等内容，同时提交照片等证明材料。开展志愿服务期间，要认真领会学习社会主义核心价值观相关内容，在此基础上做好志愿服务工作，做到以知促行、知行合一。

四、网 络 实 践

(一) 网络实践目标

在信息化时代，网络图形已经成为具有突出传播力的宣传方式之一。高速信息化使得包括大学生在内的广大群体被形形色色的网络图形所包围，面对应接不暇的视觉冲击，受众往往缺少主动选择和深入思考的意识。而在网络图形中，公益海报凭借方寸纸上的静态图像，使宣传主题得到多层次多角度的展现，既可提高传播力度，又可使主题的引导说服功能更具亲和力，进而强化了观念，丰富了视觉表现。本实践环节安排学生设计以践行社会主义核心价值观为主题的公益海报，通过设计与文化的融合，使公益海报这一宣传图形在观念、思维、风格、审美上展现出独特的文化价值，激发学生的感悟力和创造力，进而引导学生在设计和展示的过程中受到教育和启迪。

(二) 网络实践设计

1. 实践任务安排

本环节安排学生开展践行社会主义核心价值观主题公益海报设计大赛，教师可于本章内容教学期间进行布置，于本章结束后集中收取学生的设计成果。设计主题既可以涵盖社会主义核心价值观的各个方面，也可以聚焦于某一特定方面，如弘扬爱国主义精神、传承中华优秀传统文化、厉行勤俭节约、倡导文明健康生活方式等。原则上学生应以小组为单位，共同完成设计任务，海报形式可包括：手绘、漫画、插画、平面设计、摄影、拼贴等，学生可充分利用 PS、Office 等软件，设计作品数量可不作限制，鼓励学生积极创作，产出更多成果。

2. 实践步骤设计

(1)实践任务布置

教师根据教学安排，确定公益海报设计的主题，并给学生适当发放模板作品，供学生学习参考。应明确设计海报的具体尺寸(如横版或竖版 8 开规格260mm×370mm)、像素(如 300dpi 分辨率)、大小(如每件作品不低于 3MB)、格式(如 JPG、PNG)等，便于学生设计时心中有数。本实践环节作为网络实践，要求学生提交电子版作品和设计说明。

(2)实践过程跟进

教师要在实践环节加强全过程指导，可向学生讲明设计过程，包括收集素材——创意设计——图像编辑——修改完善四个环节，指导学生明确责任分工，合理安排时间，稳步推进实施。在学生进行实践活动期间认真观察学生参与实践活动情况，及时了解和解决学生在实践活动中遇到的问题。

(3)实践成果验收

各组应于截止时间之前提交电子版海报作品和设计说明，作品应符合相关要求，设计说明应详细解读海报设计的主题、理念、创意、亮点及相关细节考虑。如海报作品和设计说明均符合要求即可认为本实践任务完成。

(4)实践成果展示

各组的公益海报作品和设计说明收齐后，可在微信公众号或教学群中进行集中展示，同时安排各组介绍作品的设计创意，并组织学生通过投票打分的方式进行评比，根据评比结果给予相应得分。除对作品进行排名外，还可评选最佳创意、最佳设计、最佳人气、最有美感、最具震撼力等专项奖，给予相应小组额外加分。感染力强、教育效果好的优秀作品可制作成实物在校园海报栏、公告栏处张贴。

(三) 网络实践评价标准

本社会实践环节可以从作品的原创性、主题性、创新性、艺术性四个维度考量，具体根据作品呈现和设计说明进行评价。

1. 原创性(25分)

创意新颖，均为原创，不存在抄袭、转载、剽窃他人作品的情况。

2. 主题性(25分)

内容与主题契合，积极健康、重点突出、表述清晰，能够较好地体现社会主义核心价值观的内涵和要求，展现当代大学生深入领会、坚决践行的信心和决心。

3. 创新性(25分)

运用独特的视角呈现对社会主义核心价值观的理解与感悟，呼应时代诉求、体现时代新风，个性鲜明，表现力强，令人印象深刻。

4. 艺术性(25分)

版面整洁、结构合理，色彩协调、富于美感，能表达一定的观点和态度，形成独特的风格，具有艺术观赏性和感染力。

(四)网络实践注意事项

1. 合理进行分组

考虑到一部分学生具有一定的美术、绘画和设计软件使用基础，因此在实践任务分组时，应有意识地将这些学生分散到各组中，确保各组均有骨干成员，力量相对均衡，防止出现有的组力量过强，有的组力量过弱的情况。教师可提前了解本班学生的相关设计能力，做到心中有数。

2. 注重软件应用

由于公益海报设计过程中学生将会普遍使用 Photoshop 等图形编辑软件，而此类软件具有一定的专业性，大部分学生缺少使用经验，不掌握相关技能，为此教师可向学生推荐一些网络入门课程，或安排有经验的人士、学生传授经验，帮助学生学习掌握相关技能。通过参加此实践教学环节掌握一项图形设计软件使用技能，也是学生的重要收获之一。

3. 强化审美能力

本实践环节考察的内容，除学生对社会主义核心价值观的认识理解以外，最重要的就是学生的审美能力。能否以图形之美彰显价值之美，是对学生的一个考验。因此，教师要注重对学生审美能力的培养，引导学生从艺术的视角欣赏公益海报等平面设计作品，并将艺术化的审美追求融入设计之中。可根据以往经验，将导致设计缺乏美感的情况如画面元素过多过满、字体过大过小、色彩不协调、重点不突出等情况提前告知学生，让学生加以注意，防患于未然。

4. 鼓励大胆创新

设计的核心在于创新。激发学生的创新思维，使他们充分发挥想象力，创造性地开展设计，也是本实践环节的初衷。教师要给予学生必要的支持和引导，鼓励他们强化创新意识，突破常规，大胆想象，以此来提高海报的冲击力和感染力，创造出独一无二的作品。

5. 坚决杜绝剽窃

由于网络上的相关素材和作品较多，要特别防止学生直接照搬照抄的情况，在布置任务时要特别强调相关要求，实践过程中要时时监督，结果验收时要注意查重。一经发现剽窃情况，要严肃批评，责令整改。

(五) 网络实践成果展示

"让厉行节约成为一种习惯"主题公益海报设计成果

【成果一】

设计说明：我们设计的海报上半部分由"人"字、水龙头、筷子组成一个"珍"字；左下角为一个灯泡，灯泡里是农民伯伯在辛勤耕作；右下角是"粮"字，寓意我们要节约粮食、珍惜资源、珍惜农民的劳动成果。

海报设计体现了创新性，海报上大大的"人"字突出了节约粮食、珍惜资源关键在于我们每一个人的行动；筷子上的"NO"表明节约粮食关键要杜绝餐饮浪费；擦汗的农民伯伯表现出"粒粒皆辛苦"的节粮爱粮中国传统美德，而农民与灯泡的组合凸显了劳动创造了资源和能源，体现了对珍惜资源的提倡和对劳动人民的致敬。

海报色彩搭配突出鲜明性，以白底黑字作为主体，强调了珍惜粮食、爱护资源的主题；不同的画面内容选择了不同的颜色代表，红色的大虾、蓝色的鱼和水滴、绿色的青菜与耕地、橙色的胡萝卜、黄色的"粮"字，搭配十分鲜艳美观、生动形象，给人以强烈的生活气息。

（撰写：李永辉）

【成果二】

设计说明：海报由文字"吃"和一系列倡导语组成，通过视觉的冲击以及各种意象的使用，向观者表达节约粮食的主题思想。画面简洁大气，色彩明艳富有张力，较好地融合了传统文化元素和现代文明精神。

海报设计特色鲜明、富有创意。特点有四：

第一，色彩鲜明，构图简约，富有视觉冲击力。画面中的色彩仅有黄、黑、白三种，以明黄色为底，配以黑色粗体的"乞"和白色盘子代表的"口"，让人眼前一亮，印象深刻；"吃"字底下竖排和横排的小字填补画面空白，又突出重点。

第二，运用传统文化元素，意蕴深远。画面中的明黄色和墨色都是中国传统色；隐约的"文""明""光""盘"和画面留白体现中国书画的审美情趣；"吃"字的组成部分"乞"字以毛笔书法写成……这些传统意象既传递了磅礴大气的美感，又暗喻节约粮食乃中华民族的传统美德。

第三，结合当代话语表达，主旨突出。"光盘行动"附以花体英文"clean up the dishes"，画面上方的"文明"也指现代饮食文明。说明节约粮食不仅是优良传统，更是现代文明进步的标志。

第四，大胆创意，构思巧妙。海报最大的创意在于"吃"字的设计。画面中的"吃"由"乞"字和空盘形成的"口"字组成，无"口"则成"乞"。寓意只有节约粮食，践行光盘行动，"吃"才长久稳固。浪费粮食不仅让我们无粮可吃，还会危害国家粮食安全，导致乞粮于人的悲惨境地。这一创意设计内涵深刻，发人深省。

（撰写：林子圣）

【成果三】

设计说明：海报中有格言警句和倡导语，以及简约的图案装饰。画面内容丰富，意韵深远，有力表达了节约粮食的中心思想；以亚麻色为底，设计朴素简约，又具空灵的美感，传达独特的审美观感。

画面上方的谚语"一粥一饭当思来之不易，半丝半缕恒念物力维艰"出自《朱子家训》，告诫人们珍惜粮食，节约用度。画面中下方的短语"中国式剩宴"一语双关，"剩宴"谐"盛宴"，但"剩宴"非"盛宴"，告诫人们摒弃铺张浪费的陋习；短语"舌尖上的浪费"结合时下流行语，告诫人们不以奢靡浪费为舌尖享受的代价；倡导语"让厉行节约成为一种习惯""厉行节约从我做起"都表达了对切身践行节约之风的倡导。短句在画面中分布匀称，字体使用恰当，设计既丰亦简。

画面中心的艺术字"空盘"和字底若隐若现的盘子是海报中心，展现空灵飘渺的审美意境，又以此意境突出"空"的旨趣，表达海报倡导"空盘"的中心思想。画面底色有亚麻质感，画面右上方和左下角的木质装饰、中间两侧的棕褐色结绳、盘子左下角的筷子，都体现了海报设计突出生活化的目的和古朴素简的气质，传递节约粮食、俭朴生活的主题。

（撰写：林子圣）

【成果四】

设计说明：本张海报以青花瓷元素为创意点，在以"节约"为主题的海报中融入青花瓷元素，在视觉上呈现我国古典文化的韵味。

青花瓷作为中国的代表名片，通过简练的线条配以单纯的色彩，表达出极为丰富的艺术语言，在中华文明发展的历史长河里是中国文化的象征。本海报主体以青花瓷的主色调为背景，以青花瓷制成的餐具为主要代表，辅之以富有传统文化韵味的花饰图案，将传统文化与审美情趣融汇于设计之中，既体现了文化的厚重感，又不失简洁明快

的特色，彰显了对传统文化的继承与弘扬。左上角一个醒目的"米"字，中间的一横延展出来，上半部分采用具象化的麦穗呈现方式，下半部分采用书法体呈现方式，使人联想到土地的宽广无垠，孕育出深深扎根其中的万物，给人以生生不息的希望，在创意中兼具生活品位和艺术气息。通过"让厉行节约成为一种美德""谁知盘中餐，粒粒皆辛苦"等宣传标语，告诫大家要勤俭节约，明白眼前盘中一餐来之不易，体现了海报的主题思想和实践理念。

（撰写：段家辉）

【成果五】

设计说明：本海报以文字为主要呈现方式，突出写实性和警示性。海报整体可分为上、中、下三个部分：上方的背景图是丰盛、美味的菜肴，所搭配的语句是"联合国粮农组织统计显示，全球每年约 1/3 的粮食被损耗和浪费，总量约每年 13 亿吨"，如此背景和语句让我们对当前粮食浪费的情况有了更加直观和深刻的认识。

海报的下半部分背景图是一群拿着空饭碗和在地上捡食物吃的非洲孩子，所搭配的语句是"世界 76.33 亿人口中至少还有 8.2 亿面临饥饿，相当于世界上每 9 人中就有 1 人挨饿"，这触目惊心的数据和最直观的背景图片与海报的上半部分形成了鲜明的对比，通过对比更能体现出节约粮食的必要性与浪费粮食的可耻，凸显了图片中部所表达的主题"让厉行节约成为一种习惯"。

该海报通过图片与文字的简单搭配，使人们对浪费粮食和珍惜粮食都形成直观的印象，同时将凸显严重情况的数据处理为描红加大的形式，给人以强烈的视觉冲击，表现出厉行节约、反对浪费的重要性、必要性、紧迫性。

通过上下部分形成强烈对比效果，烘托出海报想要表达的主题，引起观者共鸣。

（撰写：李永辉）

【成果六】

设计说明：最先映入眼帘的是海报左下角颗颗晶莹剔透的米粒，盛在盘中粒粒分明，象征着粮食是大自然给予我们的最好馈赠，也是人类劳动的结晶。透过它们似乎能看见大自然孕育生命的奇迹和劳动人民"春种一粒粟，秋收万颗子"的辛劳。米粒旁则印着家喻户晓的古诗"锄禾日当午，汗滴禾下土""我宿五松下，寂寥无所欢""江上往来人，但爱鲈鱼美"等，体现了食物制作的不易与艰辛，反映了珍惜粮食、勤俭节约是中华民族的优良传统。海报右侧及上侧由盘子和土地拼接而成，从土地到餐桌，是食物的加工流程，也是人力、物力的消耗与付出。不负土地，不负人民，不负辛劳，是海报的主题，更是我们的责任和使命。最后，鲜亮白色的"谁知盘中餐，粒粒皆辛苦"和"让厉行节约成为一种习惯"标语，起到了提纲挈领、深化主旨的作用，让观者坚定了弘扬传统美德、厉行勤俭节约的信念。

（撰写：韩欣瑜）

【成果七】

设计说明：整张海报以形象的图片和明暗对比鲜明的色彩，体现了主次分明的特点。具体来说，以朴素的沙砾纸为底色，凸显醒目且上下呼应的"珍惜粮食""反对挥霍"八个大字，并在右下角以大大的"NO！"进一步强调作者呼吁杜绝浪费粮食的坚决态度。海报正中间是一个还未吃完的汉堡包，剩下的一半赫然指向以曲线为表现形式的简短文字"你的挥霍正伴随着别人的饥饿", 且"你的挥霍"部分采用红色高光标注, 突出重点的同时进一步增强了警示和告诫作用。

文字部分言简意赅, "珍惜粮食, 反对挥霍"的环保主题鲜明、态度坚决; 图片部分以"一半吃完, 一半剩下"的汉堡包为主体, 引出不文明行为和残忍现实, 再次与主题遥相呼应并实现进一步的强调; 色彩部分采用饱和度较低的"桔梗绿"和"沙砾黄", 暗示朴素的粮食种植产业。在整张海报中占幅少但十分重要的部分则采用醒目的"鲜红色"为底色, 将人们的目光聚焦于"浪费粮食"这一血淋淋的事实, 进一步加强了警示教育作用。

整张海报的特别之处在于曲线部分, 以流畅的线条指引人们的目光由"挥霍粮食"的行为自然转移至其将造成"别人饥饿"的悲剧, 更巧妙的是二者之间不仅有曲折的虚线, 暗示两者之间有着千丝万缕、不可分割的内在关系, 还有一条加粗的实线, 明示挥霍浪费的行为毋庸置疑最终将带来不可估量的饥饿问题。虚线实线的转换之间, 寓意浪费与饥饿的恶性循环, 让人们清晰意识到挥霍粮食的行为与全球范围内的饥饿问题有着直接关系, 凸显了海报的警示性。

（撰写：郎黎）

【成果八】

设计说明：海报以多个圆圈组成的"光盘"为切入点, 文字"厉行节约、从我做起"位于圆盘的中央, 凸显出整张海报要表达的主题, 即"节约从自身做起", 白色的字体加上红色背景, 具有较强的视觉冲击力。海报下方是一碗米饭和一盘菜, 上方是一只正拿着筷子欲夹菜的手, 但手没有直接伸向饭碗, 而是停留在光盘上, 暗示人们在拿起餐具就餐以前, 要身体力行从眼前的盘中餐做起，树立"厉行节约、反对浪费"的良好风尚，以实际行动反对浪费行为，达到像古人所说的"君子以俭德辟难，不可荣以禄"的高度。整张海报主题鲜明，表达简练，通过直观的手法突出表现节约的重要性，强化了宣传效果。

（撰写：段家辉）

【成果九】

设计说明：整张海报以对比鲜明的红白两色为主色调，红色底色与白色文字的搭配组合使主题更加凸显和鲜明。

文字部分，以左上角的"谁知盘中餐，粒粒皆辛苦"、左侧的"珍惜粮食"、左侧和右侧皆有的"珍惜粮食"英文翻译"cherish food"以及底端构成逻辑递进关系的"养成习惯/点餐适量/践行光盘"及其英文注释等为主要组成部分。其他部分则由正中间的"厉行节约，从每一'粒'开始"及其背后被淡化处理的传统文化中关于节约的名言警句、道德品质等组成。

图片部分，是一位正在收割粮食的农民站在一个个堆叠起来的盘子中辛勤耕种的场景，揭示了正是

因为农民的辛勤耕耘，才有了丰盛的、解决每一个人温饱问题的粮食。同时，"粒"即"立"，暗示只有我们珍惜每一粒粮食，农民的辛劳付出才没有白费，他们的身子才能直立起来，真正体会到自己劳动的价值，感受到劳动成果被人珍惜的幸福与安慰。

　　整张海报传达的情感是十分温情的。除了彰显"节约"主题，还充分引入我国古代关于劳动的赞美之词，如"农家勤苦""以农立国"……更好地唤起现代人与传统农业及那些给予我们生存基本保障的人们的深厚情感，是一幅传统底蕴深厚且充满人文主义关怀的佳作。海报文字部分除中文外，还有英文翻译，表明作者不仅站在中国人的视角，还希望借此唤起全世界人民的情感共鸣。

（撰写：郎黎）

【成果十】

　　设计说明：海报由文字、图片两部分组成，左边醒目的红色条幅上写着"珍惜粮食，杜绝浪费"八个大字，配上汉语拼音，色彩突出，主题鲜明。海报标语旁"一粥一饭，当思来之不易，一丝一缕，恒念物力维艰"的警句出自《朱子治家格言》，古代的家训是先辈对后代的期许与要求，更是对中华文明的传承与弘扬，引入海报中意在提醒我们，珍惜粮食是每一位炎黄子孙的品德之基。海报的右侧是饱满的金黄色麦穗，在蓝色的天空下呈现出生机盎然的景象，意在通过展示食物的美好唤起人们珍惜粮食的意识。这幅海报主题明确，寓意深远，色泽明快，构图精巧，将传统家训与自然之美结合，起到了较好的宣传教育效果。

（撰写：韩欣瑜）

第五章　遵守道德规范　锤炼道德品格

中华民族历来崇尚道德，推崇德行。大学时期是道德观形成和发展的重要阶段，在这个时期形成的道德观念、锤炼的道德品格对大学生的人生发展将产生决定性影响。新时代大学生提高自身的道德素质，必须在认真学习道德的基本理论，树立马克思主义道德观基础上，以实际行动继承和弘扬社会主义道德，践行中华传统美德和中国革命道德，做人类优秀道德规范的坚定追随者和自觉履行者，在崇德向善的实践中，不断提升道德境界，打牢人生基础。

本章通过无领导小组讨论、校园文明主题教育、道德宣传日活动、网络舆情事件评析等实践教学环节，引导学生在实践活动中理解社会主义道德的核心与原则，体会优秀道德成果的滋养，坚定投身崇德向善道德实践的自觉性和坚定性，进而提升学生的道德水平，引导他们成为社会公德、职业道德、家庭美德和个人品德的优秀传承者和示范者。

一、课内实践

(一)课内实践目标

无领导小组讨论是一种由若干成员组成一个临时工作小组，讨论给定的问题，并做出决策的职场招聘面试形式。由于这个小组是临时组成的，并不指定谁是负责人，因此可以考察每一名讨论者在小组中的表现，从而选拔脱颖而出者。无领导小组讨论主要观测讨论者的组织协调能力、口头表达能力、辩论说服能力等，同时还可探查讨论者的自信程度、进取心、情绪稳定性、反应灵活性等，因此，在课堂上开展无领导小组讨论，既有助于学生深入思考课堂所学，又可以帮助学生锻炼思维和口才，获得全方位的提高。本实践环节组织学生通过无领导小组讨论的形式，就遵守道德规范、锤炼道德品格相关问题进行讨论，引导学生明大德、守公德、严私德，不断提升道德修养，做到积极向上向善，知行合一。

(二) 课内实践设计

1. 实践任务安排

组织学生结合课堂所学，认真阅读给定材料，在此基础上针对道德观、道德建设的相关问题开展无领导小组讨论。安排一组学生于课堂上进行讨论展示，其他学生课下分别进行。

2. 实践步骤设计

(1) 实践任务布置

根据课程内容安排于第五章第一节"社会主义道德的核心与原则"期间对本实践任务进行布置，将阅读材料、无领导小组讨论题目(见"实践参考材料")和实践要求告知学生，并组织愿意参加无领导小组课堂讨论展示的学生报名(不超过8人)，其他学生于课下自行组织讨论。

(2) 实践过程跟进

教师要根据课程进度、教学安排和学生课业压力，督促学生按要求组织开展无领导小组讨论活动，旁听部分小组的讨论，及时了解和解决学生在实践活动中遇到的问题。参加讨论的学生确定以后，可对学生进行指导，提示注意事项，保证讨论效果。对在各组讨论中积极主动的学生予以记录，对消极对待的学生要及时予以督促整改。对参加讨论的学生考核时可适当加分。

(3) 实践成果验收

各组要将开展无领导小组讨论的情况及相关录像、录音文件提交给教师，各组成员要撰写并提交参加无领导小组讨论的心得体会。教师结合学生讨论情况、内容和小组讨论时的活跃程度、小组成员参与主动性情况，按照实践评价标准相应赋分。原则上完成无领导小组讨论任务的成员获得相同的基础分数，在此基础上根据具体表现给予相应加分，具体幅度由任课教师根据实际教学情况和学生具体表现综合判定。

(4)实践成果展示

本章教学任务进入尾声时，于课堂上安排无领导小组讨论展示。展示时可安排学生担任主持人、计时员等，讨论全程教师和其他学生保持安静，不参加讨论，讨论结束后进行点评。

(三)课内实践评价标准

评价采用百分制，其中小组成绩占60分，个人表现成绩占40分。原则上小组完成讨论任务，每个人即可获得60分，在此基础上根据个人表现赋个人分。

1. 小组整体评价标准(60分)

严格按照无领导小组讨论的流程进行；时间安排合理，无超时现象；讨论充分，小组最终达成一致；推选代表总结全面，能够反映出小组讨论的基本情况。

2. 小组成员评价标准

(1)综合分析(10分)

思路是否清晰，逻辑是否严密，分析问题是否全面深入；能否抓住问题的关键和争议焦点；能否准确有效地理解、把握、提炼别人的观点。

(2)组织协调(10分)

在讨论中能否求同存异，正确引导小组的讨论方向；能否把控小组的讨论进程，恰当地引导小组推进讨论任务和衔接转换；能否有效平息化解小组成员之间的争议矛盾，推动小组形成一致的意见。

(3)人际沟通和语言表达(10分)

能否耐心倾听别人的观点，理解他人的立场和情绪；能否采取恰当的态度和方式有策略地与他人沟通；能否清晰准确地表达自己的观点和思想，语言是否流畅生动，是否具有较强的说理性、思辨性和说服力。

(4)情绪稳定(5分)

面对压力时能否沉着冷静地积极应对，不急不躁；面对质疑甚至冲突时能否控制情绪、妥善化解，始终保持从容淡定。

（5）举止仪表（5分）

讨论过程中是否自信大方、彬彬有礼，言谈举止表现良好的个人修养。

（四）课内实践注意事项

①在讨论题目的设计上，本环节安排了3道题目供学生选择：第一题为选择性正向题目，即"选出你认为对于大学生来说最重要的5项品德，并按照重要性进行排序"；第二题为选择性反向题目，即"选出你认为危害性最大的5种行为，并按照危害大小进行排序"；第三题为开放性措施题目，即"提出加强大学生道德教育的5条措施，并按照重要性进行排序"。这样的安排主要是考虑引导学生通过讨论既能够有意识地树立较高的道德标准，又能够明确日常行为的底线，同时还能站在解决问题的角度提出对策措施，体现了思辨和践行的统一。要求排序是无领导小组讨论题目的惯常做法，可以增强讨论的难度，从而更好体现学生的综合素质。

②在讨论材料的选取上，给学生两则材料，前者主要侧重于社会公德、职业道德、家庭美德方面，后者主要侧重于个人品德方面，以此引导学生全面理解社会主义道德的基本内涵。在这两则材料的基础上，教师可另行提供一些引发社会广泛关注的正反两方面道德类案例，引导学生深入思考，更好地参加讨论。

③在实践任务的布置上，考虑到绝大多数学生缺少无领导小组讨论经验，教师在布置实践任务时，应详细讲解无领导小组讨论的流程、要求、注意事项等内容，使学生准确理解无领导小组讨论的目标任务和实质。如：告知学生应严格遵守限定的时间，无论个人陈述观点还是集体讨论，均不应超时；强调无领导小组讨论不同于辩论，组员之间虽有分歧和争议，但仍是一个团队，最终目标是达成一致，因此须进行必要的妥协和让步，否则可能导致全组任务失败；提醒学生除了阐述清楚自己的观点以外，要准确理解把握其他人的观点，在此基础上进行讨论和辨析，防止各说各话，只关注自己的观点等。

④在展示环节的组织上，要鼓励学生积极报名参加，确保展示人数符合讨论要求，若报名人数较多，则应通过恰当的方式进行选拔，不宜在展示中安排过多讨论者，影响讨论效果；要安排好展示期间的相关组织工作，如讨论的地点、时间、现场组织的学生等，确保展示顺利进行。

⑤在现场秩序的维护上，尽管原则上教师不在讨论过程中进行点评，不打断讨论进程，但当讨论明显出现方向性偏差，或者僵持不下可能导致任务失败时，教师仍可进行适当提醒，以确保讨论达到预期效果。

⑥在现场展示的点评上，可安排小组成员先自评和互相点评，反思自己在讨论中的表现，指出其他成员讨论过程中表现出的优点和不足，同时可安排场下观看的学生就讨论题目、讨论过程中的争议、讨论者的表现、讨论结论等发表观点，促进学生之间的交流。教师点评时，应重点从三个方面进行：一是点评整场无领导小组讨论的情况和学生的表现，可从正反两个方面进行点评，引导学生注重提高思辨能力、团队协作能力、人际沟通能力等；二是点评讨论得出的结论，对于纳入结论的选项可进一步分析其被纳入的原因，对于没有纳入结论的选项也应强调其现实针对性，教育学生深刻理解并践行；三是结合课堂所学相关内容进一步强调树立正确道德观的重要性，要求学生锤炼道德品格并身体力行遵守道德规范。

(五)课内实践成果展示

无领导小组讨论心得体会

按照"思想道德与法治"课程的安排，我参加了无领导小组讨论课堂展示。本次无领导小组讨论主要围绕大学生思想道德教育的主题展开。我们参与讨论的八名同学根据各自的看法，经过讨论分析，分别从材料中选取了五项对于大学生而言最重要的品德，经充分讨论最终达成了一致。这是我第一次参加无领导小组讨论活动，感觉自己收获很大，学到了很多，现将心得体会分享如下：

首先，在无领导小组讨论的过程中不要太过于关注自身的角色，要在讨论之中推动问题的真正解决。在本次参与讨论之前，我内心非常紧张。为了更加充分地准备，我上网搜索了很多参与无领导小组讨论的方法技巧。几乎每一篇文章都说无领导小组讨论中包括很多种角色，如"领导者""计时者""追随者""总结者"等，而只有成为"领导者"才更容易出彩，"追随者"则很难获得优秀的评价。但真正参与无领导小组讨论之后，我才切实感受到，无论成为什么角色，都要真正投入到讨论中，要带着问题导向的理念去积极地按照题目要求解决问题，而不是总想着自己应该争取扮演一个有利的角色。在本次无领导小组讨论中，我并没能占据先机成为"领导者"，但我始终坚持真诚地推动问题的解决。我们组在讨论过程中对"网络慎独"和"礼貌待人"两个选项发生了分歧，相持不下。秉持解决问题的态度，我先是阐明了自己的观点，梳理了分歧的聚焦点，引导分歧双方说清楚选择的理由，最后通过归纳合并，提出了我的观点，即"礼貌待人"和我们已经确定下来的"通情达理"具备一定重合性，但"网络慎独"则相对独立，因此应当予以保留。通过我的阐述，大家及时化解了分歧，使得讨论得以继续推进。在点评环节中，我也很荣幸得到了同学们的肯定。从旁观者的角度看，一个人是在扮演还是在真正推动讨论的进行是很容易看出来的，往往真诚地推动问题解决的人会受到同伴的欢迎，更会受到评委的认可。

其次，要有团队合作意识和礼貌修养。在本次无领导小组讨论中，有好几次出现意见不统一的情况，担任"领导者"角色的同学都在强调通过组内投票少数服从多数，结果收效甚微，甚至还引起持相反意见同学的不满，使得分歧更加严重；也有同学时刻想要掌控全局，过分强调自己的观点而忽略了对别人观点的记录，甚至频频打断别人发言，以为只有自己的观点得到伸张，自己的表现被人看到，才能有胜算。殊不知，无领导小组讨论除了考察一个人的说理能力，还重视团队协作能力和个人素质修养，这往往成为我们的加分点。无领导小组讨论和结构化面试最大的区别就是要考察一个人在一个团队中能发挥什么样的作用，在和别人交往中会散发什么样的磁场，能不能成为一个让大家接纳、信服的人。因此我觉得在无领导小组讨论的时候，协商和妥协的艺术是重要且必要的——我们不能将自己的观点强加到别人身上，同时别人有益的思考和想法也会给我们创造性的启示，所以在讨论时，我们一定要学会认真倾听，学会沟通与合作。

第三，要学会判断分析场上的情势和走向，在找准自己节奏的同时，适当合理地引导其他人的节奏。无领导小组讨论的过程是一个信息爆炸的过程，也是一个瞬息万变的过程。大家各抒己见，风向标随时偏移，这个时候就考验一个人的信息整合能力和节奏引导能力。在讨论时，要选出大学生最重要的五种道德品质，关键就在于确定"重要"的标准。一开始，大家各抒己见，分歧很多，为了说清楚自己的观点，有同学甚至讲起了自己亲历的故事，从故事讲到个人成长，有离题的倾向，在我们的提醒下才收了回来。我提议大家先划定评判"重要"的标准，从"对自己的影响""对他人的影响""对社会的影响"等角度出发，判断材料所给的道德品质的重要等级，这个观点得到了大家的支持，讨论才逐步回到有序的正常轨道上来。准确把握讨论走向，跟进场上所有人的观点，不断完善自己的观点，适时提出建设性的建议和想法，确保讨论的顺利进行，也是无领导小组讨论非常需要的能力。在本次讨论中就有这样的同学，他说话并不多，表现也并不是非常活跃，但往往一两句话就能起到统一思想、推进讨论的"点睛"作用，这样的同学最终也能得到很多人的认可。

当然，这次无领导小组讨论对我来说，最重要的不是经验和技巧，而是在讨论过程中，对当代大学生的道德素养有了更深刻的体会。在一个个选项的取舍和观点的辨析中，我们都深刻感受到，作为新时代大学生，提高自己的思想道德素养，无论对于个人还是社会，都至关重要。无领导小组讨论虽然告一段落，但我们对于自身思想品格的反思和塑造却不应该停止。从这个意义上讲，人生就是一场无领导小组讨论，我们应该懂得取舍、正确选择，回答好成长的必答题。

（撰写：张经略）

【附：实践参考材料】

阅读材料和讨论题目

1. 某网站提出当代大学生应该具备的 10 个道德品质为：(1) 爱国奉献；(2) 诚实守信；(3) 勤劳敬业；(4) 礼貌待人；(5) 乐于助人；(6) 律己宽人；(7) 网络慎独；(8) 表里如一；(9) 通情达理；(10) 公正无私。

2. 某高校统计调查显示，大学中存在的比较常见的不文明现象有：(1) 休息时间在宿舍喧哗或大声打电话；(2) 随意占座；(3) 公共洗衣机里洗内衣、袜子甚至鞋子；(4) 很用力关门；(5) 食堂就餐插队；(6) 抄袭作业和考试作弊；(7) 情侣在公众场合过分亲密；(8) 图书馆里手机不调静音；(9) 把垃圾留在课桌抽屉里；(10) 饭后不收拾餐具；(11) 浪费粮食；(12) 在课桌、墙壁上乱刻乱涂乱画。

讨论题目：

1. 通过阅读第一则材料，选出你认为对于大学生来说最重要的 5 项品德，并按照重要性进行排序。

2. 通过阅读第二则材料，选出你认为危害性最大的 5 种行为，并按照危害大小进行排序。

3. 请提出加强大学生道德教育的 5 条措施，并按照重要性进行排序。

讨论流程：

1. 每个组选择一个问题进行讨论，讨论前准备时间为 15 分钟。

2. 每名成员首先逐一进行观点阐述，每人 3 分钟。

3. 小组进行集体讨论，达成一致意见，并推选 1 名代表进行总结，讨论时间 35 分钟，总结时间 3 分钟。

4. 小组成员互相点评，指出讨论过程中彼此的优点缺点。

5. 教师点评。

课前指导：无领导小组讨论的十个实用技巧

无领导小组讨论这种面试形式，由于具有效率高、可比性强、观察全面等优势，越来越多地在各类人才选拔招录考试中得到应用。

下面总结了决胜无领导小组讨论的十个关键性技巧，希望对大家有所助益。

技巧之一：抓住题目要害，防止经验主义。

技巧之二：陈述力求深刻，展示理论亮点。

技巧之三：强化"流程思维"，全力推动进程。

技巧之四：力求综合论证，确保自圆其说。

技巧之五：善于反思变通，被动化为主动。

技巧之六：抓住"七寸"不放，明辨是非对错。

技巧之七：态度张弛有度，展现格局风范。

技巧之八：全程认真记录，做到一丝不苟。

技巧之九：学会见缝插针，善于首尾相顾。

技巧之十：抓住展示机会，画上圆满句号。

对于结尾陈述来说，建议大家都去积极争取，因为这是一个难得的展示机会。平时练习中大家就要做好展示的准备，对于展示中的各种技巧了然于胸，这样总结陈述的过程将成为加分的过程。有的同学会担心，如果在前面的讨论中自己发挥得不好，推选总结人的时候，估计也没有人会推选自己，那么还有必要去争取吗？其实这种情况下还是应该去争取一下，为自己翻盘创造一个机会。如果前面的讨论乏善可陈，后面的总结又甘当看客，那自己就真的只能"为他人做了嫁衣裳"。莫不如放手一搏，精彩的总结和担当的勇气都会提升考官的好感，最终实现逆袭也未可知！

（来源：http://www.zhuanlan.zhihu.com/p/137414193，有删节）

二、校内实践

(一)校内实践目标

大学生的文明行为习惯是思想政治素质和道德品行的基础。然而文明行为习惯不是先天具有的，必须通过不断的学习、良好环境的熏陶、有意识的培养方能形成。当代大学生大多是独生子女，相对缺乏生活阅历，生活自理能力较差，大学以前的生活阶段主要由父母和家人进行全程照看。进入大学以后，日常生活主要依靠自己安排和管理，导致一些学生不能很好地养成良好的生活习惯，产生种种校园不文明行为。因此明确日常行为标准，培养健康文明的生活习惯，对于提高大学生的思想道德品质具有重要意义。本环节通过组织学生开展以校园不文明现象大讨论为主要内容的主题教育活动，并在此基础上提炼形成校园文明行为规范，引导学生自我反思、自我教育，达到树立起更高的道德意识和行为标准、身体力行杜绝校园不文明现象的目的。

(二)校内实践设计

1. 实践任务安排

由教师或教师所在部门牵头联系党委或学生工作部、团委等有关职能部门，组织学生以班级为单位开展"抵制不文明现象，共建和谐校园"主题教育活动，收集校园中存在的不文明现象，进行广泛深入的大讨论，认清校园不文明行为的具体表现、现实危害以及对自身成长发展的不良影响，在此基础上提炼形成校园文明行为规范，培育校园新风。

2. 实践任务设计

(1)实践任务布置

教师根据课程进度和教学安排，将学生划分为若干讨论小组。先由各组组织学生广泛收集校园不文明现象的表现形式，再进行集中讨论，形成讨论成果。教师再组织全班进行集中汇报展示，分享小组成果，在此基础上通过充分讨论，形成校园不文明行为清单和学生文明行为规范。

(2)实践过程跟进

教师根据课程进度、教学安排和学生课业压力，科学合理安排学生进行讨论，讨论时间、场所等由学生利用课余时间自行安排，教师可适当参加部分小组的讨论，并在结束讨论后予以点评。讨论期间，认真观察学生参与讨论的情况，及时了解和解决学生在讨论中产生的疑惑和遇到的问题。对在讨论中积极发言、表现优异的学生予以记录，对发言不积极的及时督促。教师要积极引导学生围绕小组讨论主题，深刻理解讨论校园不文明行为的目的，使学生通过讨论认清不文明行为的表现和危害，坚决抵制校园不文明现象。

(3)实践成果验收

本实践任务以集中汇报展示的形式进行验收，每组将分组讨论的文字记录和音视频文件提交给教师，并将校园不文明行为清单、学生文明行为规范等讨论成果制作成 PPT 于课上进行展示，教师和学生代表根据讨论和展示的情况予以打分，确定各组的分数。对于在讨论和展示过程中发挥骨干作用的学生，可予以适当加分，小组其他成员采取相同赋分。

(4)实践成果展示

根据学生提交的讨论成果，制定或改进关于校园文明行为的系列文件，包括校园不文明行为清单、学生文明行为规范、文明行为倡议书等，在校园网、公众号、海报宣传栏、校园广播等平台发布，强化宣传教育效果。学校有关部门可以此次主题教育为契机，通过班会、团日活动、学生文化活动等载体，开展承诺践诺、参观学习、演讲辩论、节目展演等丰富多彩的活动，营造浓厚的校园文明氛围。

（三）校内实践评价标准

本实践环节围绕讨论、展示、成果三个维度进行考核评价，具体为：

（1）讨论环节（30分）：是否按时间开展讨论；讨论是否充分深入，组内成员是否均积极发言、充分交流；讨论文字和音视频记录是否全面完整记录讨论情况等。

（2）展示环节（30分）：是否按要求全面展示本组讨论成果；所制作的PPT是否准确、美观；展示过程是否阐述充分、有理有据、表达流畅、形式新颖等。

（3）实践成果（40分）：梳理的校园不文明现象是否全面典型、概括准确；制定的学生文明行为规范草稿是否逻辑清晰、内容全面、要求明确，具有较强的针对性和指导性。

（四）校内实践注意事项

1. 讨论要全面深入

要鼓励学生敢于自我反省、自我反思，实事求是地对待校园不文明现象，从自己和身边人、身边事入手，查找日常生活中不易觉察的不文明现象，防止以偏概全、避重就轻，防止大而化之、笼而统之。可以结合网络上的相关报道，进行归纳、总结、提炼，确保查证的不文明行为清单具有全面性、典型性、代表性。在梳理不文明现象的同时，要引导学生深入思考这些不文明现象的危害和产生原因，为自觉抵制奠定基础。

2. 展示要生动形象

由于本实践环节涉及的内容与学生日常学习生活息息相关，学生在小组展示时可以充分结合现实生活中的实例，融入短视频、漫画、小品表演等方式，提高展示的生动性和亲和力。当然，在列举不文明现象实例的时候，也不宜直接指名道姓，使学生之间产生矛盾、误会。

3. 成果要严谨规范

本实践环节的成果是不文明行为清单和学生文明规范，具有官方文稿的性质，因此学生在提交时要注意其结构、内容、逻辑、语言表达等要素均应符合相关要求，不可过于随意，如该整合的应当予以整合，该拆分的应当予以拆分；不文明行为应进行适当归类；行为规范应该体现出"要求"和"倡议"的口吻等。

4. 教师要做好引导

虽然实践教学活动的主体是学生，但教师在整个过程中也要积极作为，做好组织、引导工作，如布置任务时可适当举例，提醒学生注意一些不自知、不自觉的不文明行为；要告知学生不要将不文明行为与违纪行为甚至违法行为简单等同，缩小其范畴；要提醒学生从教室、图书馆、宿舍、网络等维度进行思考，覆盖日常学习生活的方方面面；要积极与有关部门协调，为拓展主题教育成果、开展丰富多彩的相关活动创造良好条件。

(五) 校内实践成果展示

【成果一】

校园不文明现象负面清单

(1) 教室不文明现象。迟到、早退、逃课；上课时不认真听讲，睡觉、玩手机或做与课堂无关的事；在已经上课的情况下未经报告直接进入教室，上课过程中未经请假随意离开教室；上课时交头接耳，影响课堂秩序；手机不调为震动或关机；在教室内吃东西；离开教室时不带走垃圾；最后离开教室时不关灯等。

(2) 图书馆不文明现象。不还书或不按时还书；看过的书不放回原位，甚至把自己喜欢的书私自藏匿到隐蔽处；在借阅的图书上随意标注、乱涂乱画；为自己或他人占座；手机不调为震动或关机等。

(3)宿舍不文明现象。不整理内务，不注意个人卫生，床铺脏乱，衣服和物品随意堆放；休息时间在宿舍内喧哗、打电话、唱歌等，影响他人休息；不及时倾倒垃圾，不进行垃圾分类，甚至直接将烟蒂、快餐盒或其他的垃圾甩出窗外；私用电炉及其他学校明文禁止的大功率电器；向洗手池、厕所内乱扔杂物，上厕所不冲干净；在洗衣机里洗内衣、袜子、鞋等。

(4)餐厅不文明现象。取饭不排队，就餐先占位；大声喧哗、拥挤无序；点餐超量、造成浪费；到清真餐厅食用非清真食品；饭后不收拾餐盘，或餐盘不送残食车等。

(5)网络不文明现象。信谣传谣、添油加醋，甚至无中生有、造谣生事；无端谩骂、指责、诋毁他人，实施网络暴力；人肉搜索，侵害他人隐私权等。

(6)其他不文明现象。不尊重老师、长辈、同学和校园内的工作人员，言语顶撞或背后议论，将其照片制作成恶搞表情包，或起不雅绰号；背后议论或当面嘲笑他人，把粗话脏话作为口头禅，甚至辱骂他人；以大欺小，以强欺弱甚至打架斗殴；随手乱扔垃圾，随地吐痰；在教室、食堂、厕所、宿舍等场所抽烟、酗酒；偷窥、散播别人隐私；情侣在公共场所过度亲密；校园里骑车、开车横冲直撞；奇装异服，浓妆怪发，穿着打扮与学生身份不符；拉帮结派，搞小团伙、小圈子，甚至拉票贿选等。

【成果二】

大学生文明行为规范

为增强学生文明意识，构建文明和谐、积极向上、有利于同学们健康成长的校园氛围，我校全体学生应遵守以下行为规范：

一、课堂行为规范

1. 预备铃前进入教室，不迟到、早退或旷课，按时出早操；严格履行请假手续，杜绝个人或协助他人考勤舞弊。

2. 不戴帽子、不穿背心或拖鞋等进入教室和图书馆等公共场所。

3. 课前自觉将手机及其他电子设备存入手机存放柜；不带食品进入教室；遵守课堂纪律，不交头接耳、不睡觉、不看与课程无关的书籍资料等；尊重老师知识产权和劳动成果，未经批准不得将老师上课课件等内容发布到网上或进行商业性传播。

4. 爱护教室环境，不乱扔废弃物，离开教室带走废纸杂物；对课堂教具、设备等须加以爱护，不要随意移动，不得污染或损毁；爱护教室照明设备，节约用电，离开教室时随手关灯、关空调、断电。

二、图书馆行为规范

5. 自觉维护图书馆秩序，不大声喧哗，自觉将手机调成静音状态，不带食品入馆，不带饮料进入书库区域。

6. 爱护图书馆内设施设备，注意用电安全，发现损坏及时报修。

7. 遵守图书馆自习区预约签到制度，不违规占座。

8. 遵守图书借阅制度，爱护书籍，及时归还。

9. 不在非吸烟区吸烟，营造良好的学习环境。

三、宿舍行为规范

10. 遵守作息制度，按时起床、就寝，未经请假不晚归或在外留宿，不因玩游戏或其他活动影响他人休息。

11. 不在宿舍起哄滋事、喝酒、赌博、吸烟；不损坏和私自拆装宿舍设备，不留宿校外人员。

12. 注意内务卫生，不养宠物，自觉进行垃圾分类，不把垃圾堆放在垃圾桶旁，不向水池内倾倒杂物。

13. 假期离校时锁好门窗、熄灯断电，注意防火防盗；毕业离校时收好个人物品，不乱扔杂物。

14. 注意宿舍用电安全，不使用不合格电器，最后一名离开宿舍的同学务必拔除各类用电类物品插头，消除寝室火灾安全隐患。

15. 文明洗衣，不混用男女洗衣房，不使用公共洗衣机清洗袜子和贴身衣物，及时取回晾衣房已干衣物，方便他人晾晒衣物。

四、食堂行为规范

16. 用餐文明有序，自觉排队，按要求回收餐具，不得在食堂大声喧哗。

17. 节水节电，爱惜粮食，积极参加"光盘"行动，避免浪费。

18. 尊重民族风俗，不在清真就餐区食用非清真食品。

五、个人礼仪规范

19. 养成良好个人卫生习惯，保持仪容整洁。

20. 着装朴素大方，男生不染发、不留长发；女生不浓妆艳抹，不着装暴露，不染过于鲜艳扎眼的发色。

21. 校园里遇见老师、长辈等使用敬语；参加活动时遇有来宾，应起立致意，结束时让来宾先行。

22. 低楼层不乘坐电梯，等候电梯时自觉排队，按序上电梯；电梯内不大声喧哗，保管好个人随身物品，背包放在身前，避免影响、挤撞他人；上下楼梯自觉靠右。

23. 同学间交往真诚友爱、包容忍让，不取笑、谩骂他人，不造谣传谣或故意制造同学矛盾，杜绝庸俗人际关系；异性交往把握分寸，做到自尊、自重、自爱。

【成果三】

"校园文明我先行"顺口溜和漫画

校园生活讲文明　行为端正重品行
言谈举止有准则　从我做起树新风
一日之计在于晨　起床打起精气神
早操出勤不含糊　上课准时坐安稳

公共场合重仪表　不穿拖鞋不戴帽

课前自觉存手机　专心听讲别游离
不吃零食不睡觉　闲书杂事莫入脑
教室卫生勤打扫　离开随手灯关好

课余时间惜光阴　图书馆里争朝夕
自觉维护好秩序　轻声细语音量低
预约签到讲诚信　抢占座位属陋习
借阅图书按日期　及时归还爱书籍

宿舍环境要爱护　人人有份不躲避
作息制度需遵守　夜半狂欢害隔壁
内务卫生当整洁　无烟无堵无垃圾
离校物品摆放齐　熄灯断电火盗息

一日三餐食堂里　文明有序见点滴
用餐排队守秩序　餐后自觉收餐具
中华民族大家庭　尊重习俗好风气
爱惜粮食尚节俭　浪费行为需摒弃

青年学子有朝气　青春风采多洋溢
浓妆艳抹太俗媚　染发蓄须很另类
仪容整洁尚朴素　着装得体不暴露
遇见长者要致意　来宾先行懂礼仪

低层上课爬楼梯　节约能耗炼身体
上下楼梯靠右行　嬉笑打闹不可取
自觉排队莫心急　按序上下防拥挤
梯内安静不喧哗　快捷方便我和你

同学交往要真诚　包容忍让换真情
偏激狭隘抛脑后　摩擦莫要挂心头
异性交往有分寸　自重自爱更自尊
集体荣誉放心上　团结和谐一家亲

三、社 会 实 践

(一)社会实践目标

中华文明源远流长,孕育了中华民族的宝贵精神品格,培育了中国人民的崇高价值追求。加强公民道德建设、提高全社会道德水平,是全面建设社会主义现代化强国的战略任务,是适应社会主要矛盾变化、满足人民对美好生活向往的迫切需要,是促进社会全面进步、人的全面发展的必然要求。2019 年 10 月 27 日,中共中央、国务院印发了《新时代公民道德建设实施纲要》,明确了新时代公民道德建设的要求。本实践教学环节通过组织学生开展以"道德立身,传播文明"为主题的道德宣传活动,引导学生积极参与道德建设,为全社会营造良好的思想道德氛围贡献力量,并在这个过程中提升思想道德水平,增强践行道德要求的自觉性和坚定性。

(二)社会实践设计

1. 实践任务安排

本实践环节组织学生以班级为单位,利用周末时间到校外人流密集处开展以"道德立身,传播文明"为主题的道德宣传活动。活动内容可由学生自主设计和选择,可包括知识问答、签名承诺、心愿墙、资料发放等。

2. 实践步骤设计

(1)实践任务布置
教师可于课程教学进入本章时,给学生布置此实践任务,并给学生两周左右的时间制定方案，做好相关准备工作。任务布置时应明确告知活动的主题、形式、流程、要求等，并给学生发放以往同类活动方案的模板，供学生参考借鉴。应明确提交方案和开展活动的截止时间，便于学生把握活动进度。

（2）实践过程跟进

主要分为三个阶段：第一个阶段是审核方案的阶段，主要是对学生提交的方案进行审阅把关，重点是活动设计是否契合主题、活动任务是否具有可行性、分工是否合理、准备工作是否考虑周到等。如相关内容不够详细和周到，应要求学生进行补充完善，直至符合要求为止。第二个阶段是督促准备工作阶段，主要是提醒学生按照方案策划的内容，做好沟通对接、路线踩点、物料准备、交通餐饮、应急预案等工作，确保活动开展前各项工作有序到位。第三个阶段是指导活动开展阶段，教师主要是以观察者的身份参加主题宣传活动，并进行现场指导，确保活动取得预期效果。

（3）实践成果验收

本实践环节的验收包括三个部分：一是提交活动方案；二是圆满完成活动安排的各项任务；三是撰写并提交活动微感受。提交方案和完成任务即可得到基础分，同一小组的基础分原则上相同。在此基础上根据个人撰写的微感受和在小组中发挥作用的情况赋予表现分。基础分与表现分之和即为每个同学最终得分。

（4）实践成果展示

道德宣传活动结束后，可以收集活动开展过程中的照片、视频及公众留言、承诺签名等，在公众号、校园网等平台予以发布。学生撰写的微感受也可以汇总后进行分享。

（三）社会实践评价标准

1. 活动设计和筹备情况（30分）

根据活动主题契合性、活动丰富性和创意性、筹备工作充分性、人员分工合理性、活动方案完备性等综合赋分。

2. 活动开展情况（50分）

根据活动组织的情况、参加人员的积极性和精神面貌、活动的实际效果、照片等活动记录的丰富性等综合赋分。

3. 微感受撰写情况(20分)

根据学生对社会主义道德要求和公民道德建设的理解程度、参加活动的收获和体会、情感和表达等综合赋分。

(四)社会实践注意事项

1. 奠定理论基础

开展本社会实践活动之前,教师可引导学生拓展课堂所学,在了解社会主义道德要求的基础上深入了解我国道德建设的相关情况,如关于《新时代公民道德建设实施纲要》的相关要求、公民道德宣传日的有关情况等,使学生在关注自身道德修养的同时,以更强烈的社会责任感致力于推动全社会的道德建设,不仅努力成为社会主义道德的崇尚者、践行者,还要成为推动者、贡献者。奠定理论基础,打牢思想根基,可以使学生在参加社会实践活动时更加积极主动投入其中,真正做到以推动全社会道德建设为己任,增强社会实践的实效。

2. 聚焦宣传主题

本社会实践活动既可以针对广泛的道德范畴,也可以聚焦于某一领域,如社会公德、职业道德、家庭美德,或者更为具体的某一方面,如文明举止、勤俭节约、诚实守信、和谐友善等。在布置任务时可以给不同班级、不同小组分配不同的主题,也可以在不同的学年变换不同的主题。针对广泛的道德范畴可以使学生更全面地了解相关知识,针对具体领域和某一方面则有助于学生深入理解和把握,教师可结合教学实际和课程安排进行取舍。

3. 加强活动保障

由于此次实践教学活动在校外开展且持续时间较长,因此需要充分做好筹备工作,确保各方面的保障到位。比如在经费方面,教师应通过学校思政课专项经费或课题经费,对学生的必要花销(印制海报、倡议书,制作横幅、展板,采购纪念品等)予以报销,提前提醒学生收集整理报销凭证,按要求履行报销手续;在出行方面,应安排学生提前规划好交通路线,尽量采取绿色出行方式,减少不必要的花销;在装备方面,要考虑到遮阳、避雨、抗疫的需要,提醒学生携带遮阳伞、雨具、防疫用品等以备不时之需。

4. 切实注意安全

由于开展活动主要在人流密集处,有的活动还需要在十字路口进行,因此提醒学生强化安全意识、加强自身防范至关重要。教师可于活动开展前专门针对安全问题进行强调,并在活动全过程安排学生加强组织和提醒,做好安全预案和应急处置,切实防范各类风险。

(五)社会实践成果展示

【成果一】

"道德立身,传播文明"公民道德宣传活动方案

为深入贯彻落实《新时代公民道德建设实施纲要》,推动形成适应新时代要求的思想观念、精神面貌、文明风尚、行为规范,引导学生积极参与道德建设,助力提升市民道德素质和城市文明程度,现就开展"道德立身,传播文明"公民道德宣传活动制定本方案。

一、活动时间

××××年×月×日(星期六)至×日(星期日)

二、活动地点

北京市丰台区××商业广场,某地铁站 A 口出口处

三、参加对象

××班全体学生

四、活动内容

（一）"关爱他人、关爱社会、关爱自然"主题宣传活动

组织 4 名志愿者，于 9：00—12：00 和 15：00—18：00 两个时段在商业广场开展主题宣传活动。活动人员按时到达现场布置宣传横幅和主题展板，布置完成后分工负责横幅和展板的看管、维护和介绍工作，通过介绍横幅和宣传海报的方式向市民传播社会主义核心价值观。

（二）公民道德知识有奖答题活动

组织 9 名志愿者，通过有奖竞答活动的形式引导市民提升道德知识水平。由 5 名同学提前搜集整理题目、制作微信答题程序和纸质版题库、设置答题成绩等级，由 4 名同学提前了解活动地点的人流量等基本信息，预估参与人数并采购一定数量和种类的奖品。

9 名志愿者于 9：00—18：00 在商业广场开展有奖答题活动。志愿者需提前到场布置活动场地。活动开展过程中，2 人进行活动介绍和引导；2 人负责纸质版答题，进行随机抽题、成绩检查和奖品分发；3 人负责微信扫码答题的成绩检查和奖品分发；2 人负责后勤工作和机动工作。

（三）文明行为承诺签名活动

组织 4 名志愿者参与。由 2 名志愿者完成制作承诺展板、采购签字笔等准备工作；4 名志愿者于 9：00—12：00 在商业广场开展签名活动，帮助人们了解文明行为具体内容，鼓励人们在承诺展板上签字，提高市民文明行为的意识。

（四）文明社会心愿墙活动

组织 3 名志愿者参与。志愿者提前分工完成制作文明墙、购买小纸条和水性笔等准备工作，于 15：00—18：00 在商业广场开展心愿墙活动，鼓励参与者写下关于文明社会的心愿并贴到墙上，表达人们呼唤文明社会的意愿和对文明生活的向往。

（五）文明交通引导活动

组织 8 名志愿者，于早晚高峰期间佩戴统一标识到十字路口的四个方向配合交通协管员开展志愿服务活动，宣传文明交通要求，劝阻闯红灯、不走

斑马线等不文明交通行为。

(六)发放公民道德行为规范相关材料

组织6名志愿者，分工完成资料搜集、页面设计和材料打印工作，于早、中、晚三个时段在路口街角等人流密集处分发相关宣传材料，倡议人们践行公民道德行为。

五、工作要求

1. 提高认识，积极参与。公民道德宣传活动是将理论应用于实践、提升自身文明行为意识、促进社会良好风尚的有益实践，全体同学要正确认识此项活动的重要意义，积极主动、认真负责开展宣传活动。

2. 明确分工，团结协作。各团小组分别负责一项活动，要做到分工明晰、责任到人。团小组长要发挥模范带头作用，各位同学需服从安排、分工协作。

3. 精心组织，务求实效。要做好各项组织筹备工作，提前准备好横幅海报、分发材料、墙板、礼品等活动物资，按照时间节点准时到位，在活动开展过程中做到紧而不乱、衔接有序，确保活动开展顺利有效。

4. 强化宣传，营造氛围。活动过程中要做好拍照、录像等影像记录工作，活动结束后鼓励同学们撰写感悟并在有关媒体平台发表，扩大活动的影响面。

5. 遵守纪律，注意安全。活动过程中要遵守组织纪律，注意言行文明，落实防疫规定，做好突发事件应急处理，确保活动顺利开展。

（撰写：林子圣）

【成果二】

"道德立身，传播文明"公民道德宣传活动微感受

微感受1：风和日丽的周末，我和团小组的其他成员一起，在团支部的组织下，按照"思想道德与法治"课程的要求，前往商业广场开展文明道德宣传活动。我们团支部负责的活动是"关爱他人、关爱社会、关爱自然"主题宣传。广场上人来人往，大部分路过的行人都会在我们的宣传展位前停

留。让我印象最深的是一位带孙女前来的老爷爷，他对小朋友说："社会是由人与自然一起构成的，人人互相关爱的同时，我们也要和自然和谐共处，这样才能建设和谐社会。"我和同学们都对老爷爷的话深以为然。虽然我们是宣传的组织者，但是宣传的过程中也受到了教育。我想："人人为我，我为人人"，"人不负青山，青山定不负人"，这不正是我们追求的美好和谐社会吗？

微感受2：良好社会道德是社会文明程度高的重要标志，涵育着公民美德善行，推动着社会和谐有序运转。本次公民道德知识有奖答题活动，同学们的参与积极性很高，从前期策划到命制题目，从采购奖品到布置场地，大家都全身心投入。活动过程中我们也感受到了过往人们的热情，有白发苍苍的老人，有稚气未脱的孩子，有和我们一样青春洋溢的大学生……他们都认真地参与答题活动，那种专注的神态让我深深感受到他们对明德向善和谐社会的期待。

微感受3：近日，我参与了"思想道德与法治"课程组织开展的实践教学活动——"道德立身，传播文明"公民道德宣传活动。我和团小组同学共同负责文明行为承诺签名活动，号召过路的市民在文明承诺展板上签名，表达自己对践行文明行为要求的态度。这项活动不仅锻炼了我们的能力，也让我们有机会为公民道德建设做出贡献。

我们提前制作了道德宣传展板和文明承诺展板。通过现场宣讲，让居民了解文明道德的精神风尚与生活方式，并为居民提供签字笔，在道德承诺展板上签字，以表达追求文明精神和道德生活的决心。活动中让我印象深刻的是一位老爷爷带着他年幼的孙子，认真听取了我们对于文明道德的宣讲，因为怕小朋友不理解，老爷爷还通过生动形象的肢体语言给小朋友讲解，让他明白文明生活应该如何践行。最后爷孙俩在承诺展板上签下了自己的名字，小朋友还用歪歪扭扭的字体写道："wo 一定要 zuo 文明人。"

公民道德建设是我国发展社会主义先进文化的重要内容。通过参与本次社会实践，我更深刻地感受到发展先进文化、加强公民道德建设，一定要扎根人民，深入到人民群众当中，用他们喜闻乐见的方式去开展。我们作为新时代的青年，更要积极带头成为社会文明道德的先锋力量，为建设文明中国做出自己应有的贡献。

微感受4：在学院"公民道德宣传活动周"期间，我组织带领团支部全体成员前往丰台区人流量最大的地铁口，开展"道德立身，传播文明"公民道德宣传活动。在活动中，我们是文明行为的践行者，率先签下自己的名字，承诺规范自己的言行。我们更是文明行为的宣传倡导者，向群众宣传、展示文明行为，为他们分发宣传手册，鼓励大家扫码观看文明行为视频……过往市民看到我们的活动都很认可和支持，积极参与进来，自愿地在签名墙上留下了自己的名字。还有很多行人专门发了朋友圈帮我们宣传，使我们感受到了传播文明、人人有责的温暖氛围。

微感受5：近日，我参与了学院组织开展的"道德立身，传播文明"公民道德宣传活动。本次活动我主要负责文明交通引导工作，在密集的人流、车流中体会到了交通文明的重要性，感受到了奉献的快乐。

本次文明交通引导活动，我们几名志愿者统一佩戴袖标，在车流较大的十字路口配合交通协管员，维持交通秩序，宣传文明交通要求，劝阻闯红灯等不文明行为。早高峰车流密集，大家都急着上班、上学，因此闯红灯的现象时有发生，特别是电动车和行人，闯红灯从众现象严重，有时甚至因为几个人闯红灯导致交通堵塞。因此我们专门在路口停车线前设置了文明交通宣传标语，并举旗站岗，对要闯红灯的行人和非机动车进行劝导，提醒他们宁停三分，不抢一秒，生命安全最重要。

交通安全有赖于交通的文明有序，只有交通安全、畅通、和谐，才能体现出城市的文明风貌。交通文明关键在于人们的文明交通意识，只有大家都摒弃不文明陋习，坚守文明交通的底线，交通秩序才能更加井然，我们的出行才能更加方便。

微感受6：今天我们和其他团小组成员一起，组织公民道德知识有奖答题活动，本次活动旨在通过随机抽取题目答题的形式宣传道德知识，大力弘扬中华民族的传统美德和优秀文化，进一步营造学习、宣传公民道德知识的良好氛围，助力社会道德建设。

无论是对于一个国家、一座城市，还是公民自身来讲，道德建设始终是一项不可或缺的内容。本次活动无论是参与前期准备的同学，还是参与现场活动的观众，都无一例外表现出极大的热情。不少参与活动的观众表示，要进一步践行社会主义核心价值观，争做崇高道德的践行者、文明风尚的维护者、美好生活的创造者。在这个过程中我也体会深刻、收获满满。

微感受7：为进一步宣传公民道德知识，弘扬中华民族传统道德，今天上午，我们团小组成员在团支部的组织下前往商业广场地铁口附近开展文明承诺签名活动。活动前期，在小组成员的共同努力下，我们准备了一块大型承诺签字板，并在周围布置了事先做好的宣传标语。活动期间，各成员积极向周边市民宣传道德知识，普及传统道德文化，不少市民也积极参与签名活动以表示对活动的大力支持。作为活动的参与者，我们团小组充分感受到大家对于活动的热情，更体会到广大市民对道德建设的肯定与支持。我想，今后我们都要在一点一滴中去践行社会主义道德，为国家道德建设做出自己的贡献。

（撰写：韩欣瑜、李永辉、张经略、段家辉）

【成果三】

"文明交通，从我做起"倡议书

交通是城市发展最直观的体现，是城市形象最靓丽的名片。良好的交通环境，不仅关系到城市的形象，更关系到我们每个市民切身的安全和利益。构建文明有序、安全畅通的交通环境，最重要的是自觉形成文明出行意识，践行文明交通方式，让文明出行成为一种习惯。

冬奥会即将到来，世界目光都聚焦于"双奥之城"——北京，我们的一言一行都代表着北京，更代表着中国。要坚决摒弃交通陋习，齐心协力打造文明、安全的交通环境，倡导文明交通行为，维护好城市的文明形象。从我做起，从现在做起，从身边小事做起，争做文明交通的践行者、宣传者、建设者。在此，我们向广大居民发出倡议：

文明驾驶。自觉遵守交通法规，做到文明、安全驾驶。带头礼让斑马线，红绿灯前不抢行；行车路上不超速、不超载、不逆行、不抢道、不抛物；根据规章使用喇叭、远光灯，按照要求停放车辆；开车不喝酒，喝酒不开车。

文明行路。严格遵守交通规则，做到文明、安全行路。过马路时不闯红灯，自觉抵制"随大流"式过马路；不在机动车、非机动车道内行走，不与非机动车争道，不妨碍机动车正常通行；不乱穿马路，不翻越交通隔离设施。

文明礼让。主动遵守道德规范，做到文明、礼貌待人。自觉遵守公共交通乘坐礼仪，文明候车、文明乘车；积极参与文明交通宣传劝导活动，主动劝阻不文明交通行为，提醒他人注意交通安全，关爱自己和他人的生命。

让我们树立起主人翁意识，积极参与文明出行活动，共同营造文明、安全、有序、和谐的交通环境，为建设美好城市生活贡献自己的一份力量！

（撰写：高尚）

四、网络实践

(一) 网络实践目标

随着信息技术的迅猛发展，互联网已经成为人们了解资讯、获取知识、娱乐交流的重要途径，成为提供社会公共服务和方便群众生产生活的重要载体。网站平台日益成为信息内容生产传播的重要渠道，兼具社会属性和公共属性，在坚持正确价值取向、保障网络内容安全、维护网民合法权益等方面，具有不可替代的地位和作用。当前，各种信息、数据、人物、事件等在网络上传播，且人们可以自由地对其进行评论，阐发自己的观点，导致网络成为各种价值观的冲突之地，也使得各种错误思潮、错误观念大行其道，对当代大学生的价值观造成影响和冲击。网络文明业已成为新形势下社会文明的重要内容，成为建设网络强国的重要领域。当前，在网上大力培育和践行社会主义核心价值观，传播文明理念，培育文明风尚，营造更加清朗的网络空间，更好涵育广大网民特别是青少年的爱国情怀、道德情操和网络素养，凝聚强大精神力量，尤为重要、尤为必要、尤为迫切。本实践环节通过对典型的网络不文明行为进行评议，提升学生在网络生活中的思想道德分析判断能力，促使学生在网络环境中恪守行为准则，自觉加强道德修养，养成良好的网络文明行为规范，成为文明用网、文明上网的骨干力量。

(二)网络实践设计

1. 实践任务安排

教师根据课程内容安排，要求学生深入学习领会《网络信息内容生态治理规定》《全国青少年网络文明公约》等文件，结合课堂讲授的关于社会主义道德的内容，针对网络上的不文明行为和现象撰写评论文章。

2. 实践步骤设计

(1)实践任务布置

教师根据教学安排组织学生阅读学习《网络信息内容生态治理规定》《全国青少年网络文明公约》等文件，重点是其中关于网络信息内容生产者和使用者的相关行为规范。学习后安排学生按一定顺序每日在班级课程群中分享关于《网络信息内容生态治理规定》中所禁止的网络负面行为的案例及自己的点评，其他同学可以就此案例在微信群中分享自己的观点。学生在评议中可以对不文明现象进行分析，查找导致此类行为的原因，提出应对网络不文明行为的对策，从而提高明辨力和抵抗力。同时教师可在班级微信群中分享举报网络不文明行为的渠道，鼓励学生积极举报，为消除网络不文明行为做出贡献。

(2)实践过程跟进

教师须安排好学生分享顺序，使学生依次分享。在学生进行实践活动期间认真观察学生参与实践活动的情况，及时了解和解决学生在实践活动遇到的问题。每日分享后，教师应及时进行点评，通过案例引导学生增强对网络文明的理解和认识。如学生分享的内容和观点有明显的疏漏，要及时指出并纠正。对在实践活动中表现优异且积极主动的学生予以记录，对消极对待实践活动的学生要及时督促、限期整改。

(3)实践成果验收

本实践任务主要是通过学生在微信群中分享的内容和观点进行验收，一般可对评议的字数提出明确要求，但考虑到网络分享的特点，字数要求不宜过多。除评价标准列明的内容外，若存在明显雷同或抄袭等的实践成果，应打回要求学生重做并视情况对学生进行约谈和批评。

（4）实践成果展示

完成实践成果验收后，可在征得学生允许的情况下对评议质量高、思考深入有启发性、具有示范意义的实践成果进行汇总和集中展示，以便学生更好地理解和践行。

（三）网络实践评价标准

本实践环节可采取教师打分和学生打分相结合的方式，通过线上问卷小程序进行，具体标准为：

1. 案例选取（30 分）

学生所分享的案例是否属于《网络信息内容生态治理规定》中规定的破坏网络生态的行为、是否具有典型性等。

2. 评议观点（30 分）

学生对案例的评议内容是否抓住了关键，提出鲜明、正确的观点，客观理性、不偏不倚，体现出对网络文明和网络生态的理解和把握。

3. 分析论证（40 分）

学生是否能够结合相关规定深入分析该现象或行为的危害和原因，是否能够结合自身实际提出避免此类情况的启示和建议。

4. 负面清单

如存在态度不端正、内容雷同抄袭、未按时完成等情况，应酌情扣分。

（四）网络实践注意事项

1. 深入学习文件，领会精神实质

教师应指导学生认真学习《网络信息内容生态治理规定》《全国青少年网络文

明公约》等文件，特别是对其中的重点内容进行讲解。如《网络信息内容生态治理规定》第五条是关于鼓励网络信息内容生产者制作、复制、发布的信息种类；第六条是关于网络信息内容生产者不得制作、复制、发布的违法信息种类；第七条是关于网络信息内容生产者应当采取措施，防范和抵制制作、复制、发布的不良信息种类。可提醒学生将正面和负面的种类进行对比，将"违法信息"和"不良信息"进行对比，理解其内涵和范围。又如，要教育学生知晓《网络信息内容生态治理规定》中第二十一条关于不得实施侮辱、诽谤、威胁、散布谣言以及侵犯他人隐私等违法行为损害他人合法权益的规定，并以此为依据对破坏网络生态的行为进行分析。

2. 理性思考分析，明辨网络是非

网络事件五花八门，各种观点鱼龙混杂。要引导学生在广泛收集材料的基础上，进行深入细致的思考并得出结论。要注意防止人云亦云、以偏概全、脱离实际、盲目批判等情况，真正做到客观、公正、理性。在这个过程中要让学生明白网络环境的复杂性、社会思潮的多元性和网络生态治理的艰巨性，从而增强践行网络文明行为的自觉性和坚定性。

3. 积极投诉举报，敢于大声说"不"

要提醒学生知晓《网络信息内容生态治理规定》中第二十条关于鼓励网络信息内容服务使用者积极参与网络信息内容生态治理的规定，通过投诉、举报等方式对网上违法和不良信息进行监督，努力成为网络文明卫士，共同维护良好网络生态。

（五）网络实践成果展示

【成果一】

利用谣言博眼球实不可取

随着网络技术飞速发展，自媒体时代到来，信息以意想不到的速度被制造传播。同时，"标题党"、谣言也以同样的速度传播，谣言制造者为博眼球不断突破道德底线，一次次对法律红线发出挑战。

2021 年 5 月 9 日，四川成都 49 中高二少年小林坠楼事件瞬时在网上掀起了舆论风暴。一个名叫"缢首尸"的网友自称是坠亡学生同学的父亲，在某平台上发布一条回答，称小林是因占了学校化学老师万某孩子的留学名额而被万某推下楼，还称"一直在犹豫要不要说出真相"。该回答一时间再一次引起了网上的热烈讨论。然而，2021 年 5 月 13 日上午，福建省泉州市公安局网安支队的一名网警发文称，有网民自称是知乎的"缢首尸"，向该局官方抖音号自首。原来，账号"缢首尸"的使用者实为一名 21 岁的年轻人，与小林同学父亲的身份相悖，其所发信息与事实完全不符，纯属谣言。

在高中生自杀身亡这一严肃而沉重的问题上，像"缢首尸"这样的谣言制造者忽视所有复杂的法理情理，蹭流量热度，吃人血馒头，用煽动性极强的文字呼吁人们盲目站队，不仅误导热心公众，更在一定程度上影响案件调查。这类行为理应受到全社会共同抵制，广大网民也须扛起不造谣、不信谣、不传谣的责任，不用流量热点煽动社会情绪，明辨网络信息和行为的是非对错，谨慎对待每一条信息，不要让我们的热心之举成了一把无形的"杀人刀"。

（撰写：罗春晓）

【成果二】

网络暴力治理走向何方

科学技术的发展催生了互联网，网络世界随之而来并逐渐进入每个人的生活。但是，信息和网络在带来便捷的同时亦产生了网络暴力。"新时代推动法治进程 2021 年度十大案件"之一的女子取快递被造谣出轨案再次引起了广大网民对网络暴力的高度关注。2020 年 7 月，浙江一女子在取快递时被便利店店主偷拍视频并在网上造谣，迅速广泛流传的信息给该女子带来了数不清的低俗恶劣评论，一度让她濒临崩溃。一条造谣消息，以极快的速度和极其宽广的范围迅速传开，令人触目惊心，给无辜受害者带来无穷无尽的不幸。

所幸始作俑者最终受到了法律的制裁，一年有期徒刑足以让其深思自己的所作所为，这也为广大网民正确、合法使用网络敲响了警钟。一叶易色便知秋，虽然这仅仅是个案，但也折射出社会上仍然存在的隐患。究其根本，网络暴力是信息化时代伴生的毒瘤，只有大力遏制才能够最大限度减少损失。保护公民的切身利益，我们永远在路上。

依法治国战略下的中国，是容不下网络暴力的。在全国"两会"上，最高人民法院工作报告强调："对侵犯个人信息，煽动网络暴力侮辱诽谤的，依法追究刑事责任"；最高人民检察院工作报告强调："从严追诉网络诽谤、侮辱、侵犯公民个人信息等严重危害社会秩序、侵犯公民权利的各种犯罪。"字字掷地有声，国家对网络治理的高度重视为人们吃下了定心丸。只要法治的利剑强势出击整治网络暴力，就一定能够为人民切身利益保驾护航。

上下合力，才有断金之势。网络暴力的治理也需要我们每个人的努力。在女子取快递被造谣出轨案中，便利店主心怀恶念，蓄意造谣，无视他人；网民事不关己、高高挂起，不论是非、随波逐流。网络暴力的萌生离不开人的存在，造谣者和推波助澜者一起造成受害者备受煎熬也证明个别公民的素养有待提升。社会主义精神文明建设最关键的是改善逆流，消弭恶气。时刻保持清醒，时刻坚守正义，时刻准备发声，也许作为旁观者的我们可以将一场网络暴力扼杀于萌芽，还社会清正公平。

对于受害者而言，积极维护个人合法权益需要勇气与果断。受害者谷女士勇敢选择维权，尽管要自行取证、提起自诉，过程艰苦繁琐，但是她积极面对、勇于抗争的精神为所有人做了好榜样。同样，女排国家队队长朱婷曾被微博上一个名为"女排朱婷吧"的自媒体造谣贪污受贿、靠关系走后门等长达几年之久，面对愈演愈烈的网络暴力，朱婷毅然选择用法律手段起诉造谣者，有力维护了自己的正当权益。两位受害者都选择正面应对，利用法律维护自身权益，这便是法治社会建设成果给予公民坚实保障的证明。但是否有未敢发声、默默忍受的受害者呢？答案是显而易见的。而国家和社会要让未敢发声者都勇敢站出来去斗争，需要一个长期潜移默化的过程。

总而言之，化解每一场网络暴力需要国家与个人的齐心合力。保障每一位公民的合法权益，是法治社会坚守以人民为中心发展思想的生动体现。

（撰写：王宁宁）

【附：实践参考材料】

1.《网络信息内容生态治理规定》中对于网络信息内容生产者和使用者的相关规定

第二章　网络信息内容生产者

第四条　网络信息内容生产者应当遵守法律法规，遵循公序良俗，不得损害国家利益、公共利益和他人合法权益。

第五条　鼓励网络信息内容生产者制作、复制、发布含有下列内容的信息：

（一）宣传习近平新时代中国特色社会主义思想，全面准确生动解读中国特色社会主义道路、理论、制度、文化的；

（二）宣传党的理论路线方针政策和中央重大决策部署的；

（三）展示经济社会发展亮点，反映人民群众伟大奋斗和火热生活的；

（四）弘扬社会主义核心价值观，宣传优秀道德文化和时代精神，充分展现中华民族昂扬向上精神风貌的；

（五）有效回应社会关切，解疑释惑，析事明理，有助于引导群众形成共识的；

（六）有助于提高中华文化国际影响力，向世界展现真实立体全面的中国的；

（七）其他讲品位讲格调讲责任、讴歌真善美、促进团结稳定等的内容。

第六条　网络信息内容生产者不得制作、复制、发布含有下列内容的违法信息：

（一）反对宪法所确定的基本原则的；

（二）危害国家安全，泄露国家秘密，颠覆国家政权，破坏国家统一的；

（三）损害国家荣誉和利益的；

（四）歪曲、丑化、亵渎、否定英雄烈士事迹和精神，以侮辱、诽谤或者其他方式侵害英雄烈士的姓名、肖像、名誉、荣誉的；

（五）宣扬恐怖主义、极端主义或者煽动实施恐怖活动、极端主义活动的；

（六）煽动民族仇恨、民族歧视，破坏民族团结的；

（七）破坏国家宗教政策，宣扬邪教和封建迷信的；

（八）散布谣言，扰乱经济秩序和社会秩序的；

（九）散布淫秽、色情、赌博、暴力、凶杀、恐怖或者教唆犯罪的；

（十）侮辱或者诽谤他人，侵害他人名誉、隐私和其他合法权益的；

（十一）法律、行政法规禁止的其他内容。

第七条　网络信息内容生产者应当采取措施，防范和抵制制作、复制、发布含有下列内容的不良信息：

（一）使用夸张标题，内容与标题严重不符的；

（二）炒作绯闻、丑闻、劣迹等的；

（三）不当评述自然灾害、重大事故等灾难的；

（四）带有性暗示、性挑逗等易使人产生性联想的；

（五）展现血腥、惊悚、残忍等致人身心不适的；

（六）煽动人群歧视、地域歧视等的；

（七）宣扬低俗、庸俗、媚俗内容的；

（八）可能引发未成年人模仿不安全行为和违反社会公德行为、诱导未成年人不良嗜好等的；

（九）其他对网络生态造成不良影响的内容。

第四章　网络信息内容服务使用者

第十八条　网络信息内容服务使用者应当文明健康使用网络，按照法律法规的要求和用户协议约定，切实履行相应义务，在以发帖、回复、留言、弹幕等形式参与网络活动时，文明互动，理性表达，不得发布本规定第六条规定的信息，防范和抵制本规定第七条规定的信息。

第十九条　网络群组、论坛社区版块建立者和管理者应当履行群组、版块管理责任，依据法律法规、用户协议和平台公约等，规范群组、版块内信息发布等行为。

第二十条 鼓励网络信息内容服务使用者积极参与网络信息内容生态治理，通过投诉、举报等方式对网上违法和不良信息进行监督，共同维护良好网络生态。

第二十一条 网络信息内容服务使用者和网络信息内容生产者、网络信息内容服务平台不得利用网络和相关信息技术实施侮辱、诽谤、威胁、散布谣言以及侵犯他人隐私等违法行为，损害他人合法权益。

第二十二条 网络信息内容服务使用者和网络信息内容生产者、网络信息内容服务平台不得通过发布、删除信息以及其他干预信息呈现的手段侵害他人合法权益或者谋取非法利益。

第二十三条 网络信息内容服务使用者和网络信息内容生产者、网络信息内容服务平台不得利用深度学习、虚拟现实等新技术新应用从事法律、行政法规禁止的活动。

第二十四条 网络信息内容服务使用者和网络信息内容生产者、网络信息内容服务平台不得通过人工方式或者技术手段实施流量造假、流量劫持以及虚假注册账号、非法交易账号、操纵用户账号等行为，破坏网络生态秩序。

第二十五条 网络信息内容服务使用者和网络信息内容生产者、网络信息内容服务平台不得利用党旗、党徽、国旗、国徽、国歌等代表党和国家形象的标识及内容，或者借国家重大活动、重大纪念日和国家机关及其工作人员名义等，违法违规开展网络商业营销活动。

2. 共建网络文明行动倡议

2021年11月19日，首届中国网络文明大会在北京举行，会上发布了共建网络文明行动倡议，全文如下：

网络空间是亿万民众共同的精神家园，网络文明是信息时代人类文明的重要组成部分。为发展积极健康的网络文化，促进网络文明建设，营造清朗网络空间，中国网络社会组织联合会联合全国网络社会组织和互联网企业向社会各界发起共建网络文明行动倡议：

一、加强思想引领，把握正确导向。坚持以习近平新时代中国特色社会主义思想为指引，把握正确的政治方向、舆论导向、价值取向，推动文明办网、文明用网、文明上网、文明兴网。

二、培育新风正气，净化网络生态。大力弘扬和践行社会主义核心价值观，唱响主旋律，传播正能量，培育良好道德风尚，有力净化网络环境，争做网络文明建设的参与者、贡献者、维护者。

三、完善行业自律，践行社会责任。始终把社会效益摆在突出位置，发挥行业组织引导督促作用，认真落实企业主体责任，加强自我规范、自我管理、自我约束，推动行业依法健康有序发展。

四、规范网络行为，提高文明素养。推进网民网络素养教育，引导广大网民自觉遵守互联网领域法律法规，文明互动、理性表达，增强防范意识，抵制不良倾向，争做新时代的好网民、好公民。

五、坚持科技向善，助推创新发展。充分发挥科技创新的驱动和赋能作用，通过新技术新应用新业态的有效运用，丰富网络文化内涵，提升网络服务水平，推动网络文明建设提质增效。

六、深化国际交流，促进文明互鉴。秉持开放包容的理念，深化网络空间国际交流合作，促进世界各国民心相通、文明互鉴，携手构建网络空间命运共同体，为人类文明进步贡献中国智慧、中国力量。

让我们共同行动起来，同心同德、砥砺前行，奋力谱写网络文明建设新篇章，为全面建设社会主义现代化国家、实现中华民族伟大复兴的中国梦，凝聚向上向善力量，营造清朗文明环境！

3. 全国青少年网络文明公约

要善于网上学习，不浏览不良信息。

要诚实友好交流，不侮辱欺诈他人。

要增强自护意识，不随意约会网友。

要维护网络安全，不破坏网络秩序。

要有益身心健康，不沉溺虚拟时空。

内容解读：

(1)要善于网上学习，不浏览不良信息：将网络作为高效学习的工具和了解大千世界的途径，善于利用网络资源，不接触不浏览有关色情、暴力、邪教或者怂恿进行非法活动等不适当的内容。

（2）要诚实友好交流，不侮辱欺诈他人：在通过网络进行交流时，要礼貌待人，不使用粗话、脏话；要态度诚恳，不欺诈、愚弄他人，不造谣、传谣；要遵守礼节，不随心所欲，不肆意妄为。

（3）要增强自护意识，不随意约会网友：不要随意透露有关个人和家庭的任何信息，包括姓名、地址、电话等；不要轻易相信别人，不要约会网上的陌生人；不要轻易相信各种利益诱惑和承诺，防止遭受网络诈骗。

（4）要维护网络安全，不破坏网络秩序：要敢于担当"网络安全维护者"的责任，在保证自己不参与违背道德、法律活动的前提下，对于身边人的不良行为，要及时加以劝阻说服；对于网络不文明行为要积极举报、投诉。

（5）要有益身心健康，不沉溺虚拟时空：要培养自我约束的能力，控制上网时间，无论学习还是游戏都要合理规划、适度进行；要坚持户外运动，调整身心状态，保证身体健康。

第六章　学习法治思想　提升法治素养

法治是现代文明的制度基石。法治兴则国兴，法治强则国强。在依法治国、建设社会主义法治国家的今天，法律与人们的生活息息相关，法律素质乃是每个社会成员必备的基本素质之一，更是大学生这一特殊社会群体综合素质的重要组成部分。大学生要深入学习马克思主义法治理论，特别是习近平法治思想，树立法治观念，提升法治素养，发自内心认可、崇尚、遵守和服从法律，养成心中有法、自觉守法、遇事找法、解决问题用法、化解矛盾靠法的习惯，努力成为具有较高法律素质的社会主义建设者和接班人。

本章通过组织模拟法庭、宪法宣传周主题活动、旁听法庭体验活动、法治电影赏析等实践教学活动，引导学生通过多种形式深化对法律知识的理解掌握，切身感受法律原则和法治精神，提高法治素养和法律意识。

一、课　内　实　践

(一)课内实践目标

模拟法庭通过案情分析、角色划分、法律文书准备、预演、正式开庭等环节，模拟刑事、民事、行政审判和仲裁的过程，以此调动学生的积极性与创造性，提高运用法律分析问题和解决问题的能力，因此成为法学教育普遍采用的一种实践性教学方式。将模拟法庭作为实践教学环节引入"思想道德与法治"课程，有利于学生直观学习法律知识，切身感悟法治精神，培养和激发学习法律的兴趣，为深化本章内容学习奠定基础。

(二)课内实践设计

1. 实践任务安排

根据授课安排和实际教学情况，由学生自行组为四队，分别为审判组、起诉组、辩护组和综合组。其中审判组包括审判长、审判员、陪审员、书记员等；起诉组包括公诉人或原告及其代理人等；辩护组包括辩护律师、代理人等；综合组包括犯罪嫌疑人、被告人、被害人、证人、鉴定人、法警等其他诉讼参与人等。选取刑事诉讼类、民事诉讼类或行政诉讼类经典案件，于第六章授课结束后开展模拟法庭比赛，并要求学生提交相关法律文书和参加活动的感受。

2. 实践步骤设计

(1)实践任务布置

根据课程内容安排于第一节"社会主义法律的特征和运行"授课过程中引入实践资料，对所选案例进行介绍，布置实践任务。一是对学生进行分组，根据学生意愿和案件所需角色数量，将学生分到若干个案件组中(每组 10~15 人)，每个案件组包括四个小组，分别是：审判组、起诉组、辩护组和综合组，案件组共同完成本组的模拟法庭任务。二是为学生发放材料，将选取的民事、刑事或行政案件相关材料发送至课程群或线上学习平台(学习通等)，要求学生自主阅读，进行模拟法庭准备工作。三是明确比赛时间，原则上比赛在完成本章学习任务后进行，特别是应在社会实践旁听法庭审判环节(本章第三环节)后进行，以便学生对模拟法庭的流程、规范、氛围有更直观的认识和更深的理解。四是提供相关文书范本，对于案件庭审可能涉及的刑事起诉书、判决书，民事起诉状、答辩状、判决书，公诉词、辩护词、代理词等法律文书，应给学生提供相应的范本，便于借鉴参考。

(2)实践过程跟进

教师要根据课程进度、教学安排和学生课业压力，督促学生按要求做好模拟法庭的各项准备工作，重点是法律文书的起草和庭审流程的熟悉工作。教师可对各组起草的法律文书进行把关，指出其形式上的不当之处，原则上不对具体内容进行点评以防止影响学生的观点。要及时了解和解决学生在实践活动中遇到的问题，对在模拟法庭准备过程中积极主动的学生予以记录，对消极对待的学生要及时督促、限期整改。可给予参加展示的学生适当加分。

(3)实践成果验收

本实践环节的实践成果包括三个部分：一是模拟法庭现场表现；二是相关法律文书；三是参加模拟法庭的心得体会。教师可于模拟法庭大赛后要求学生提交法律文书和心得体会，作为实践教学成绩的依据。

(4)实践成果展示

如时间允许，可安排各案件组分别进行模拟法庭展示，一组展示时，其他学生充当法庭旁听人员和辅助人员。如时间无法保障各案件组均进行展示，可要求各组分别开展活动，并提交视频。教师可将视频分享于相关学习平台上，便于其他同学观看。对于优质的法律文书和心得体会可在课程公众号上进行展示。

(三)课内实践评价标准

本实践环节成绩由模拟法庭现场表现(50分)、法律文书(30分)、心得体会(20分)三部分组成，同一案件组成员的现场表现分和法律文书分原则上相同，心得体会分根据个人撰写的情况打分。现场表现由学生集体打分，法律文书和心得体会由教师进行打分，具体标准如下：

1. 现场表现(50分)

(1)审判程序(20分)

严格依照诉讼程序法的规定，组织严谨、流畅、无错误。

(2)法庭调查(10分)

紧扣案件焦点，举证有力，证据充分，逻辑性强，质证清晰。

(3)法庭辩论(10分)

针锋相对，立论有据，论证充分，语言流畅，逻辑性强。

(4)仪态仪表(10分)

严肃端正，着装整齐，谈吐得体。

2. 法律文书(30分)

格式正确，观点明确，用语准确，条理清楚，说理充分，结构严谨，制作规范。

3. 心得体会(20分)

理解深刻，认识到位，感情真挚，表达准确。

在上述分数的基础上，可评选最佳表现、最佳法律文书、最佳团队等奖项，并给予适当加分奖励。

(四)课内实践注意事项

①案件选取要突出代表性。要尽量选择社会关注度高、具有代表性的热点案件，如张扣扣案、于欢案、江歌母亲诉刘鑫案、罗彩霞被冒名上大学案、田永诉北京科技大学案等，以增强学生参加模拟法庭的积极性。也可鼓励学生根据兴趣自主选择相关案件，但原则上不宜选择争议过大的案件。

②场景营造要注重真实感。要尽量选择逼真的场所，或将既有场地布置为最符合真实法庭的状态，如桌椅的位置摆放要符合法庭的布局；桌牌、法槌等法庭物品要配备齐全。同时法袍、律师袍等角色服装也应到位，通过仪式感增强学生认真的态度和对法庭的敬畏之心。

③庭前指导要强化专业性。由于法庭审理专业性、规范性、流程性极强，因此必须加强对学生特别是非法学专业学生的指导，具体包括以下途径：一是组织学生实地旁听法庭审理或观看相关视频；二是认真审阅法律文书和模拟法庭有关台词并提出指导意见；三是将往届学生开展模拟法庭的相关材料分享给学生。此外还可邀请本校具有法学背景的教师或社会上的法官、律师等专业人士担任本实践环节的指导老师，确保模拟法庭的严谨规范。

④展示过程要注重互动性。一方面教师要及时进行点评，使学生知晓模拟法庭过程中的优点和不足；另一方面可设置学生点评和提问环节，加强学生之间的交流沟通。

(五)课内实践成果展示

模拟法庭心得体会

参加了"思想道德与法治"课程组织的模拟法庭活动,我真切感受到了"实践出真知"的道理,也对案件的公开审理程序有了一个全面的了解。

我们选取的案件是"夏根抢劫案",在公演前制订了详细的实施计划:首先是对人员进行分工,我们每个人都明确了各自的角色和任务。其次对"法庭"进行了细致布置,尽可能地仿照真实的法庭布局设置。再次开始了对案件信息的收集和对剧本的反复修改。在老师的指导下,展示时我们严格按照正式庭审的流程和台词,成功地完成了一场出色的"庭审"。最后我们对整个活动进行了总结,分享了彼此在活动中的感悟,反思了不足。回顾整段历程,我们在实践中一起挥洒了汗水、克服了重重困难,加深了对法治精神的理解和感悟。

这次实践,给我们最大的感受是让我们运用法学理论和知识去分析、解决问题。我们常说要"学以致用",在模拟法庭的实践过程中,我们从找案件到写诉状再到找证据都独立完成,每个人都发挥自身所学、各尽所长,深深感受到了审判工作的严肃和专业,也体会到了把理论付诸实践才能融会贯通的道理。

我在模拟法庭活动中扮演的角色是"审判员",在庭审过程中我虽没有太多的台词,但却经历了全部的开庭审理过程,这让我对案件的审理程序有了基本的了解,也让我对案件审理的各项文书有了深刻的记忆。我们在准备审判材料的时候,深刻体会到了理论知识与实践运用之间的差距,有些知识点虽然熟记于心,但是在现实中运用时却有些不知所措,不知该如何下手。后来我们不断搜索资料,请老师指导,才慢慢一点一点理清了头绪,完成了后面的工作。我深刻感受到自己法律知识的欠缺,更加明确了自己努力的方向。

这次实践给我的另一个体会是感受到了审判长工作的不易。曾经我以为审判长的工作仅仅是敲法槌、读提前写好的审判文书。但这次模拟法庭让我见识到了审判长工作任务的艰巨。在现实审判时,法庭中可能会出现各种各样的突发情况，这就要求审判长必须有良好的心理素质和应对突发状况的能力。同时，审判的过程对审判人员的体力和精力也是一个很大的考验，特别是一些十分复杂的案件审理时间会很长，审判人员会消耗很大的体力，但即使在这种情况下，审判长也必须保持精神高度集中，时刻以清醒的头脑进行案件审理，容不得半点马虎，否则法庭的严肃性和公平性就会受到质疑。

最后，在参加模拟法庭的过程中，我感受到了程序对于保护当事人权利的重要性。程序公正是实体公正的前提，但我们往往更关注实体公正，却忽视了程序公正的价值。我想，这就是模拟法庭为我带来的对法治更深层次的理解吧。

如有机会，我希望再参加模拟法庭这样的活动。

（撰写：高尚）

【附：实践参考资料】

模拟法庭组织方案

为组织开展好模拟法庭大赛实践教学活动，特制定本方案。

一、活动目的

通过模拟法庭大赛使同学们了解法庭审理案件的整个流程和细节，锻炼表达能力、应变能力和团队协作能力，感受法治精神，提升法律素养。

二、庭审预演阶段活动安排

(一)策划阶段准备工作

在×月底前完成本次模拟法庭的策划工作和案例选择工作，本次模拟法庭案例为刑事案件。

(二)演员角色确定及培训工作

1. 确定案例后进行演员的选拔，确定人物性格。演员角色根据刑事审判的诉讼参与人初步确定为：审判长一名、审判员两名、书记员一名、公诉人两名、辩护人两名以及被告、证人、法警若干。

2. 召集所有演员开会，布置具体任务。

(1)审判、公诉、辩护三方彩排前完成所需要的司法文书,同时审判方根据案件实际情况对判决形成初步意见并列出提纲。

(2)向各角色扮演者交代庭审程序,使他们各自清楚自己的出场顺序。

(三)彩排

在指导老师的指导下不断完善表演工作,并对前期工作进行检验,对正式演出可能出现的问题要有所准备,为此将进行两次模拟排演:

第一次排练,重在让各角色扮演者了解具体出场次序,熟悉台词,帮助各位演员把握其角色所需的性格特征和要求。

第二次排练,要求证人、被告、受害人将自己的台词背诵熟练,达到可以使庭审完整、顺畅完成的效果。

三、庭审阶段

×月×日晚7点在学术报告厅进行公开庭审,由法学专业老师作点评,同时将邀请学院领导及其他班级同学观摩。

四、庭审现场流程

1. 主持人介绍相关人员及嘉宾,介绍此次庭审案件的相关情况,宣布活动开始。

2. 模拟法庭正式开始,庭审程序为:

(1)庭前准备

(2)法庭调查阶段

(3)法庭辩论阶段

(4)法庭判决

3. 庭审结束后嘉宾点评。

4. 现场观众评选出"最佳角色"两名,学院领导为其颁奖。

5. 全体工作人员、演员及嘉宾合影留念。

注:现场工作人员和负责人将在庭审前确定,并将工作落实到人。

五、后期安排

为更好扩大活动影响,活动正式确定后要在校内进行广泛宣传,包括宣传板、海报、喷绘、传单等形式。活动结束后继续做好宣传工作，包括新闻稿撰写、庭审照片展示、庭审过程光盘刻录、宣传板制作、网上推送发布等。

模拟法庭纪律守则

一、为保证模拟法庭秩序，特制定本守则，进入模拟法庭场所，须遵守本守则。

二、禁止接打电话，禁止交头接耳，禁止喧哗。

三、禁止带入任何可能污染、损坏模拟法庭场所的物品。

四、禁止饮食、禁止乱扔垃圾。

五、禁止在桌椅、墙上乱写乱画。

六、进入模拟法庭的人员应当服装整齐，仪表整洁，禁止在法庭内有任何亲昵行为和举动。

七、模拟法庭活动开始后，当事人及其诉讼代理人和旁听人员必须听从审判长的指挥。

八、模拟审判人员进入法庭，审判长或独任审判员宣告法院裁判时，全体人员应当起立。

九、模拟审判时，未经审判长的许可，旁听人员不得随意走动和进入审判区；不得发言、提问；不得鼓掌、喧哗和实施其他妨害审判活动的行为。

十、每次活动结束，指导教师应安排学生打扫卫生，保持模拟法庭的清洁，由模拟法庭管理人员负责检查。

二、校 内 实 践

（一）校内实践目标

从 2018 年开始，每年 12 月 4 日国家宪法日期间，中央宣传部、司法部、全国普法办公室都在全国组织开展"宪法宣传周"活动。"宪法宣传周"活动是深入贯彻落实习近平法治思想，深入贯彻落实中央关于深入学习宣传和贯彻实施宪法的部署，推动宪法宣传教育形成热潮的重要载体。组织学生开展"宪法宣传周"主题活动，亲身体验宣传普及宪法的工作任务，有助于学生学习宪法、尊崇宪法、遵守宪法、维护宪法、利用宪法，以实际行动弘扬宪法精神。

(二)校内实践设计

1. 实践任务安排

根据课程进度和教学安排，由任课教师牵头组织学生开展宪法法律集体学习、晨读活动和法律知识竞赛。活动以宪法、民法典、刑法为主要内容。集体学习和晨读活动以班级为单位，知识竞赛可以班级为单位也可以年级为单位集体开展。在实践环节结束后，教师要组织学生撰写个人心得体会。

2. 实践任务设计

(1)实践任务布置

教师根据课程进度和教学安排，合理安排学生进行宪法法律集体学习、晨读活动和知识竞赛的时间。考虑到"思想道德与法治"课程一般安排在秋季学期，本章内容恰好于12月讲授，因此应尽可能将本实践教学活动安排在12月4日前后的宪法宣传周开展。布置任务时可向学生介绍国家宪法日、宪法宣传周的相关知识，为学生提供相关法律知识材料汇编，如宪法法律文本、相关法律历史沿革、法律常识类题目等，供学生学习。实践环节结束后，教师要组织学生撰写个人心得体会。

(2)实践过程跟进

教师要综合考虑课程教学进度、教学安排和学生课业压力，统筹安排和及时督促学生进行相应的实践活动，并在学生进行实践活动期间，与学生保持密切联系，及时帮助学生解决实际问题。要明确集体学习和晨读的重点内容，细化活动流程，防止流于形式、敷衍应付。要指导学生制定知识竞赛方案，明确流程、题型、计分规则、奖项设置、分工安排等内容。对在集体学习和晨读中表现突出、积极参与法律知识竞赛的学生予以记录，对消极对待实践活动、应付拖延实践活动的学生要及时予以督促、限期整改。

（3）实践成果验收

教师要结合学生参与集体学习、晨读活动和法律知识竞赛的具体情况，以及撰写心得体会的情况，按照实践评价标准相应赋分。对在集体学习和晨读活动中表现优异、积极参与法律知识竞赛的学生应予以额外赋分，但加分幅度不宜过大，具体幅度由任课教师根据教学实际和实践活动具体开展情况综合判定。

（4）实践成果展示

本次实践教学环节的成果展示以知识竞赛和心得体会为主：知识竞赛可邀请一定范围内的师生观摩，扩大其影响，着力打造成全校性的普法品牌活动；心得体会可择优在公众号上发布，或汇编后予以分享。宪法法律集体学习和晨读活动可以与团支部政治理论学习或主题团日活动相结合。

（三）校内实践评价标准

本实践环节的考核评价成绩由参加分、心得分、表现分三个部分组成，具体包括：

1. 参加分（60分）

积极参与集体学习和晨读活动，参加（或旁听）法律知识竞赛。

2. 心得分（40分）

根据撰写心得体会思想是否深刻、论述是否充分、语言是否准确、表达是否流畅，是否较好地体现了法律的精神和理念酌情赋分，可分为优、良、中、差等次。

3. 表现分（可额外加分）

对于积极参加知识竞赛、表现突出、取得优秀成绩的学生，给予适当加分。

(四)校内实践注意事项

1. 增强学习实效

教师要注意在宪法法律集体学习和晨读活动中加强重点法条解读，使学生通过活动增进对法律条文、核心思想及其背后所蕴含的法治思想和法治精神的理解，避免活动流于形式。教师要向学生特别强调，法律知识的学习需要点滴积累、循序渐进，不可一蹴而就。在宪法宣传周期间开展学习活动主要目的是引导培养学生加强宪法法律学习习惯，不能认为参加一次活动便能够一劳永逸、万事大吉。

2. 加强活动策划

加强法律知识普及，不只是"思想道德与法治"课程的要求，也是学校的一项重要工作，因此可努力将法律知识竞赛打造成全校性普法品牌活动。一是要与法治、宣传、学生工作部门联系，争取它们的支持，联合举办该活动。二是要创新设计活动形式，如初赛采用自愿报名、线下闭卷考试的形式进行选拔，既能体现公平性，又能增加参与度；决赛参照"中国诗词大会""一站到底"等电视节目形式，采用个人竞答赛的方式进行，以增强比赛的观赏性和激烈程度。三是要扩大活动影响力，如组织尽可能多的学生观赛、邀请专业老师点评、邀请有关领导出席等。

3. 注重知识普及

活动旨在加强学生对基础性法律知识的掌握，因此主要内容应是宪法、民法典、刑法等主干法律，以及与学生所学专业、未来就业等相关的法律，避免过偏、过难的内容。特别是法律知识竞赛的目的在于帮助学生养成法治思维，弘扬法治精神，让公平正义的种子在学生心中扎根，因此在比赛内容、题型设置上要关注全体学生，而不能仅局限于参加比赛的学生。教师在比赛过程中要多多加以解读，帮助学生理解法律条文的深刻内涵及其背后的法治精神。比赛不是目的，让更多的人感受到法律的魅力才是活动的初衷。

(五)校内实践成果展示

【成果一】

我心中的宪法

——参加"宪法宣传周"活动有感

我在高中甚至初中时就学习过宪法,但那时的认知仅限于"宪法是国家根本大法""宪法是治国安邦的总章程"等结论。随着对宪法的深入学习,从宪法的产生和发展,到宪法的指导思想和基本原则,再到公民的基本权利和义务,我对宪法的了解逐渐加深,也有了诸多联想与感悟。

宪法是什么?宪法是根本大法,是国家到个人的信仰,是绝大多数人发自内心的敬畏与推崇。人们可能对各种法律法规不满,生活中也存在诸多"恶法",当人民已经不再信任法律时,我们就需要"法律的法律"来保护我们,那就是宪法。

在宪法中最令我印象深刻的便是"宪法面前人人平等"这一原则。它告诉我们:不仅我和你是平等的,张三和李四是平等的,一个人和千百个人的生命更是等价的。这不禁让我想到了国产电影《姜子牙》中姜子牙与诸神的对话:

"一人与苍生,孰重?"

"等重。"

"昆仑是为拯救苍生而立!"

"一个人是露珠,天下苍生是海洋,但没有露珠,哪来的沧海,不救一人,何以救天下苍生?"

就像著名的电车理论,我疑惑地询问自己"我们有何权力决定少数人的生死"?当我们开始思考,开始质疑所谓的"正义"时,我们心中就会充满对宪法的敬畏,会变得更加理智,而不是一味地跟风道"救多数人"。

人权是指在一定的社会历史条件下每个人按其本质和尊严而自由、平等地生存和发展的基本权利。我国古代唐宋王朝是最富庶的朝代,但普通人并无人权可言,而今天我们不仅享有盛世繁华,更有着我们所向往的真正的

"人权"。之所以如此，就是因为宪法。在宪法哲学中，最精华的概括只有一个字——"人"。

安乐死是否应该合法化？同性婚姻是否应该合法化？这样的问题随着时代的发展逐渐显现，当现行的法律无法给出合理的解释时，我们就需要回归宪法的原则与本质。为何会有"人权"的存在？因为宪法精神包括"宽容"，国家需要宽容，人生更需要宽容。宪法用宽容的精神，把社会基本共识确定下来，让多样的不同意见得以在宪法中表达，让每个人说出自己想说的话。

法律让我们活着，而宪法是让我们有尊严地活着。宪法的发展与传承，永远是人类文明的秘密锦囊。

（撰写：李佳乐）

【成果二】

国家安全，人人有责
——参加宪法晨读活动有感

12月4日我参加了团支部组织的宪法晨读活动，给我印象最深的是《宪法》第五十四条："中华人民共和国公民有维护祖国的安全、荣誉和利益的义务，不得有危害祖国的安全、荣誉和利益的行为"，这引发了我的思考。

国家安全是什么？是国家利益，是一种态度和能力，是有保障的无战争状态。国家安全关系到国家政权、主权、统一和领土完整，关系到人民福祉和经济社会可持续发展，其重要性毋庸置疑。从1983年成立国家安全部到1993年颁布《国家安全法》，再到十八大以来实施的一系列维护国家安全的政策措施，我们党对国家安全的重视力度越来越强，投入的努力越来越多。

当今世界正处于百年未有之大变局，国家安全形势日益严峻：阿富汗战争、俄乌冲突……国际形势风云变幻，冷枪热战还在继续；美国政治极化不断加深，中国的崛起使得美国抓紧伸出黑手——前有煽动各种反华情绪，阻碍中国统一事业的完成；后有在海外投资上针对中国的"神秘杀手"暗中施压，扰乱中国投资经济。我国面临的国际环境看似安宁，实则已是波涛汹涌。

　　我们不是生在和平的年代，而是生在一个和平的国家。我们要珍视国家给我们带来的来之不易的安宁，更不能去做危害国家的事。河北某高校学生田某煽动颠覆国家政权，累计向境外提供反宣素材 3000 余份；个别内地赴港学生与境外敌对组织及反中乱港势力相勾结，扰乱国家秩序……这些人之所以干出这样的事，不仅是因为自身意志薄弱，更重要的是未从心底树立起国家安全意识，没把国家安全当回事。

　　维护国家安全不是少数人的责任，而是我们共同的义务。作为新时代的青年，我们要认识到国家安全具有广泛性，它不仅指军事安全，还关系到经济、科技、文化等多个领域；我们要抓好自身的思想建设，切实树立国家安全观，坚定维护国家安全。

　　筑牢国家安全屏障需要人人尽责，形成维护国家安全的强大合力。愿每个人都能提高认识、担起使命，做国家安全的维护者、捍卫者！

（撰写：高尚）

【成果三】

离法律更近一步
——参加"法律知识竞赛"活动感悟

　　2021 年 12 月 4 日，第 21 个全国法制宣传日，我参加了"思想道德与法治"课程举办的法律知识竞赛活动。尽管在决赛中惨遭淘汰，我仍然认为这次经历是我生活中的一抹亮色。

　　参加此次活动之前，由于缺少这方面的学习，我对法律的了解仅仅停留在大众眼中的常识水平，总体来说比较匮乏。进入大学以后，随着周围同学对思政课的学习愈加深入，"法治"一词被越来越多地提起，我也开始注意到这个熟悉而陌生的词。

　　"依法治国"是我国的基本方略，其中的"法"既指各项法律，又以宪法为大。由于在平时我常常阅读知网上关于法律与法治的学术论文，知识竞赛中大多数题目已有所了解，只是笔答的最后一道主观题实在无从下手。"分析题目现象及其背后体现的法律原理"，就算法律原理分析不到位，但我认为分析题目现象总该会吧。可看到标准答案时我才发现，我的目光有多么短浅，仅仅注意到了事物的表层；我的语言有多么幼稚，冗长复杂还没有把话讲明白。一道主观题暴露了我知识上的短板，让我对提升自己有了更明确的方向和目标，这便是比赛给我的最大收获。

卡在入围线进入决赛是整场比赛我最尴尬的时刻，根据社会热点进行临场发挥是我之前想都没想过的比赛题型。轮到我时我便傻了眼，支支吾吾半天说不上话，淘汰也是意料之中的结局。我想之所以会有这样的结局，原因有二：一是我的法律素养不够，对事情的剖析不够深刻，无法很好地把事件本质与所涉及的法律结合起来；二是我的语言表达能力太过薄弱，心理素质较差，导致我在公开场合由于紧张而说不出话。

教训尽管深刻，却并不惨痛。冲进决赛是对我之前努力的肯定，最终失败证明我的法律素养确确实实还有待提高。世上无难事，只要肯登攀。我不会沮丧更不会气馁，一定会继续加强法律知识的学习和综合素质的提升，争取在明年的比赛中取得更好的成绩！

（撰写：于翔）

【附：实践参考资料】

1. 法律知识竞赛样题

一、单选题

1. 根据我国《宪法》规定，_____的合法的私有财产不受侵犯。

　　A. 公民　　　　　　　　　B. 人民

　　C. 自然人　　　　　　　　D. 成年人

【解析】A. 公民的合法的私有财产不受侵犯。国家依照法律规定保护公民的私有财产权和继承权。国家为了公共利益的需要，可以依照法律规定对公民的私有财产实行征收或者征用并给予补偿。

2. 根据我国《刑法》规定，主刑的种类包括管制、_____、有期徒刑、无期徒刑、死刑。

　　A. 拘役　　　　　　　　　B. 罚金

　　C. 剥夺政治权利　　　　　D. 没收财产

【解析】A。主刑的种类如下：(1)管制；(2)拘役；(3)有期徒刑；(4)无期徒刑；(5)死刑。附加刑的种类如下：(1)罚金；(2)剥夺政治权利；

(3) 没收财产。附加刑也可以独立适用。

二、多选题

1. 根据我国《民法典》规定，遗产按照下列顺序继承：_____、_____、_____;

  A. 子女   B. 配偶

  C. 兄弟姐妹   D. 父母

【解析】BAD

2. 根据我国《民法典》规定，法人、非法人组织享有_____、_____和_____。

  A. 名称权   B. 姓名权

  C. 名誉权   D. 荣誉权

【解析】ACD

三、填空题

1. 第一部中华人民共和国宪法颁布于_____年。(1954)

2. 根据我国《宪法》规定，国家在社会主义初级阶段的基本经济制度是_____。(坚持以公有制为主体、多种所有制经济共同发展)

四、判断题

1. 对当事人的同一违法行为，不得给予两次以上拘留的行政处罚。(✕)

2. 在证据可能灭失或者以后难以取得的情况下，诉讼参加人可以向人民法院申请保全证据，人民法院也可以主动采取保全措施。(✓)

三、社 会 实 践

(一)社会实践目标

开庭审理是司法审判程序中最基本和最重要的阶段，是当事人行使诉权进行诉讼活动和人民法院行使审判权的最集中反映，是公平正义法治精神的生动体现。《中华人民共和国人民法院法庭规则》第九条规定：公开的庭审活动，公民可以旁听。本环节通过组织学生旁听法庭案件审理，使学生近距离感受司法审判的庄重性和神圣感，加深对中国特色社会主义法律体系和相关法律知识的理解，强化法治思维和法治意识，增强课程教学效果。

(二)社会实践设计

1. 实践任务安排

本章设计的实践任务是联系所在地区人民法院开展旁听法庭庭审活动。教师可在讲授到本章第二节"坚持全面依法治国"相关内容时，组织学生利用课余时间前往法院旁听庭审，活动结束后撰写旁听报告。

2. 实践步骤设计

(1)实践任务布置

根据课程内容，教师应引导学生首先学习相关法律知识和法庭纪律，特别是民事诉讼、刑事诉讼和行政诉讼的基本程序，为旁听庭审作好准备。同时应告知学生旁听法庭庭审的时间地点、流程安排和注意事项，组织学生进行分组，明确撰写旁听报告的要求和上交时间。旁听报告应包括案件基本信息、案件主要内容、庭审过程记录、收获体会、感想感受等。

(2)实践过程跟进

教师应重点在实践过程的以下四个环节进行跟进。第一，应在旁听庭审前为学生提供相关学习资料，对学生学习相关法律知识和法庭纪律的情况进行跟进，给予学生必要的指导。第二，应组织学生做好预约工作，并在法院门户网站上了解旁听案件的有关信息。第三，应尽量随学生一同旁听庭审，提醒学生注意法庭纪律，认真旁听和记录庭审内容，观察案件审理程序。第四，应在旁听结束后提醒学生按时提交庭审旁听报告。

(3)实践成果验收

于第六章授课内容结束后收回庭审旁听报告作为实践成果，根据评价标准进行赋分，验收学生完成作业的态度、质量，除评价标准列明的内容外，若存在明显雷同或抄袭等情况，应打回要求学生重做并视情况对学生进行约谈和批评。

(4)实践成果展示

完成实践成果验收后，可在征得学生同意的情况下将理解透彻、思考深入、有启发性和示范意义的实践成果分享至课程微信群中，以激励和引导学生。

(三)社会实践评价标准

本实践环节主要根据学生撰写的旁听报告打分，具体标准为：

1. 案件要素(50分)

旁听报告应包括案件基本信息、案件主要内容、庭审过程记录等，且记录全面、注重细节，能够清晰完整呈现案件全貌。

2. 收获体会(40分)

旁听报告中所写的感想充分体现旁听庭审时的真实感受，结合对法治精神的理解，阐述自己的所思所想，有真情实感，有深入思考。

3. 报告书写(10分)

旁听报告字迹工整，语言流畅，表达准确，字数充足。

4. 负面清单

对态度不端正、字数过少、语言不严谨的作业要酌情扣分；对内容雷同，存在明显抄袭痕迹的要予以批评并责令重写。

(四)社会实践注意事项

1. 遵守庭审纪律要求

组织开展旁听庭审活动，教师要跟学生强调庭审纪律和要求，全过程都要认真遵守相关规定。如应携带有效身份证件参加庭审活动；进入法庭前应接受安全检查；在案件审判过程中应关闭手机；不得录音、录像和摄影；不得随意走动和进入审判区；不得发言、提问、鼓掌、喧哗、哄闹和实施其他妨害审判活动的行为；爱护法庭设施，保持法庭卫生；注意疫情防控措施等。此外，要注意未获得人民法院批准的未成年人、醉酒的人、精神病人或其他精神状态异常的人不得旁听庭审。教师应当在学生旁听过程中进行监督，对不遵守相关法律要求或态度不端正的学生予以及时警告或劝诫，强调法庭的严肃性，培养学生遵法守法的意识。

2. 注意分组控制人数

由于只有持有法院发放的旁听证才能旁听案件审判，无法保证全体学生能够共同旁听同一案件，因此应对学生进行分组，每组安排恰当人数，分别旁听不同案件的审理。教师也应于预约时与法院进行沟通，明确可以旁听的具体人数。

3. 注意选择典型案件

为了增强旁听庭审的效果，要注意选取典型案件进行旁听，如社会关注度高、影响较大的案件，与大学生息息相关、具有警示意义的案件，与学生所学专业和未来就业方向有关的案件，审判流程复杂、环节较多的案件，更能体现法治精神要义的案件等。在选择案件时，可以充分听取法院专业人士的意见建议，也可以通过问卷调查的方式让学生根据兴趣自主选择。

4. 挖掘细节传承精神

组织学生旁听庭审的目的在于让其感受法治精神，庭审前教师可以为学生讲解法袍、法槌等司法工具的意义，使学生更好地感受法庭的仪式感和法律的严肃性。要提醒学生注意法庭审理的程序细节，在亲身感受中印证课堂所学。庭审后教师可以本人或邀请法官、律师等专业人员向学生讲授相关法律知识，深化学生对法律问题的认知。学生在旁听庭审结束后撰写报告的过程也是挖掘法治精神的过程，教师应引导学生深入思考，撰写出有深度、有见地的报告。

5. 探索建立实践基地

为常态化开展旁听庭审活动，教师及其所在部门应加强与所在地人民法院的联系对接，向人民法院阐明实践活动开展的目的和意义，在旁听活动组织开展过程中，争取他们在时间安排、人数规模、案件类型、讲解介绍等方面的支持和帮助。有条件的院校可与人民法院建立长期合作机制，将法院建成实践教学基地，实现司法为民与立德树人的有机融合。

6. 适时观看线上庭审

若受政策、疫情的影响，无法现场旁听庭审，教师可以组织学生集体观看线上庭审。线上庭审虽无法切实感受庭审现场的氛围，但其优势在于可供选择的案件较多，时间灵活，组织方便。线上庭审的具体案件名称、时间以及直播链接可在中国庭审公开网查询。

(五)社会实践成果展示

【成果一】

法院庭审旁听报告(模板)

一、封面

课程：＿＿＿＿思想道德与法治＿＿＿＿

授课教师：＿＿＿＿＿＿＿＿＿＿＿＿＿

报告题目：＿＿＿＿＿＿＿＿＿＿＿＿＿

班级：＿＿＿＿＿＿＿＿＿＿＿＿＿＿＿

姓名：＿＿＿＿＿＿＿＿＿＿＿＿＿＿＿

学号：＿＿＿＿＿＿＿＿＿＿＿＿＿＿＿

旁听日期：＿＿＿＿＿＿＿＿＿＿＿＿＿

二、案件基本信息

时间：××××年×月×日×时×分

地点：北京市人民法院第××法庭

案件类型：买卖合同纠纷案

原告：×××有限公司

被告：×××有限公司

三、案件主要内容和过程记录

(1)写清原告诉讼内容

（2）写清被告违法行为（涉及哪一部法律）或与原告的纠纷

（3）写清法庭辩论内容

（4）写清判决结果

四、心得体会

……

【成果二】

探索法治精神的奥秘

——旁听法院庭审有感

在庭审旁听制度下，公民被允许亲临庭审现场，了解庭审活动情况。庭审旁听制度的施行，打开了法庭的大门，使公众能够了解审判权的运作过程。通过亲身参与到庭审中，我对庭审的认知也逐步清晰，更为重要的是与法治的"零距离"接触让我更深刻地感悟到了法治的精神。

庭审以法律为判断标准，诉讼程序严格，体现了"法律至上"这个第一要义。进入法庭前需要出示有效证件，并接受安全检查，这体现了法律的严肃性。庭审过程中，原告的申诉和被告的自我辩护都要以证据为基础，审判员同样要依据法律的规定对两方进行评判，讲理有据是基本的要求。民事、刑事和行政案件，都要依据相应的法律，即依法而行。此外，场内的书记员会全程跟进诉讼并做好记录工作，体现庭审程序的严密性。

案件审理讲究公平正义，这也正是法治精神的价值追求。审判员不会带着社会地位与文化水平这样的"有色眼镜"看待诉讼参与人，而是尽心为他们解难题，谋求解决方案。以德为先，以理服人。正义不会迟到，在法律的保障与严格的庭审制度下，正义的雨露会播撒给更多的民众。我们要相信在"依法治国"方略的指引下，公平正义一定会离我们越来越近。

社会主义是为了人民、依靠人民、造福人民、保护人民的；保障人权是法治精神的精髓所在，这些都在庭审制度中得到了体现。刑事诉讼中，被告人或上诉人出庭时可不用穿监管机构的识别服，体现了未经审判不得定罪的原则；审理未成年案件时根据其身心发展特点设置区域和席位，体现对未成年群体的关爱——礼法结合、德法共治，法律不应该是冷酷的治人机器。

总之，法律的权威源自人民内心的拥护和真诚信仰，我们每个人都要践行法治精神，共同维护建之不易的法治家园。

（撰写：王晓玲）

四、网络实践

（一）网络实践目标

随着我国文化宣传事业的发展与繁荣，越来越多的优秀影视作品不断展现在荧屏上，极大地满足了人们的精神文化需求，同时也成为思想政治教育的重要素材。法治电影是指以涉法事件或法律案件为背景，通过镜头化的语言与戏剧化的情节，展示法治的精髓与内涵的一种电影类型，是弘扬法治精神、传播法治文化的重要载体，因此可以将其引入思政课实践教学以助力法治教育。本实践教学环节通过组织学生观看具有教育意义和现实意义的法治电影，在潜移默化中提高学生尊法、学法、守法、用法的意识，激励学生成为法治的拥护者、传承者和践行者，为社会主义法治建设贡献力量。

（二）网络实践设计

1. 实践任务安排

根据课程进度和教学安排，任课教师安排学生利用网络资源观看至少一部反映法治精神的电影或纪录片，并撰写观后感。本实践环节时间安排比较灵活，学生只要在本章教学期间完成即可。可鼓励学生尽量多观看此类影视作品，培养兴趣，拓宽视野。

2. 实践任务设计

（1）实践任务布置

教师应在进入本章教学时便向学生布置此实践任务，为学生推荐观看电影的正规渠道。同时告知学生本章结束前须提交观后感，观后感应包括对电影主要情节的描述、电影引发的思考和启示、电影中哪些方面体现了法治精神和留下深刻印象的电影细节等。

（2）实践过程跟进

教师要综合考虑课程教学进度、教学安排和学生课业压力，统筹安排和及时督促学生开展实践活动。布置任务时可向学生简单介绍观影范围中各个电影的内容和特色，方便学生根据推荐意见选择感兴趣的电影。在学生进行实践活动期间，教师应与学生保持密切联系，及时回答学生在关于电影特别是关于电影蕴含的法治精神方面的问题。

（3）实践成果验收

于本章授课内容结束后收回打印的纸质版观后感作为实践成果，根据评价标准进行赋分，除评价标准列明的内容外，若存在明显雷同或抄袭等现象，应要求学生重做并视情况对学生进行约谈和批评。

（4）实践成果展示

完成实践成果验收后，可在征得学生同意的情况下对文章质量高、思考深入有启发性、具有示范意义的观后感在课程公众号上进行集中展示。

（三）网络实践评价标准

1. 电影情节描述（20分）

是否清晰、完整、准确地描述电影主要情节；能否抓住要害，体现出电影的基本样貌。

2. 思考和启示（30分）

是否紧密结合课程所学知识，对电影情节、人物性格、经验启示进行深入分析；是否有真情实感，具有启发性和指导性。

3. 关于法治精神感悟（40分）

能否正确表达影片所反映的法治精神，并对其有深入的思考。

4. 语言表达(10 分)

是否语言流畅通顺、详略得当,具有一定的写作技巧和文采。

(四)网络实践注意事项

1. 注意观影渠道

教师在给学生提供观影推荐范围的同时,应同时告知学生观影渠道,引导学生树立法治意识,尊重知识产权,务必选择正当渠道、官方网站上有版权的电影观看,拒绝盗版。如在感悟法治精神的实践活动中采取了非法手段,将极大地影响思想政治教育的效果。如果网络上没有相关电影的正当观影渠道,可考虑购买官方发行的影碟等。

2. 注意去粗取精

原则上本实践环节尽量推荐体现社会主义法治精神的国产电影,如有必要或学生有意愿,也可给学生推荐一些西方法治电影,但教师要提醒学生更多关注法治精神和法治文明中的有益成分,摒弃电影中所带有的意识形态内容,防止学生受到不良思潮的影响。

3. 注意反复揣摩

"电影既是艺术,也是生活……电影的诞生是个奇迹,奇在现实竟能如此奇妙地瞬间再现。"(苏珊·桑塔格)好电影值得被反复观看,教师应提醒学生认真反复观看电影,第一次观看重点是了解电影情节,此后观看则要注重内涵与细节。在仔细斟酌的基础上与影片的情节和人物产生共鸣,深入思考、用心感悟法治精神。

4. 注意抄袭行为

学生提交的观后感,须体现学生个人的思考和见解。由于网络上的相关文章较多,教师须通过查重等方式对抄袭现象进行严格审查。抄袭行为本身就有违法治精神，因此教师要加强对抄袭学生的批评和教育，以此纠正他们的不当行为。

（五）网络实践成果展示

《十二公民》观后感

纵横而观，中国五千年来，无论什么时候，法治都是必不可少的。法治是社会和谐、人际交往的调和剂。因此，我们相信法律的严谨性和对社会所有行为的逻辑分析。无论何时何地，我们不能简单地看事情，毫无事实依据地以你的价值观对任何人、任何事做出结论——这些深刻而内在的感受来自我观看《十二公民》后关于主人公的言语和行动表现的思考。

故事从一个由一群学生主持的模拟法庭开始，经过激烈的辩论，他们并没有就凶手是谁达成一致的结论，这时学校要求家长以陪审团成员的身份来参加一场联合辩论以获得一致的答案。值得注意的是，这 12 位家长有着不同的社会背景，因此有着不同的价值观。首先，简要介绍一下具体案情：有一个男孩，他的生父好吃懒做，吃喝嫖赌，他的母亲带着他离开生父后嫁给了一个富豪，所以他成为人们眼中的富二代。生父在这个过程中一直敲诈他，用他给的钱去赌博。一天夜里，在这个男孩拜访他的生父之后，生父被谋杀了，犯罪现场留下了一把匕首，而这把匕首之前一直放在男孩的汽车里，因此被认为是凶器。男孩生父的邻居也出来证实听到男孩大喊："我要杀了你！"15 秒后，邻居又看到男孩走下楼梯，而他的生父已经死了。与此同时，离建筑物不远处的火车上一青年女子声称透过车窗看见了男孩行凶杀人的全过程。

11 名模拟陪审团成员和学生辩方谴责富二代，认为他有罪，只有一人怀疑他无罪。于是在逐渐抽丝剥茧中，最终其他 11 人被说服，一致认为证据不足，判定富二代无罪。

在这场用现有的证据和个人价值观进行的辩论中，敢于提出反对意见的第一人就是我们必须深入探讨的主人公。在讨论开始时，他并没有急于给那个富二代定下杀人的罪名，而是以一种不确定的观点和态度想对案件作进一步的分析和调查，以免误伤一个好人，放过一个坏人。由此可见，在分析司法案件时，严谨而不丧失独立思考的态度是必不可少的。

再来说说证据和证人。在审理该案件之前就有了所谓的证据，但是这些证据的真实性却有待考察，提供证据的人或证人即使不是栽赃陷害，也有可能出现主观臆断的误判，因此我们不可先入为主地片面相信所谓的"证据"或"证人"。现实中，我们往往被这些"说得通""有道理"的烟雾蒙蔽双眼，愿意相信那些符合我们预期的证明，结果在纷繁复杂的案情中出现错误，导致不可挽回的损失。比如众所周知的"呼格案"，不仅给受害者的家庭带来不能抹去的痛苦，也使得法治的公平正义受到颠覆性的冲击，这应该是给所有法律工作者以及所有人的一个刻骨铭心的警示。

《十二公民》是一部特别值得法律工作者观看和研究的电影。坚持男孩无罪的陪审员原来是一名检察官，从开始到结束的整个过程中，他坚持不懈地捍卫男孩的清白，并最终说服所有人，完美地展示了一个法律专家的智慧和坚持。当然，艺术源于生活，法治的精神不仅体现于电影之中，更应该在我们的生活中时时处处得以彰显。我想，这就是这部电影给我们的最大启示——用执着捍卫法治精神，用理性维护公平正义。

（撰写：高尚）

以良法促善治
——观看《我不是药神》有感

看完《我不是药神》，心情久久不能平静。片头那句"本片部分内容取材于真实事件"，更是引发我深深思考……

"药神"的原型——陆勇，2002年罹患白血病，需要吃一种叫"格列宁"的药。他一天要服4颗"格列宁"，每颗200元，一天便要800元。陆勇家不堪重负，他年迈的父亲为了治疗儿子的病，辗转打工，不幸在洽谈业务的过程中出车祸离世。

后来，陆勇发现印度有价格低廉的仿制药，所以他代购该药品，帮助病友，也帮助自己。不想，他却犯了销售假药罪，于2014年被逮捕。

陆勇案的承办检察官令人敬佩。他并不是冷冰冰的法律机器人，能够理解陆勇的不得已，最终对陆勇做出了不起诉决定，陆勇无罪。

正因陆勇这类个案，推动了法律的前进。2014 年，司法解释得以修改：销售少量未经批准的进口药品且没有危害他人生命健康，不认为是犯罪。

2018 年，《我不是药神》上映，舆论沸腾。立法机关最终回应了舆情的需要，推出了一个重大的举措。2019 年，新的药品管理法明确规定，未经批准但没有危害他人生命健康的进口药品，不再划定为假药。同时，国家现在对抗癌药的关税大幅度下调，一方面是为避免这种案件再次进入司法系统，另一方面也体现了国家对人民生命健康的关怀。

"法理不外乎人情"，法律不是冰冷的，法律是有温度的。法律的一个细微变化，一点语言调整，背后却有许多沉甸甸的故事。如果一种行为，社会道德普遍认为不值得加以处罚，而有关部门依然对此进行处罚，那法律就带有一种虚伪性，且有悖人民朴素的正义感，脱离了文化情怀的土壤。

何为良法善治？亚里士多德在《政治学》中曾言："法治应当包含两层意思：已制定的法律获得普遍的服从，而大家所服从的法律又应该本身是制定得良好的法律。""法律是治国之重器，良法是善治之前提。"在依法治国的历史进程之中，良法的实现，最终取决于立法环节。只有科学立法、民主立法、依法立法，与时俱进、立改废并举，才能出台契合时代、体现人民意志、根植中国文化的"良法"。

"药神"一案，我看到了检察官身为法律人的温度，更看到了中国特色社会主义"以良法促善治"的使命和胸怀。

（撰写：韦星宇）

【附：实践参考资料】

部分法治电影简介

1.《我不是潘金莲》

该片根据刘震云同名小说改编，讲述了一个被丈夫污蔑为"潘金莲"的女人，在十多年的申诉中，坚持不懈为自己讨公道的故事。李雪莲是一个普通的农村妇女，为了纠正一句话，她与上上下下、方方面面打了十多年交道，在十多年时间里，从镇到县，由市至省，再到首都，广阔天地中，一路因为自己的上访与各级政府和官员斗智斗勇、周旋不断。李雪莲个案的出现与其自身缺乏法律知识、法律观念淡薄有着直接关系，从中我们能够看到中国社会正在经历由人情社会向法治社会过渡的阵痛。当前，在中国社会中仍有部分群体缺乏对法律的正确认识，没能够做到知法、学法、懂法、用法，充分说明普法宣传教育工作仍然任重道远。

2.《十二公民》

该片讲述了暑期一所政法大学内，未通过期末考试的学生迎来补考。他们组成模拟法庭，分别担任法官、律师、检察官等角色，审理的是一桩社会上饱受争议的"20岁富二代弑父"案。12位学生家长组成陪审团，这些人来自社会不同阶层，有医生、房地产商、保安、教授、保险推销员等。他们在听取学生法庭审理后，将对本案做出最终"判决"。为了达成一致意见，所有的线索都被逐一讨论，随着审判的进行，疑点出现，每个人背后的故事也浮出水面。《十二公民》以群像的方式真实反映了中国社会现状，展现偏见的同时又表达对于公平正义的追求，使得每一位观众能够和它产生共鸣，非常具有现实意义。

3.《马背上的法庭》

该片讲述了云南山区基层法官老冯骑着马驮着国徽翻山越岭给山民们断案，7天走了3个寨子，断了5桩鸡毛蒜皮的家务事，最后他疲劳过度，摔下山崖身亡的感人故事。这部电影既是一部朴实的纪实电影，更是中国城乡法制史，虽然没有讲述惊天动地的感人事迹，没有塑造形象高大的英雄人物，却用朴素的镜头语言，生动展现了云南宁蒗彝族自治县人民法院法官秉公执法、一心为民，深入边远山村巡回办案，维护少数民族地区社会稳定和民族团结的感人事迹，并在此基础上揭示了我国司法体制在多民族山区的困境以及如何艰难行进的问题，展现了基层司法工作者的精神风貌，讴歌了他们无私奉献、尽职尽责、忠于法律、献身基层司法事业的崇高品格。

4.《搜索》

该片讲述都市白领叶蓝秋因为一件公车不让座的小事，而引发了蝴蝶效应般的网络暴力，以致最终被逼到生活死角的故事。叶蓝秋宛若南美洲丛林中的一只蝴蝶，扇动翅膀，引发了一场发生在中国南方都市里的"南太平洋风暴"。七天时间，因为一件公车上发生的小概率事件，十几个人被卷入其中，生活被迫脱离既有的轨道，甚至命运都被彻底改写。该片探讨了关于个人隐私权保护的问题。个人隐私权是法律明文规定进行强力保护的，但是在网络的面前，这种保护显得脆弱不堪。该片启示我们伴随着文明的进步和社会的发展以及法治进程的推进，我们应该进一步完善相关法律制度，加大网络隐私权的保护。

5.《我不是药神》

该片改编自现实版的"药神"事件，讲述了生意潦倒的商人程勇，被一个白血病患者乞求从印度带回一批仿制的特效药"格列宁"，结果此平价特效药挽救了许多买不起高价药的患者，他被病患者封为"药神"。但"格列宁"并没有经过我国药监部门检验，被认定为假药，程勇因构成销售假药罪而承担了相应的法律责任。该影片播出后引起了社会对抗癌药降价这个话题的讨论，也引起了中央领导和有关部门的重视，推动了我国加快抗癌药降价、将某些特殊药品纳入医保等医药改革措施。该片体现了法律与人性的冲突——面对法律的滞后性与人民群众生命健康的需要之间的矛盾，办案的法官平衡了法与情，让广大人民群众感受到了法律的温度，践行了刑法保护人民的立法宗旨。

6.《邹碧华》

该片根据法官邹碧华生前事迹改编，通过艺术化的创作手法，再现了邹碧华光辉而短暂的一生，形象地反映出邹碧华"敢啃硬骨头，甘当燃灯者"的精神品格，生动地展示了他"践行党的宗旨、捍卫公平正义"的人生追求，塑造了一个"公正为民的好法官、敢于担当的好干部"的银幕形象。该片不仅是学习弘扬邹碧华精神的生动教材，也是感悟司法为民理念、体会法律公平正义的现实素材。

7.《扫黑·决战》

该片讲述扫黑专案组组长宋一锐带领组员由一起征地拆迁案深入调查，

突破层层阻挠，与幕后的黑恶势力展开激烈斗争的正义故事。该片以中央政法委、全国扫黑办重点督办案件为原型，首次以影视化方式呈现中央政法委、全国扫黑办督办案件过程中的场景画面和工作细节，直击黑恶势力侵蚀基层政权为害一方的违法犯罪行为。该片让广大观众真切感受扫黑除恶工作中的英雄事迹，体会到平安中国、法治中国建设的重要性，弘扬了社会正气。

8.《今年过年就结婚》

该片讲述了在大都市打拼多年的大龄青年俞树返乡创业，让爱面子的父亲恼羞成怒，也让未婚妻的母亲贾红妹极为不满，意图通过索取"天价彩礼"逼迫俞树和榴莲分手的故事。2020年，最新《民法典》颁布，其中第一千零四十二条规定：禁止包办、买卖婚姻和其他干涉婚姻自由的行为。禁止借婚姻索取财物。《今年过年就结婚》正是以此为契机，以乡镇青年所普遍面临的择业与情感的双重困境为切入点，反映了当前时代背景下年轻人的事业、情感观念与社会固有观念的碰撞及家庭代际关系发生的极大变化。通过鲜活的人物和生动的故事情节，抨击了当下愈演愈烈的彩礼绑架婚姻的现象，阐释了新《民法典》所倡导的、新时代背景下健康文明的婚恋观。

9.《红纸鹤》

该片是一部法律服务题材电影，以预防和制止家庭暴力为切入点，向全社会展现了新时代基层法律服务工作者的使命担当和法治精神。影片讲述了空姐欧阳祉鹤在一个雨夜将丈夫杀害，律师张彤为其提供法律援助，通过调查层层揭开背后触目惊心的家暴隐情、还原真相的故事。该片让公众更多感受司法行政公平正义的力量，弘扬了时代主旋律，宣传了社会主义法治文化，对于推进普法宣传、提升全民法治素养、维护家庭稳定、推动社会和谐具有重要的促进意义。